VOM BAUHAUS BEFLÜGELT

Menschen und Ideen an der Hochschule für Gestaltung Ulm

Christiane Wachsmann
in Zusammenarbeit mit dem HfG-Archiv

avedition

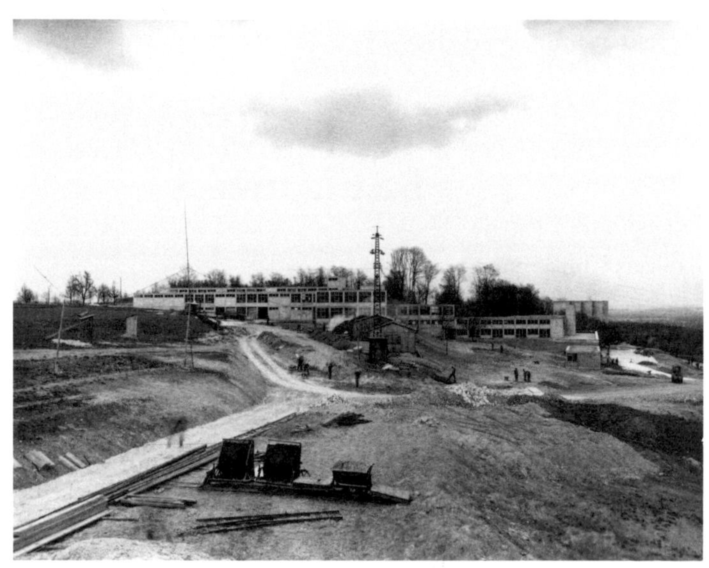

Hochschule für Gestaltung im Bau, 1955. Foto: Sigrid von Schweinitz-Maldonado

Für Helga Wachsmann, geborene Brinkmann

Vom Bauhaus beflügelt

Inhalt

Vorwort: *Gute Form* und die Legende vom Ende 7
Ohne Gnade 15
Wie sollen wir leben? 30
Bauhaus Ulm 45
Aufbau 62
Der Mann mit dem Stiernacken 79
Revolution! 96
Maldonado übernimmt 112
Akademikerschwemme 127
Ausbruch des Vulkans 145
Der Kampf um die Macht 159
Aicher gewinnt 175
Exodus 190
Die Rückkehr der Gestalter 204
Wir demonstrieren! 218
Nachwort: Wicked Problems 238

Anhang
Lebensläufe 248
Anmerkungen 260
Quellen 278
Fotonachweise 281
HfG-Produkte im Überblick 282
Personenregister 284
Coverfoto 294
Autorin 295
Redaktionelle Hinweise/Impressum 296

„Da Menschen nicht von ungefähr in die Welt geworfen werden, sondern von Menschen in eine schon bestehende Menschenwelt geboren werden, geht das Bezugsgewebe menschlicher Angelegenheiten allem einzelnen Handeln und Sprechen voraus, so dass sowohl die Enthüllung des Neuankömmlings durch das Sprechen wie der Neuanfang, den das Handeln setzt, wie Fäden sind, die in ein bereits vorgewebtes Muster geschlagen werden und das Gewebe so verändern, wie sie ihrerseits alle Lebensfäden, mit denen sie innerhalb des Gewebes in Berührung kommen, auf einmalige Weise affizieren. Sind die Fäden erst zu Ende gesponnen, so ergeben sie wieder klar erkennbare Muster bzw. sind als Lebens*geschichten* erzählbar.“

Hannah Arendt, Vita activa[1]

Vorwort: *Gute Form* und die Legende vom Ende

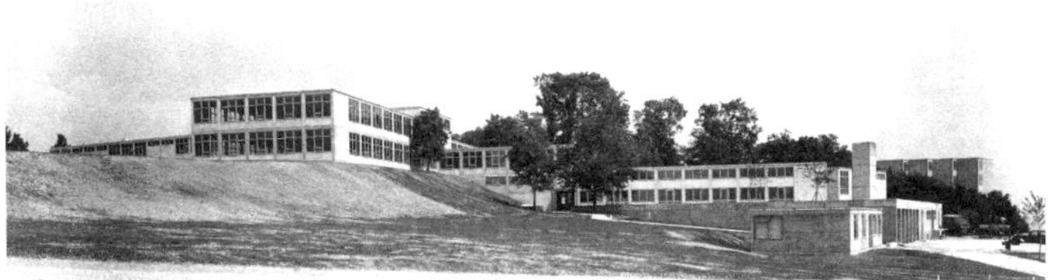

Hochschule für Gestaltung Ulm, 1955. Foto: Ernst Hahn

Da liegen sie, die Gebäude der Hochschule für Gestaltung: Strahlend, zeichenhaft, der Welt entrückt – an einem Ort mit dem so profanen Namen „Kuhberg".

Ich erinnere mich, wie ich dieses Bild zum ersten Mal sah, wie es mich faszinierte. Es zog mich an und es wies mich ab. Das Gebäude auf dem Bild sagte: Schau mich an, wie schön ich bin. Bewundere meine Perfektion, das Leichte und Lichte, die lockere Ordnung, die Himmelsnähe. Es sagte: Komm mir bloß nicht zu nahe.

Ich studierte damals, Anfang der 1980er Jahre, Innenarchitektur und Mobeldesign an der Akademie für Bildende Künste in Stuttgart. Wir „Angewandten" – die Architekten, Bühnenbildner, Industriedesigner – hatten unser eigenes, im Stile des Brutalismus errichtetes Gebäude, während die „freien" Künstler im Altbau residierten. Dort roch es nach Leinöl und Terpentin. Die Atelierböden waren mit Farbe bekleckert und an den Wänden lehnten riesige Leinwände, die im Stil der *Neuen Wilden* bemalt waren – schwungvoll, neonfarben, figürlich, poetisch, postmodern.

Wir dagegen perfektionierten uns im technischen Zeichnen und dachten darüber nach, wie man Zu- und Abwasserleitung bündelt und Räume gestaltet.

Ich fühlte mich unterfordert.

Die praktischen Aspekte von Planung und Koordination zu lernen, ist ein großer Gewinn eines solchen Studiums. Aber war es nicht auch manchmal wichtig, über das eigene Tun nachzudenken? Sich intellektuell mit der Welt auseinanderzusetzen, die wir da mitgestalten wollten?

Nicht ganz so pragmatisch, so erfuhr ich mit der Zeit, ging es bei den Industriedesignern zu. Auch sie kamen um die Beschäftigung mit Werkstoffkunde oder Fertigungslehre nicht herum. Und doch erschien mir ihr studentisches Dasein um einiges lichter, offener – es war geprägt von einem generell größeren Interesse an der Welt, an der Gesellschaft, an der *conditio humana,* den Bedingungen des menschlichen Daseins.

Was hatte es damit auf sich? Wo kam das her? Diese Fragen führten mich nach dem Ende meines Studiums nach Ulm, ins Archiv der HfG, der Ulmer Hochschule für Gestaltung – einer der ersten und wichtigsten Ausbildungsstätten für Produktgestalter nach 1945.

Die Gründer dieser Schule wollten das Leben in Deutschland nach dem Ende des Faschismus neu denken und organisieren. Sie orientierten sich dabei an den Ideen der Moderne, dem Wunsch nach einer freien, demokratisch organisierten Gesellschaft, nach vernünftigen und nach wissenschaftlichen Erkenntnissen getroffenen Entscheidungen sowie an der Vorstellung, mithilfe eines wohl organisierten Städtebaus und gut gestalteter Industrieprodukte allen Menschen zu Wohlstand und einem guten Leben verhelfen zu können.

„fangen wir an, hier in ulm“, schrieb der junge Otl Aicher 1948 in einem programmatischen Text.[2] Gemeinsam mit seiner Freundin Inge Scholl hatte er in den vergangenen drei Jahren die Ulmer Volkshochschule aufgebaut – eine ganz besondere Volkshochschule, in der die Beschäftigung mit weltanschaulichen und politischen Fragen im Vordergrund stand, die bekannt war für ihre Weltoffenheit und die Diskussionsfreudigkeit ihrer Mitglieder. Wenn das Deutschland der Zukunft eine Demokratie sein sollte, bedurfte es der Menschen, die eine solche Staatsform tragen und gestalten konnten. Wer aber sollte das sein?

Zwar meldeten sich nun auch die Demokraten der Weimarer Zeit wieder zu Wort – aber kam es jetzt nicht vor allem auf die junge Generation an, auf diejenigen, die aus dem Krieg zurückkamen und nach Orientierung suchten? Die im Faschismus aufgewachsen waren und nie etwas anderes als ein totalitäres Regime gekannt hatten?

Scholl und Aicher hatten zu denjenigen gehört, die sich als junge Menschen gegen die Zumutungen des faschistischen Staates wehrten. Sie hatten dafür zahlreiche Einschränkungen auf sich nehmen müssen. Inge Scholls Geschwister Sophie und Hans bezahlten dafür mit ihrem Leben: Sie waren Teil der Widerstandsgruppe *Weiße Rose* und hatten mit Flugblättern zum Sturz der Nationalsozialisten aufgerufen. Im Februar 1943 wurden sie dafür hingerichtet.

Ohne diese Vorgeschichte ist die Ulmer Hochschule nicht zu denken. Immer wieder bezogen sich die HfG-Angehörigen im Lauf der wechselvollen Geschichte ihrer Hochschule auf die Vorbilder und Ideale von Hans und Sophie Scholl. Hier hatten sie ihre ganz eigene Tradition. Der Familie Scholl, dem Freundeskreis der Geschwister, den Lebensumständen und Vorstellungen von Jugendlichen im Dritten Reich habe ich deshalb das erste Kapitel dieses Buches gewidmet.

Nach dem Krieg traten Scholl und Aicher mit dem Ziel an, auf dem Ulmer Kuhberg eine Elite für die junge Demokratie zu erziehen. Sie waren weltoffen und voller Ehrgeiz. Sie wollten nicht nur die Dinge, sondern auch die menschlichen Beziehungen neu gestalten – nach dem Prinzip der Vernunft, der Wahrhaftigkeit, des offenen Umgangs miteinander. Wenige Jahre nach dem Ende des Faschismus war das eine wichtige Forderung, begannen sich die alten Machtstrukturen doch schnell wieder zu etablieren. Zahlreiche ehemalige Nationalsozialisten kehrten in ihre alten Positionen zurück oder eroberten sich neue.

Da strahlte die Ulmer Hochschule wie ein Leuchtturm in der jungen Bundesrepublik, bot Verheißung auf eine bessere Zukunft. Ihre Ideen, ihre schiere Existenz hatten eine enorme Anziehungskraft. Menschen der jüngeren Generation wie auch Antifaschisten jeglicher Herkunft blickten nach Ulm. Der holländische HfG-Student Bertus Mulder ließ sich von diesem Konzept überzeugen: „Während des Unterrichts in der Grundlehre wurde mir klar, dass der kreative Mensch nicht nur eine schönere, sondern vor allem eine bessere Welt schaffen muss. (…) Ein bisschen von dieser besseren Welt wurde im täglichen Leben in der HfG sichtbar. Ich fühlte mich da in einer hellen Oase mit Menschen von grundsätzlich gleicher Gesinnung in einer trüben Umwelt.“[3]

Zu einem wichtigen Mitstreiter wurde für Inge Scholl und Otl Aicher im Laufe des Jahres 1950 der Schweizer Architekt und Bauhausschüler Max Bill. Durch ihn bekam die Schule ihren Schwerpunkt im Bereich der Gestaltung. Auf den ersten Blick erscheint dies wie ein allzu abrupter Themenwechsel – warum wird aus einer geplanten Hochschule für Politik und Gesellschaft plötzlich eine für Design?

Bei genauem Hinsehen zeigt sich darin eine Folgerichtigkeit, die wiederum mit der Geburt der Ulmer Hochschule aus dem Geist der Moderne zusammenhängt: Zu einem guten Leben für alle gehört auch eine gute Ausstattung mit Dingen und Häusern, eine gelungene städtebauliche Umgebung. Dafür hatte Max Bill im Jahr 1949 den Begriff der *Guten Form* geprägt. Das war der Titel einer Ausstellung, die er entworfen hatte und die in dieser Zeit durch ganz Deutschland wanderte. Er zeigte dort vorbildlich gestaltete Gegenstände und Umgebungen – vom „Kaffeelöffel bis zur Stadt“.[4] Bill berief sich dabei auf Vorstellungen, wie sie vor allem der Deutsche Werkbund zu Anfang des 20. Jahrhunderts entwickelt hatte. Darüber hinaus brachte er in das Konzept für die neue Hochschule die Ideen des Bauhauses ein, eine in diesen Jahren für viele legendäre Institution, von der man wenig mehr wusste, als dass berühmte Künstler der Moderne dort gearbeitet hatten und sie durch die Nationalsozialisten geschlossen worden war.

In den 1950er und 1960er Jahren wurde die Ulmer Hochschule so vor allem für die Dinge bekannt, die dort entworfen wurden –

den *Ulmer Hocker* und die Radiogeräte der Firma Braun, Otl Aichers Erscheinungsbild der Deutschen Lufthansa und den Sinusascher von Walter Zeischegg. Sie gehören noch heute zu den Designikonen Nachkriegsdeutschlands und zeugen von dem großen Erfolg, den die HfG in dieser Zeit hatte.

Bereits 15 Jahre nach ihrer Gründung, im Jahr 1968, wurde die Ulmer Hochschule geschlossen. Dieses Ende macht den Beteiligten bis heute zu schaffen. Wie konnte eine solche Institution, die Hoffnung einer ganzen Generation nach dem Ende des Faschismus, einfach aus der bundesdeutschen Bildungslandschaft verschwinden? Wer trug die Schuld dafür?

War es die konservative baden-württembergische Landesregierung unter ihrem Ministerpräsidenten Hans Filbinger?

„Wir wollen etwas Neues machen, und dazu bedarf es der Liquidation des Alten", sagte er angesichts der HfG-Misere 1968.[5] Aber stand es überhaupt in seiner Macht, eine private Hochschule zu schließen? Und ist diese Suche nach einem Schuldigen nicht Teil einer Legendenbildung rund um die HfG, die uns Nachgeborenen den Blick auf ihr eigentliches Wesen, ihre Leistungen verstellt?

Gui Bonsiepe, Redakteur der hochschuleigenen Zeitschrift *ulm* schrieb im März 1968 in deren letzter Ausgabe: „Die HfG ist nicht zu messen an dem, was sie erreichte, sondern an dem, was zu erreichen ihr verwehrt blieb."[6]

Mit der Enttäuschung darüber, dass die Schule tatsächlich geschlossen werden musste, war er nicht allein. Und natürlich wird auch in diesem Buch von diesem Ende die Rede sein.

Viel wichtiger als die Frage nach der Schuld und nach einer möglichen weiteren Entwicklung erscheint es mir aber, sich mit der historischen Bedeutung und dem Verdienst dieser Hochschule auseinanderzusetzen – mit dem, was sie und ihre Mitglieder tatsächlich geleistet haben. Und mit der Frage, was für eine Bedeutung Geschichten wie die dieser legendären Hochschule für unser heutiges Leben haben.

Meine eigenen Eltern entstammten der Generation derjenigen, die einen großen Teil der HfG-Studenten ausmachten. Sie waren in den 1930er Jahren geboren und in den faschistischen Staat hineingewachsen, sie wurden als Kinder von ihm geprägt und mussten sich als junge Erwachsene mit dem Gefühl der Schuld auseinandersetzen, das der Nationalsozialismus bei ihnen hinterlassen hatte – aber auch mit den weniger offensichtlichen, dafür aber nicht weniger prägenden Ansprüchen, die ihr Großwerden im Nationalsozialismus an sie stellte: dem Streben nach Perfektion, dem Siegeswillen um jeden Preis, der Forderung nach bedingungsloser Unterordnung unter die Ziele der Gemeinschaft.[7]

Meine Mutter war eine überzeugte Verfechterin der Ideen, wie sie an der HfG propagiert wurden, allen voran der *Guten Form*. Indem die Menschen sich mit gut gestalteten Produkten umgaben, so die damit verbundene Vorstellung, würde auch ihr Geist geläutert und ihr Leben von der Vernunft bestimmt, nicht mehr von unberechenbaren Gefühlen.

Für uns Kinder bedeutete das: keine Comics, keine Filzstifte, Astrid Lindgren statt Enid Blyton, weiße Zimmerwände und auch sonst nichts, was in irgendeiner Weise unter Kitschverdacht stand. (Dazu zählten gemusterte sowie pink- oder violettfarbene Dinge, Plastikartikel, Goldschmuck, die Stilmöbel meiner Großmutter, Barbiepuppen, fast alles aus dem 19. Jahrhundert sowie die schwarzen Lackschuhe unserer Freundinnen.)

Wir sollten unser Leben im Guten und im Reinen beginnen, prinzipienfest aufwachsen und „böse" (weil verschnörkelte) Dinge gar nicht erst in unsere Nähe lassen. Nach den Erfahrungen des Faschismus schien es sicherer, sich auf die Dinge zu berufen als auf die Menschen, deren Gedanken unbestimmt und deren Verhaltensweisen nicht immer logisch vorherzusehen waren.

In seiner Untersuchung über die „skeptische Generation" – die Jugendlichen des ersten Nachkriegsjahrzehnts von 1945 bis 1955 – bestätigt der Soziologe Helmut Schelsky diesen Eindruck. Die Jugendlichen dieser Generation „hatten es bitter notwendig, sich aus der Welt der Illusionen, der Ideologien und den von allen möglichen Organisationen vorgedachten Erkenntnisangeboten die paar konkreten Sicherheiten ihres persönlichen Daseins herauszulesen, die noch Fundament ihrer Lebensführung sein konnten."[8] Sie hielten sich an die konkreten Sicherheiten von Familie und Beruf, an die Gewissheiten des Materiellen – eben der Dinge.

Bei meiner Beschäftigung mit der Ulmer Hochschule habe ich also nicht nur eine Antwort erhalten auf meine Frage nach der Weltoffenheit in der Designer-Ausbildung, sondern viel erfahren über die Lebensumstände meiner Eltern und über meine eigenen Prägungen – und darüber, warum unsere Gesellschaft heute so ist, wie sie geworden ist.

Ich habe viele der ehemaligen Studenten, Dozenten und Verwaltungsleute der HfG persönlich kennengelernt. Mit einigen verbindet mich bis heute eine Freundschaft – und jeder erzählt eine andere Geschichte über das, was er oder sie in ihrer Ulmer Zeit erlebt haben. Denn auch für die Menschen, die tatsächlich „dabei" waren, zeigte sich, dass die Hochschule sich im Laufe der Jahre änderte. Ihre persönlichen Erlebnisse und Erinnerungen waren abhängig von der Zeit, in der sie an der Hochschule studierten, von den Dozenten und Kommilitonen, die sich zur gleichen Zeit dort aufhielten, von den zeitgeschichtlichen Umständen.

Ich danke meinen Kollegen vom HfG-Archiv und vom Ulmer Museum, allen voran Martin Mäntele, für ihre Unterstützung. David Oswald von der Hochschule für Gestaltung in Schwäbisch Gmünd danke ich für seine Anregungen und die guten Gespräche zum Thema.

Ohne die Arbeit all derjenigen, die sich im Laufe der Zeit forschend mit der Geschichte der Hochschule beschäftigt haben und auf deren Erkenntnisse ich hier zurückgreifen konnte, wäre dieses Buch so nicht entstanden. Hier möchte ich Eva von Seckendorff nennen, die eine erste Arbeit über die Ära Max Bill schrieb. Barbara Schüler zeigte die enge Verbindung zwischen der *Weißen Rose* und der HfG auf, René Spitz legte eine ebenso umfangreiche wie akribische Untersuchung vor, in der er neben vielen anderen Details die finanzielle Situation der HfG genau unter die Lupe nahm sowie das komplizierte Institutionengeflecht der Hochschule und ihr Verhältnis zu den politisch Verantwortlichen herausarbeitete. Weitere wichtige Werke habe ich im Anhang aufgelistet.

Stellvertretend für alle Zeitzeugen, die an der HfG studierten, danke ich Gerda Müller-Krauspe, der ersten Vorsitzenden des *club off ulm,* und Gerhard Curdes, der die Bände mit den Rückblicken der HfG-Angehörigen auf ihre HfG-Zeit anregte, sowie Gui Bonsiepe und Herbert Lindinger, die geduldig auf meine Fragen reagierten, die sie bestimmt schon viele Male beantwortet haben. Ursula Wenzel danke ich für den entscheidenden Hinweis auf das Generationenproblem an der HfG: Die Fremdheit zwischen den 68ern und der vor dem Krieg Geborenen – und wünsche allen meinen Lesern Freude an und Erkenntnis durch diese Lektüre.

Ohne Gnade

Die Scholls, eine siebenköpfige Familie, zogen Anfang der 1930er Jahre nach Ulm. Der Vater Robert Scholl eröffnete dort eine Kanzlei als Steuer- und Wirtschaftsprüfer. Robert Scholl hatte seine Frau Magdalena während des Ersten Weltkrieges in einem Lazarett in Ludwigsburg kennengelernt. 1917 wurde er Bürgermeister in der Gemeinde Ingersheim bei Crailsheim. Dort kam im selben Jahr die älteste Tochter Inge auf die Welt. Ein Jahr später wurde Hans geboren, ihm folgten Elisabeth (1920), Sophie (1921) und Werner (1922).

Die Geschwister erlebten eine glückliche Kindheit.[9] Sie waren einander und ihren Eltern eng verbunden. Robert Scholl war ein überzeugter Liberaler, der dem Nationalsozialismus äußerst skeptisch gegenüberstand, Magdalena Scholl tief im protestantischen Glauben verwurzelt. Beide ließen ihren Kindern viel Freiheit.

Ulm war in den 1930er Jahren eine Hochburg der Nationalsozialisten. Die Arbeitslosigkeit war groß, die Versorgung mit Lebensmitteln, Brennstoffen und günstigen Wohnungen schlecht. Viele Leute lasteten diese Probleme der demokratischen Regierung der Weimarer Republik an – war mit ihr doch der Versailler „Schandfrieden“ gekommen und die Inflation, und nun die Weltwirtschaftskrise.

Und nach der Machtübernahme der Nationalsozialisten 1933 ging es in Deutschland ja tatsächlich wieder aufwärts: Die Folgen der Weltwirtschaftskrise schwächten sich ab. Es gab weniger Arbeitslosigkeit, der Staatshaushalt war einigermaßen ausgeglichen – die Zeit der schlimmsten Not war überstanden. Davon profitierte die neue Regierung und machte sie in den Augen vieler Deutscher zu den Rettern des Vaterlandes. Auch die Kinder der Familie Scholl erlebten diese „neue Zeit“ sehr positiv. „Und Hitler, so hörten wir überall, Hitler wolle diesem Vaterland zu Größe, Glück und Wohlstand verhelfen; er wolle sorgen, dass jeder Arbeit und Brot habe; nicht ruhen und rasten wolle er, bis jeder einzelne Deutsche ein unabhängiger, freier und glücklicher Mensch in seinem Vaterland sei", so schildert Inge Scholl diese anfängliche Begeisterung in ihrem Buch *Die weiße Rose.*[10]

Sie und ihre Geschwister begannen, sich in der Hitlerjugend (HJ) zu engagieren. Anfang der 1930er Jahre war die HJ nur eine der in dieser Zeit so beliebten Jugendorganisationen, die sich an den Idealen des *Wandervogel* orientierte: Man traf sich regelmäßig zu Gruppenabenden, es wurde gebastelt, gespielt und gesungen. Am Wochenende ging es hinaus in die Natur „auf Fahrt".* Die Jugendlichen übernachteten in Zelten und Heuschobern, durchwanderten die Heimat, saßen abends am Lagerfeuer zusammen und betrachteten die Sterne.

In einigen Dingen unterschied sich die Jugend der 1930er Jahre allerdings von ihren Vorgängern. Die Schriftstellerin Clara Hohrath schilderte 1932 in ihrem Jugendbuch *Hannelore entdeckt die Großstadt,* wie ihre Heldin eine dieser bündischen Gruppen wahrnahm: „Der Hug ist auf Fahrt gegangen mit seinen Jungen, aber nur auf drei Tage in die Alb. Die Gruppe sah flott aus, als sie abzog: Blaue Anzüge tragen sie und die Gesichter darüber sehen sehr gut gewaschen aus. Sie halten sich stramm und wenn sie singen, gröhlen sie nicht. Auf all das achtet der Hug und sie haben auch Respekt vor ihm, obschon er selbst unter ihnen wie ein Gleichaltriger herumläuft. Diese Jungen erinnern kein bisschen an die schlampigen Wandervögel, die als durch Hinterbiedingen kamen und wo auch Mädchen dabei waren."**[11]

Von ihren Eltern waren die Scholl-Geschwister dazu ermutigt worden, zu diskutieren, sich auszutauschen und mit ihrer Umgebung auseinanderzusetzen. Angesichts der Ausgrenzung jüdischer

---

* *Den* Wandervogel *hatten Berliner Schüler und Studenten 1896 gegründet. Getragen von romantischen Idealen und der Sehnsucht nach einer heilen, von der Industrialisierung unberührten Welt suchten sie nach einer eigenen, von ihren bürgerlichen Elternhäusern abgegrenzten Lebensweise.*

** *Bei der Schilderung des Hug dürfte es sich um ein Porträt von Eberhard Kölbel handeln, der die* dj 1.11 *gründete. Dieser* Deutschen Jungenschaft vom 1. November 1929 *gehörte auch Hans Scholl an (Mädchen waren nicht zugelassen). Wie alle anderen* Freien Bünde *wurde sie im Nationalsozialismus verboten.*

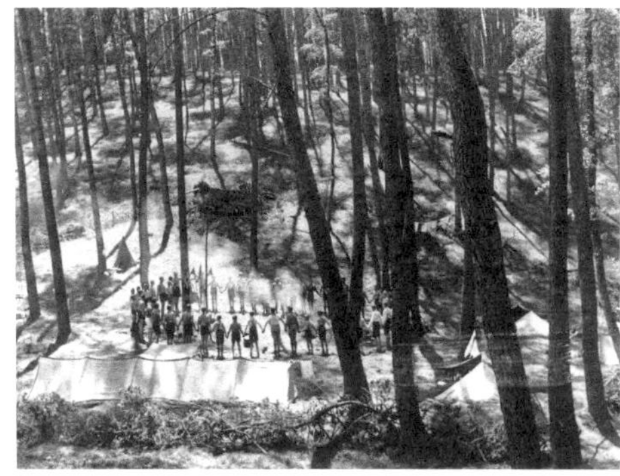

Lager der Deutschen Jungenschaft vom 1. November 1929, dj 1.11. *Foto: Archiv der Deutschen Jugendbewegung Burg Ludwigstein*

Mitschüler[12], aber auch der Einschränkung der eigenen Freiheiten, begannen die Geschwister im Lauf der Zeit, an den Zielen des Nationalsozialismus zu zweifeln.[13] Wegen ihrer mangelnden Anpassungsbereitschaft bekamen sie Probleme mit ihren Vorgesetzten in der Hitlerjugend[14] und schließlich mit der Gestapo: Früh an einem Novembermorgen des Jahres 1937 klopften zwei Gestapo-Beamte an die Tür der Scholl'schen Wohnung und verlangten Einlass. Der Mutter gelang es im letzten Moment, einige kompromittierende Schriftstücke im Brotkorb zu verstecken. Hans, Werner und Inge wurden verhaftet, Hans zu einer längeren Gefängnisstrafe verurteilt.[15]

Danach war es für die Geschwister schwer, Kontakte außerhalb der Familie zu knüpfen. Gleichgesinnte waren nicht leicht zu finden, denn offen durfte man über seine Ansichten nicht reden. Otto Aicher, einer von Werner Scholls Schulkameraden, ging nach der Verhaftung der Scholl-Geschwister auf sie zu. Aicher stammte aus einer Handwerkerfamilie aus dem katholischen Ulmer Vorort Söflingen. Als Jugendlicher las er gerne und viel; er beschäftigte sich mit Philosophie, katholischer Literatur und den Schriften der Kirchenväter.[16]

Ein wichtiger Bezugspunkt für die Familie Aicher war in dieser Zeit der Söflinger Pfarrer Franz Weiß. In seinen Predigten wandte sich Weiß gegen den nationalsozialistischen Staat. Deshalb wurde er immer wieder bedrängt. Im Herbst 1938 versuchten SA und Hitlerjugend, das Pfarrhaus zu stürmen. Otto Aicher und sein Vater standen Weiß in dieser Situation bei.[17]

Wie seine Eltern hielt sich auch Otto Aicher von allen NS-Organisationen fern. Er weigerte sich, in die Hitlerjugend einzutreten und nahm dafür in Kauf, dass er nicht zum Abitur zugelassen wurde und das Gymnasium ohne Abschluss verlassen musste. Dieses Verhalten machte Aicher zu einem Außenseiter: „wenn ich morgens mit dem rad vier kilometer zur schule fuhr, mitten durch die stadt, schielte ich um die ecken, ob nicht eine bande mir auflauerte, um mich zu verprügeln. ich war nicht in der hitlerjugend, infolgedessen – gar nicht so unlogisch – ein feind des staates, der neuen zeit."[18]

Doch ganz so außerhalb seiner Zeit stand der junge Otto Aicher nicht. Auch er suchte das Abenteuer, die Nähe zur Natur und die Gemeinschaft anderer Jugendlicher im Sinne der bündischen Tradition. Mit seinen Söflinger Freunden Fridolin Kotz und Willi Habermann unternahm er Skitouren in die Allgäuer Alpen, befuhr auf selbstgebauten Flößen einen Seitenarm der Donau oder unternahm waghalsige Fotoexpeditionen auf den Höhen des Ulmer Münsterturms. „die jugendbewegung bedeutete mir viel, sie schuf ein selbstvertrauen in die eigene generation, lehrte uns unabhängig werden und legte uns nahe, einen bogen um spießer und krämer zu machen", schrieb Aicher im Rückblick.[19]

Im Herbst 1939 schlossen sich die Scholls mit Aicher und dessen beiden Freunden sowie Sophie Scholls Verlobtem Fritz Hartnagel zu einem Freundeskreis zusammen.[20] Zu den regelmäßigen Treffen in der Scholl'schen Wohnung kamen gemeinsame Konzertbesuche, Spaziergänge und andere Unternehmungen. Die Gruppe fiel auf in der Stadt und erhielt bald den Namen „Scholl-Bund".[21]

Mit Otto Aichers Ankunft in der Gruppe ging ein erwachendes Interesse ihrer Mitglieder an religiösen und philosophischen Themen einher. Nach der anfänglichen Begeisterung für den Nationalsozialismus und seine einfachen Antworten auf den Zustand der Welt suchten die Scholl-Geschwister nach neuer Orientierung.

Sie gerieten auf die „Fährte der großen Wahrheits- und Gottessucher der Antike und des Christentums, unmittelbar oder durch zeitgenössische Interpreten".*[22] Sie lasen Texte von Friedrich Nietzsche,[23] Fjodor Dostojewski und Nikolaj Berdjajew,[24] von Platon, Aristoteles und Kierkegaard, von Augustinus, Wilhelm von Ockham und Thomas von Aquin, von Carl Muth und Theodor Haecker, die in der Zeitschrift *Hochland* aktuelle Positionen des Reformkatholizismus vertraten. Die jungen Leute lasen in jeder Minute, die sie erübrigen konnten,[25] diskutierten die Texte und die daraus gewonnen eigenen Erkenntnisse.**

Bücher allerdings – zumal solche, mit denen sich der Horizont erweitern ließ – waren in dieser Zeit nicht leicht zu bekommen. Die Ulmer Volksbücherei etwa war in den vergangenen Jahren von unerwünschten und „schädlichen" Büchern gesäubert worden. Solche von jüdischen Autoren, Liberalen, Marxisten, Pazifisten oder Freidenkern waren hier nicht mehr zu bekommen – und falls doch, wer wollte schon in seinem Leseheft einen entsprechenden Eintrag haben? In einem solchen Heft wurde in dieser Zeit jedes vom Bibliothekar empfohlene und gelesene Buch eingetragen und damit auch kontrolliert. Es galt also, andere Wege zu finden, um an die richtige Literatur heranzukommen.[26]

Einiges wird in den Elternhäusern der Beteiligten vorhanden gewesen sein oder in der Bibliothek von Pfarrer Weiß. Darüber hinaus gab es von 1939 an eine weitere wichtige Quelle: In diesem Jahr eröffnete Josef Rieck in Aulendorf eine wissenschaftliche Versandbuchhandlung mit dem Schwerpunkt Theologie. Rieck hatte zunächst Mönch werden wollen, dann aber das Kloster verlassen. Seine Frau Erika, eine überzeugte Kommunistin, stammte aus Ber-

---

* *Diese schöne Formulierung entstammt dem Buch* ‚Im Geiste der Gemordeten': Die ‚Weiße Rose' und ihre Wirkung in der Nachkriegszeit *von Barbara Schüler.*

** *„Lesewut" sei ein häufig anzutreffendes Phänomen in dieser Zeit, merkt Barbara Schüler dazu an. Häufig habe Inge Scholl an die Freunde geschrieben, man müsse jeden Augenblick zum Lesen ausnützen.*

lin. Sie ließen sich in der oberschwäbischen Provinz, im verkehrsgünstig gelegenen Aulendorf nieder. Von dort aus verschickten die beiden anspruchsvolle Literatur nach ganz Deutschland.[27] „das entscheidende mittel, im dritten reich zu überleben, war das buch, und die buchhandlung rieck hatte bücher zum überleben", schrieb Aicher Jahrzehnte später.[28] Der Ulmer Maler Wilhelm Geyer machte die Geschwister auf die Buchhandlung aufmerksam, und im Oktober 1941 fuhren Inge und Sophie Scholl gemeinsam mit Sophies Freund Fritz Hartnagel nach Aulendorf, um sich dort umzuschauen. Seitdem standen sie auf der Versandliste.[29]

In Ulm blieb die Scholl'sche Wohnung Anfang der 1940er Jahre ein zentraler Ort, an dem die Freunde in unterschiedlicher Besetzung zusammentrafen und wo sie – in Inge Scholls Zimmer – ihren gemeinsamen Bücherschatz deponierten.[30] Denn schon bald waren sie in alle Winde zerstreut: Sophie Scholl leistete ihren Reichsarbeitsdienst ab,[31] Fridolin Kotz, Willi Habermann und Hans Scholl

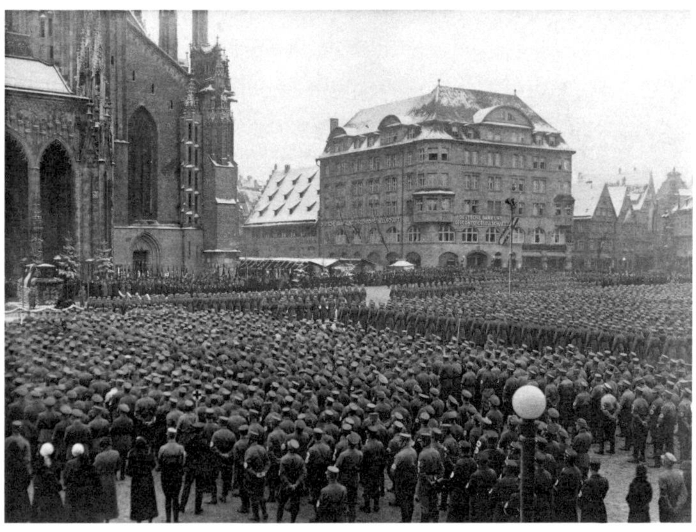

Der Ulmer Münsterplatz am 26. November 1933. Totenfeier mit Partei, Reichswehr und Ehrengästen. Rechts befindet sich das Wohn- und Geschäftshaus, in dessen drittem Stock die Familie Scholl wohnte. Foto: Stadtarchiv Ulm

mussten kurz nach Beginn ihrer Studien in München in den Krieg ziehen. Auch Werner Scholl und Otl Aicher wurden Soldaten. Aicher regte an, gemeinsam eine Zeitschrift herauszugeben, um so auch über die wachsenden Entfernungen in Kontakt zu bleiben.[32] In diesem *Windlicht* schrieben die Mitglieder der Gruppe über Themen, die sie beschäftigten[33] – Aicher etwa über *Napoleon oder Die Liebe Gottes,* Sophie Scholl über *Den Hunger der Seele und die Musik,* Hans Scholl über das Grabtuch von Turin. Doch dann geriet das *Windlicht* in den Blick der Gestapo. Publikationen dieser Art galten als staatsfeindlich, ihre Herausgeber riskierten langjährige Gefängnisstrafen. So stellten die Freunde diese Aktivitäten ein.[34]

Doch nicht nur die intellektuelle Auseinandersetzung mit der Welt bestimmte den Zusammenhalt dieser Gruppe. Sie waren nun um die zwanzig Jahre alt und begannen, ihr eigenes, vom Elternhaus unabhängiges Leben zu entdecken. Erfahrungen mit dem anderen Geschlecht, mit Liebe und Eifersucht gehörten genauso dazu wie gemeinsame Unternehmungen in verschiedenen Besetzungen, etwa der Aufstieg zu einer Skihütte und das damit verbundene Beisammensein.[35]

Hans Scholl war 1939 zum Medizinstudium nach München gegangen. Zunächst war der Kontakt mit den Geschwistern und Ulmer Freunden eng geblieben. Im Herbst 1940 begegnete er Alexander Schmorell. Beide waren Medizinstudenten und gehörten einer Studentenkompagnie an, die als Sanitäter den Frankreichfeldzug mitgemacht hatten.[36] Nachdem sie zueinander Vertrauen gefasst hatten, lud Alexander Schmorell Hans Scholl zu einem Leseabend in sein Elternhaus ein. Auch Schmorells Vater Hugo Schmorell war ein entschiedener Gegner des nationalsozialistischen Regimes. Hans wurde dort ein regelmäßiger Gast. Er lernte weitere Gleichgesinnte kennen, darunter Alexander Schmorells Freund Christoph Probst. Sie alle besaßen einen ähnlichen bürgerlich-intellektuellen Hintergrund, musische Interessen und vergleichbare Erfahrungen in den Jugendbünden – und waren sich einig in ihrer politischen

Haltung.[37] Immer wieder organisierten sie „literarische" oder Vorlese-Abende, an denen sie frei miteinander reden konnten.[38]

Im Herbst 1939 lernte Hans Scholl Carl Muth kennen. Muth war Gründer und Herausgeber der katholischen Zeitschrift *Hochland,* die sich seit 1933 kritisch mit dem Nationalsozialismus befasste. Hier schrieb auch regelmäßig Theodor Haecker. Beide wohnten in München und waren dem Ulmer Kreis durch die Lektüre der Zeitschrift wohl bekannt. Otto Aicher hatte einen Artikel über Michelangelos Sonette geschrieben und bat nun seinen Freund Willi Habermann, das Manuskript bei Muth vorbeizubringen.[39] Zwar wurde der Artikel nicht im *Hochland* gedruckt. Infolge der Begegnung entspann sich aber eine enge Beziehung zwischen Aicher und Carl Muth, später auch mit weiteren Mitgliedern des Freundeskreises: Hans Scholl besuchte Muth eine Zeit lang fast täglich und begann damit, seine Bibliothek für ihn zu ordnen, und Inge Scholl verbrachte zwei Urlaubswochen bei Muth und wandte sich in dieser Zeit stark den Ideen des Reformkatholizismus zu.[40]

Auch Otto Aicher führte mit Muth eine ausführliche Korrespondenz. Zu einer Verstimmung von Muths Seite aus kam es allerdings, als Aicher am Erscheinungsbild des *Hochland* Kritik zu üben wagte. Aicher verglich das Aussehen der Zeitschrift mit einem ausrangierten polnischen Eisenbahnwaggon: „Ein grasgrüner Kasten mit kleinen, engen Fenstern, einem flachgewölbten, nach beiden Enden vorspringendem Dach, (...) dazu ein hohes Fahrgestell mit Speichenrädern."[41]

Hochland war 1903 gegründet, ihre Gestaltung nie überarbeitet worden. Während Muth diese Form als angemessen, allerdings auch nicht allzu entscheidend empfunden haben mag, dürfte der junge Aicher die fehlende Modernität als Diskrepanz zwischen Inhalt und Form wahrgenommen haben. „An sich ist ja das Äußere eine Nebensächlichkeit, aber es ist doch ein Mangel, wenn die äußere Form nicht mit der gleichen Beweglichkeit mitkommt und auf einem toten Gleis stehen bleibt", schrieb Aicher – und ging danach zu einer inhaltlichen Kritik über, die Muth mit Recht als Anmaßung empfand und entsprechend zurückwies.[42]

Die Begegnung mit dem weltoffenen Carl Muth eröffnete allen Beteiligten neue Perspektiven. Dabei war nicht nur der geistige Austausch ein Gewinn, sondern auch die Tatsache, dass die Freunde mit und durch ihn weitere Menschen kennenlernten, die ihre Ansichten und Ideale teilten – und die ihnen Mut gaben, nicht zu resignieren angesichts der Stimmung im Land und der unverändert anhaltenden Begeisterung für Hitler.

Bis zum Herbst 1942 war der Zweite Weltkrieg von Erfolgen der Deutschen Wehrmacht geprägt. Polen, Dänemark, Norwegen, Belgien, die Niederlande, Luxemburg, der Großteil Frankreichs, Jugoslawien und Griechenland waren erobert und besetzt worden. Kritische Äußerungen gegenüber den Machthabern wurden hart bestraft. Bürgerliche Freiheiten oder gar die Möglichkeit, ein selbstbestimmtes Leben zu führen, gab es in Deutschland kaum noch. Was sollte werden, wenn Hitler den Krieg gewann?

„Es ist entsetzlich, dass uns in diesem Alter alle Wege versperrt sind, wo uns doch die Welt offen stehen müsste! Man kommt sich immer mehr als Gefangener vor", schrieb Hans Scholl im Januar 1941 an seine Eltern.[43] Da hatte er gerade sein Physikum bestanden und musste befürchten, wieder zum Militärdienst eingezogen zu werden.

Gleichgesinnte zu finden, der feindlichen Umgebung zum Trotz den eigenen Interessen und Bedürfnissen nachzugehen, war das Eine. Aber es sollte doch auch möglich sein, etwas zu unternehmen? Gegen den Krieg, das Unrecht, die Unterdrückung? Musste man nicht sogar etwas unternehmen, um die eigene Würde nicht zu verlieren, nicht schuldig zu werden?[44] Hans Scholl und Alexander Schmorell beschlossen zu handeln: „Nichts ist eines Kulturvolkes unwürdiger, als sich ohne Widerstand von einer verantwortungslosen und dunklen Trieben ergebenen Herrscherclique ‚regieren' zu lassen. Ist es nicht so, dass sich jeder ehrliche Deutsche heute seiner Regierung schämt (…)?"

So beginnt das erste Flugblatt der *Weißen Rose*, dessen Text von Hans Scholl stammt.[45] Für die Vervielfältigung beschafften die

Freunde einen Hektographier-Apparat, den sie im Atelier eines befreundeten Architekten aufstellten. Sie organisierten Papier, Briefumschläge und Briefmarken – all das musste unauffällig geschehen – und schickten die Blätter an eine Reihe von Intellektuellen in München und Umgebung. Von dort verbreiteten sie sich in kleineren süddeutschen Städten, unter anderem in Ulm.[46] Drei weitere Flugblätter folgten bis Ende Juli.

Mit ihrer Aufforderung zum Widerstand wandten sich Scholl und Schmorell an die „deutsche Intelligenz" und forderten jeden Einzelnen auf, sich „seiner Verantwortung als Mitglied der christlichen und abendländischen Kultur" bewusst zu werden: Das Höchste, das ein Mensch besitze und das ihn über jede andere Kreatur erhöhe, sei der freie Wille.

Im Lauf der nun folgenden Wochen erweiterte sich der Kreis der *Weißen Rose:* Auch Willi Graf und Christoph Probst gehörten nun zu den Akteuren. Sophie Scholl war ihrem Bruder auf die Spur gekommen und hatte darauf bestanden, mitzumachen.[47] Hans' Studienkollegin Traute Lafrenz beteiligte sich, indem sie Flugblätter nach Hamburg zu ehemaligen Schulkameraden brachte.

Im Kessel von Stalingrad erreichte unterdessen das Elend seinen Höhepunkt.[48] Seit November 1942 war dort die deutsche 6. Armee von der russischen Armee eingeschlossen. Die Soldaten verhungerten, erfroren oder starben an Verletzungen. Hitler weigerte sich, einer Kapitulation zuzustimmen. Die Mär von seiner Unbesiegbarkeit in diesem Krieg war dennoch dahin.[49] Das fünfte Flugblatt der *Weißen Rose* vom Januar 1943 beginnt entsprechend mit den Worten: „Der Krieg geht seinem sicheren Ende entgegen",[50] und im sechsten heißt es: „Es gärt im deutschen Volk."

Diesen Eindruck bestätigte Mitte Januar 1942 ein Zwischenfall an der Münchner Universität. Der Gauleiter Paul Giesler hatte die weiblichen Studenten aufgefordert, die Universität zu verlassen: Statt sich an den Universitäten herumzudrücken, sollten sie lieber dem Führer ein Kind schenken. Daraufhin kam es zu Tumulten.[51]

Anfang Februar 1942 zogen Hans Scholl und Alexander Schmorell durch die nächtlichen Münchner Straßen und schrieben mit Schablonen und schwarzer Teerfarbe „Nieder mit Hitler", „Freiheit" sowie durchgestrichene Hakenkreuze an verschiedene Gebäude.[52] Sie waren voller Zuversicht: Endlich schien sich etwas zu bewegen, schien es tatsächlich möglich, sich gegen die Vereinnahmung durch die Faschisten zu wehren. Sie hofften, die Saat des Widerstandes an andere Universitäten weiterzutragen, dort illegale Zellen zu errichten[53] und mit weiteren Flugblattaktionen auf Hitlers Propaganda-Lügen aufmerksam machen zu können. Die Freiheit schien in greifbare Nähe gerückt zu sein. Unter der Führung einer geistigen Elite, deren Teil sie wären, würde sich das Volk gegen Hitler wenden, seine Lügen erkennen und sich von dem „nationalsozialistischen Untermenschentum" trennen.[54]

Am 18. Februar, einem sonnigen Donnerstag, füllten Hans und Sophie einen Koffer mit frisch gedruckten Flugblättern und gingen damit zur Universität.[55] Beim Ausstreuen der letzten Blätter im Lichthof wurden sie von einem Hörsaaldiener entdeckt. Gemeinsam mit anderen hielt er sie fest und übergab sie der Gestapo.

Inge Scholl und ihre Eltern erfuhren erst am 19. Februar von der Verhaftung.[56] Robert und Magdalena Scholl mussten das Wochenende abwarten, bevor sie ihre Kinder im Gefängnis besuchen durften. Zusammen mit Werner Scholl, der gerade Fronturlaub hatte, fuhren sie am 22. Februar 1943 nach München. Es war der Tag der Verhandlung vor dem Volksgerichthof. Der Prozess war schon zu Ende, als sie im Gerichtssaal eintrafen. Sie hörten gerade noch die Verkündung der Todesurteile. Ohne zu wissen, dass die Urteile noch am gleichen Tag vollstreckt werden sollten, besuchten sie Hans und Sophie im Gefängnis und kehrten dann nach Ulm zurück. Als Inge Scholl am folgenden Tag nach München kam, um ihre Geschwister ein letztes Mal zu sehen, erfuhr sie im Justizpalast von einer Sekretärin, dass die beiden nicht mehr lebten.[57]

Am Tag nach der Beerdigung von Hans und Sophie wurden die Eltern Scholl mit ihren Töchtern Inge und Elisabeth vom Frühstückstisch weg verhaftet und ins Gefängnis gebracht. Dort wurden sie mehrere Monate lang gefangen gehalten. In den Tagen, Wochen und Monaten nach der Hinrichtung von Hans und Sophie Scholl mussten ihre Angehörigen nicht nur diesen ungeheuren Verlust bewältigen, sie lebten auch in der Ungewissheit, was mit ihnen selbst geschehen würde.

Elisabeth Scholl wurde nach zwei Monaten wegen Krankheit aus der Haft entlassen. Otto Aicher und Sophies Verlobter Fritz Hartnagel waren in dieser Zeit gleichzeitig auf Genesungsurlaub in Ulm. Die drei trafen sich täglich in der weiten Landschaft der Schwäbischen Alb hinter Aichers Wohnort Söflingen und trösteten sich gegenseitig, indem sie Erinnerungen und Gedanken austauschten.[58] Inge Scholl und ihre Mutter kamen im Sommer 1943 frei, nachdem auch Inge Scholl schwer krank geworden war. Der Vater wurde verurteilt und im Konzentrationslager Kislau eingesperrt.

Immer wieder reisten die Familienmitglieder zu den Gräbern von Hans und Sophie nach München, spielten sogar mit dem Gedanken, ganz nach München umzusiedeln.[59] In all diesem Elend waren es gerade die Gedanken an diese beiden, die der Familie neuen Lebensmut gaben. „Und doch müssen wir leben und ringen, schon um die Früchte des Opfertodes unserer Guten ausreifen zu helfen", schrieb Robert Scholl im August 1943 an seine Familie. „Wir können erreichen, dass die Menschen in der Zeit, die kommt, einsehen, wie schwer in allgemeinen Dingen unserer Zeit gesündigt worden ist." Deshalb war es wichtig, die Zeit bis zum Ende des Krieges und des Faschismus zu überstehen: „Dunkel und leidvoll ist die Gegenwart und die allernächste Zukunft. Doch die weitere Zukunft wird wieder heller sein und den Menschen mehr Glück und geistigen Aufschwung bieten."[60]

Im Juni 1944 verließen Inge und Magdalena Scholl die Stadt Ulm, wo sie immer wieder unter den Schikanen der Gestapo zu leiden hatten, und ließen sich auf dem *Bruderhof,* einem Einödhof in Ewattingen im Schwarzwald nieder.[61] Robert Scholl folgte ihnen nach seiner Entlassung im Dezember 1944.

Bereits im März 1943 hatte Inge Scholl beschlossen, die Geschichte ihrer Geschwister aufzuschreiben.[62] Bevor die Nachricht von der Verhaftung von Hans und Sophie Scholl sie erreichte, hatte keines der überlebenden Familienmitglieder etwas von den Aktivitäten der *Weißen Rose* gewusst. Um die Geschehnisse zu begreifen und ihre Bedeutung für das eigene Leben zu erkennen, begann Inge Scholl, jede verfügbare Information über ihre Geschwister zu sammeln und zu einer eigenen, legendenhaften Geschichte zusammenzufügen.[63]

Über den Widerstand selbst, die Motivation und Ziele ihrer Geschwister in den Monaten vor ihrem Tod fanden sich keine Aufzeichnungen. Nur die Flugblätter sind als schriftliches Vermächtnis geblieben. Die genaue Rekonstruktion der äußeren Lebensumstände in der Münchner Zeit gab weitere Anhaltspunkte, aber auch großzügigen Raum für Interpretationen.

Für Inge Scholl war dabei die Hinwendung zum katholischen Glauben ein zentrales Anliegen, das in ihren Augen nicht nur sie selbst, sondern auch Hans und Sophie betraf. Hier sah sie eine große Gemeinsamkeit, auf diesem Weg fühlte sie sich ihnen verbunden. Carl Muth und Theodor Haecker waren für alle Mitglieder des Freundeskreises wichtige Mentoren geworden, Sophie und Hans hatten bis zu ihrem Lebensende in engem Kontakt mit ihnen gestanden und sich an ihnen orientiert.

Diese Beziehungen blieben auch über den Tod der Geschwister hinaus bestehen. Im Sommer 1944 verbrachte Theodor Haecker sieben Wochen bei den Scholls im Schwarzwald. Nach seiner Abreise tippte Inge Scholl Manuskripte für ihn ab, darunter die regimekritischen *Tag- und Nachtbücher*.[64]

Gleichzeitig bereitete sie sich auf ihre Konversion zum Katholizismus vor. Am 22. Februar 1945, dem zweiten Todestag ihrer Geschwister, trat sie in die katholische Kirche ein. Damit ließ sie auch ein Stück ihres eigenen Lebens hinter sich und stellte den Neubeginn symbolisch in die Nachfolge ihrer Geschwister.[65]

Inge Scholl sah den Tod von Hans und Sophie als Opfer, eine mögliche politische Motivation spielte für sie keine Rolle.[66] In ihrem ersten zusammenhängenden Bericht über das Leben ihrer Geschwister schrieb sie: „Ihr Tun war getragen von dem großen Verlangen, die schwere Schuld, die in ihrer Zeit dunkelte, und die in ganz besonderem Maße auf dem Volke lastete, das das ihre war, auszugleichen und eine Brücke der Versöhnung in die Zukunft zu schlagen."[67] Otto Aicher stimmte ihr darin zu: „Ich glaube, ich kenne die Wurzeln zu Sophies Tod, die keine politischen, sondern metaphysische sind."[68]

Otto Aicher hatte, so jung er war, großen Einfluss auf die geistige Entwicklung der Scholl-Geschwister genommen. Er hatte seine Beschäftigung mit der Philosophie, den Kirchenvätern und dem Reformkatholizismus in den Scholl-Bund eingebracht und die Verbindung zu Carl Muth hergestellt. Zum engeren Kreis der *Weißen Rose* gehörte er aber nicht.

In seiner Autobiografie *Innenseiten des Krieges* schilderte er seine frühe Skepsis gegenüber einem direkten Widerstand gegen den Faschismus: „es klang auch ganz geschäftlich, als werner fragte, ob ich mitmachen würde, eine widerstandgruppe aufzubauen, eine sabotagegruppe (…). mach keinen blödsinn, sagte ich zu werner. der krieg kann lange dauern."[69]

Von einigen Aspekten des Krieges zeigte sich Aicher durchaus fasziniert. So schilderte er in seiner Autobiografie seine Begeisterung für die funktionelle Schönheit des Kriegsgerätes: „kein auto war je so schön wie der schwimmfähige kübelwagen der volkswagenwerke, der für die wehrmacht entwickelt wurde. (…) Ich kannte kein schöneres behältnis als den blechernen benzinkanister, leicht gewölbt, abgerundete ecken, mit versteifungssiggen auf den breitflächen, einem hebelverschluss, der in den gesamtkörper eingezogen war und nicht hervorstand, mit einem dreistegegriff. (…) viele neue produkte entstanden, neue formangebote bestimmten das umfeld, und wer wollte, konnte in ihnen lesen, denn sie dienten nicht dem aufbau einer fassade, sondern machten deutlich, was mit ihnen beabsichtigt war. hier marschierte eine welt auf, die zuhause mir nicht sichtbar geworden war."[70]

Im März 1945 entschloss Aicher sich zur Desertion und schlug sich zu den Scholls in den Schwarzwald durch. Einen Monat später wurde Ewattingen von den Franzosen besetzt.[71] Die Bewohner des Bruderhofes waren glücklich und voller Dankbarkeit, dass der Krieg ein Ende gefunden hatte. Aber sie litten auch unter dem Chaos dieses Übergangs, dem Umgang mit den fliehenden, hungernden und verwirrten deutschen Soldaten und dem brutalen Auftreten der Franzosen.

„Nun neigte sich auch unsere Zeit auf dem Bruderhof zu Ende. Als erstes gruben wir die gusseisernen Behälter mit Haeckers Manuskripten aus der Erde", schrieb Inge Scholl in einem Bericht über ihre Zeit in Ewattingen.[72] „Otl Aicher nahm eines der Fahrräder, die die umherirrenden Landser am Wegesrand hatten liegen lassen, und machte sich auf den Weg zu seinen Eltern in Ulm und von dort aus in das Dorf Ustersbach, wohin Haecker sich nach dem Fliegerangriff auf München verzogen hatte, um ihm das gerettete Werk zu überbringen. Aber Haecker lebte nicht mehr. Er war am 9. April 1945 gestorben."

Kurz darauf traf ein Holzlaster aus Ulm auf dem *Bruderhof* ein: Die amerikanische Militärregierung berief Robert Scholl zum Oberbürgermeister von Ulm. Die Familie Scholl kehrte in ihre Heimatstadt zurück. Werner Scholl war seit Anfang Juni in Russland vermisst, er kam nicht wieder.

Im Herbst 1945 heirateten Elisabeth Scholl und Fritz Hartnagel. Otto Aicher und Inge Scholl blieben enge Vertraute. In der nun folgenden Zeit machten sie sich gemeinsam daran, das Vermächtnis der *Weißen Rose* in die Realität umzusetzen. Ihr Opfer sollte nicht umsonst gewesen sein.

Wie sollen wir leben?

Was war das für eine Stadt, in die Robert Scholl mit seiner Familie zurückkehrte und deren Regierung er Anfang Juni 1946 übernahm? Von dem Ulm, das sie Jahre zuvor verlassen hatten, war nicht mehr viel übrig. Die meisten Häuser der Altstadt waren zerstört, Straßen und Gehwege von Schutt bedeckt. Viele der erhaltenen Gebäude hatten kaputte Dächer oder Fenster.

Die Wasserleitungen waren an vielen Stellen unterbrochen, genau wie die Kanalisation. Es gab kein Gas, keinen elektrischen Strom. Das Telefon funktionierte nicht mehr, auch nicht die Post oder die Reichsbahn. Es fuhr keine Straßenbahn. Für private Autos gab es keine Reifen und kein Benzin. Kohlen wurden auf Lastwagen in die Stadt transportiert und an Bäckereien und Metzgereien verteilt, um die Versorgung sicherzustellen.[73]

In den nun kommenden Jahren wurde das Elend noch größer. Zahlreiche Kriegsheimkehrer und Flüchtlinge kamen nach Ulm. Die Winter waren lang und kalt. Es fehlte an Brennstoffen und Wohnraum, an Lebensmitteln, warmer Kleidung und Schuhen. Bevor an einen Wiederaufbau der Stadt zu denken war, musste sie erst einmal entschuttet werden – allein das war eine Aufgabe für mehrere Jahre.

Die amerikanische Militärregierung hatte Robert Scholl wegen seiner kritischen Haltung gegenüber dem Nationalsozialismus zum Oberbürgermeister berufen. Für viele Ulmer aber war und blieb er ein Vaterlandsverräter. Nur zwei Jahre zuvor hatten sie in den Ulmer Nachrichten über die Hinrichtung von Hans und Sophie Scholl gelesen: „Die Verurteilten hatten sich als charakteristische Einzelgänger durch die Verbreitung hochverräterischer Flugschriften an der Wehrkraft und dem Widerstandsgeist des deutschen Volkes in schamloser Weise vergangen. Angesichts des heroischen Kampfes des deutschen Volkes verdienen derartige verworfene Subjekte nichts anderes als den raschen und ehrlosen Tod."[74]

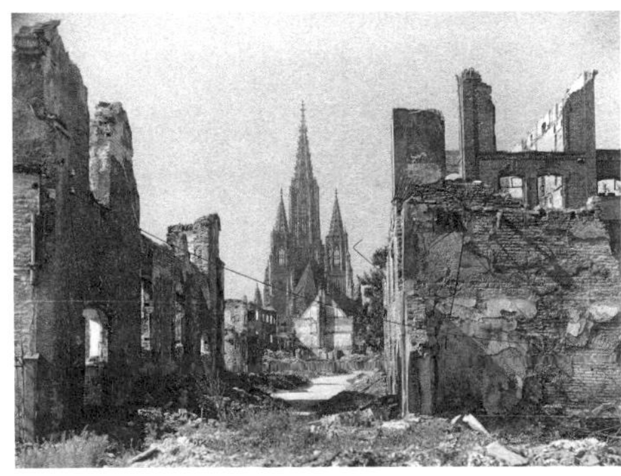

Ulm 1946. Blick auf das Münster. Foto: Stadtarchiv Ulm

Weder erlebten diese Menschen das Kriegsende als Befreiung noch erhofften sie sich von der neuen Zeit eine Verbesserung ihrer Lebensumstände. Der Krieg hatte ihnen zahlreiche Opfer abverlangt. Sie hatten ihren Besitz verloren, waren traumatisiert von den Bombennächten und dem Tod von Familienmitgliedern, Freunden und Bekannten. Die jungen Männer waren nicht gerne in den Krieg gezogen. Sie hatten es für die „Volksgemeinschaft" getan, viele waren gefallen oder kehrten mit schlimmen Verletzungen zurück.

Nun kamen die Amerikaner, konfrontierten die Deutschen mit Bildern der Konzentrationslager und sprachen von Kollektivschuld. Sie sorgten für die Entlassung aller ehemaligen NSDAP-Mitglieder und stürzten damit zahlreiche Familien in ein noch größeres Elend. Sie propagierten als Staatsform die Demokratie, mit der man doch in den Weimarer Zeiten schon so schlechte Erfahrungen gemacht zu haben glaubte.

Was gestern gut gewesen war, war heute schlecht, und die „Bösen" der letzten Jahre – Amerikaner, Sozialdemokraten, Juden und Volksverräter wie dieser Robert Scholl – hatten nun das Sagen. Wem sollte man da noch glauben? Woran sich orientieren?

Anfang August 1945 klebten an den Ulmer Ruinen und Häuserwänden kleine Plakate. Sie waren höchst eigenwillig gestaltet und kündigten eine Reihe von Vorträgen an: „Religiöse Ansprachen über christliche Weltanschauung. 1. Abend: Romano Guardini spricht über Wahrheit und Lüge. Donnerstag, 16. August, ½ 8 Uhr in der Martin-Luther-Kirche“. Es waren einfache schwarze Drucke auf grobem Papier, die durch ihre besondere Gestaltung, ihre Kühnheit und Eigenwilligkeit auf sich aufmerksam machten.[75]

Die Martin-Luther-Kirche war einer der wenigen unzerstörten großen Räume in der Stadt. Viele Leute kamen an diesem Donnerstag dorthin. Der Name Romano Guardini sagte den wenigsten etwas. Dass es sich um etwas Religiöses handelte und die Veranstalter sich auf christliche Werte beriefen, machte die Sache allerdings vertrauenswürdig. Und die ein oder andere verlässliche Information über Wahrheit und Lüge konnten die Menschen in dieser Zeit gut gebrauchen.

Romano Guardini war ein katholischer Priester italienischer Abstammung, der in Deutschland aufgewachsen war. Er engagierte sich in der katholischen Jugendbewegung und hatte an der Berliner Universität gelehrt, bis er wegen seiner kritischen Haltung zum Nationalsozialismus 1939 zwangsemeritiert wurde. 1943 zog sich Guardini zu einem Studienkollegen in der Nähe von Memmingen zurück. Dort tauchte „im Herbst 1945, nachdem der Krieg zu Ende gegangen war, auf einem ziemlich ramponierten Motorrad ein junger Mann auf und wünschte mich zu sprechen“, schrieb Guardini in seinen Lebenserinnerungen.[76]

Dieser junge Mann war Otto Aicher.

Er hatte die Vorträge in der Martin-Luther-Kirche geplant und die Plakate zu ihrer Ankündigung gestaltet. Mit Guardinis Unterstützung starteten Inge Scholl und Otto Aicher nun ihr ehrgeiziges Projekt, das Vermächtnis der Scholl-Geschwister in die breite Öffentlichkeit der Nachkriegszeit zu tragen. Dabei erhielten sie Unterstützung von vielen Seiten, manchmal überraschend und unerwartet. Bis sich daraus eine an das Bauhaus angelehnte Hochschule für Gestaltung entwickelte, sollten noch einige Jahre vergehen.

Zunächst einmal kam das politische, gesellschaftliche und kulturelle Leben in Deutschland wieder in Bewegung. Bei der Gründung der politischen Parteien wurden viele Menschen aktiv, die bereits in der Weimarer Republik Verantwortung übernommen hatten und deren Überzeugungen während der vergangenen zwölf Jahre unterdrückt worden waren. „Es gibt, vor aller Öffentlichkeit, wieder mehrerlei Meinungen! Früher war das selbstverständlich. Notabene: Es ist ganz und gar nicht selbstverständlich", stellte Erich Kästner im Juni 1945 in seinem Tagebuch fest.[77]

In der Ulmer Martin-Luther-Kirche und im Münster gab es bald wieder Konzerte, das Theater spielte seit September 1945 in der Turnhalle der Wagnerschule. Im Oktober wurde das Museum wiedereröffnet, im November erschien die erste Ausgabe der *Schwäbischen Donauzeitung*. Und Herbert Wiegandt übernahm in dieser Zeit die Leitung der Städtischen Volksbücherei.

Wiegandt war 1914 in Ulm geboren. Wie die Scholls studierte er in München, wechselte Mitte der 1930er Jahre aber zu Karl Jaspers nach Heidelberg. 1939 wurde er eingezogen und verbrachte die nächsten sechs Jahre seines Lebens als Soldat im Krieg. Zurück in Ulm, sichtete er zunächst die übrig gebliebenen Bücher im Keller der Ulmer Elektrizitätswerke und sortierte nunmehr die nationalsozialistisch geprägte Literatur aus. Bald konnte die Bibliothek in zwei kleinen Räumen in einem von Ruinen umgebenen Haus am Ulmer Marktplatz wiedereröffnet werden.

Ganz in der Nähe, im eine knappe Bahnstunde entfernt gelegenen Aulendorf, hatten sich der Buchhändler Josef Rieck und der Philosoph und Laientheologe Ernst Michel bereits während des Krieges darüber Gedanken gemacht, wie es nach dem Ende der nationalsozialistischen Herrschaft weitergehen sollte.[78] Aus diesen Überlegungen heraus riefen Josef und Erika Rieck die antifaschistische Gemeinde zusammen, die sie vor 1945 so zuverlässig mit Literatur versorgt hatten – und der auch Inge Scholl und Fritz Hartnagel angehörten.[79] Nun wollten Rieck und seine Frau einen Ort schaffen, an dem diese Menschen zusammenkommen konnten, wo

„über die neuen Fundamente der Gesellschaft und des Staates gesprochen werden sollte."[80] Dieser Ort sollte das Aulendorfer Schloss sein.

Wie aber konnte es gelingen, den Bürgern die Vorteile einer demokratischen Gesellschaft zu vermitteln? Wie konnte man bei ihnen die Freude und die Fähigkeit wecken, frei die eigene Meinung zu äußern? Wie sollte man ihnen zeigen, dass sie sich nun wieder entfalten durften, nachdem der Einzelne zwölf Jahre lang nichts gegolten hatte, jede individuelle Regung unterdrückt und mit schrecklichen Strafen belegt worden war?

Während sich in Aulendorf Intellektuelle und Geisteswissenschaftler über die mögliche Form der deutschen Nachkriegsgesellschaft Gedanken machten, plante in Ulm der Kulturbeauftragte der Amerikaner, Kurt Fried, den Aufbau einer neuen Volkshochschule.[81] Gleichzeitig machte Otto Aicher als Organisator der Vorträge in der Martin-Luther-Kirche auf sich aufmerksam. So lag es nahe, ihm die Stelle als Leiter der Volkshochschule anzutragen. Aicher allerdings hatte andere Pläne – er wollte studieren. Also schlug er Inge Scholl an seiner Stelle vor. Nach einer Bedenkzeit nahm sie an.

In der Planungsphase unterstützte Otto Aicher Inge Scholl nach Kräften: Gemeinsam verfassten die beiden die Programmschriften, unternahmen die notwendigen Behördengänge, organisierten die Eröffnungswoche und das weitere Programm. Aicher entwarf außerdem Plakate und Drucksachen für die neue *vh*. Im April 1946 wurde die Ulmer Volkshochschule eröffnet.[82] Schon nach wenigen Tagen hatten sich 2500 Teilnehmer angemeldet.

Kurz darauf fand auch die Eröffnung der Akademie Oberschwaben im Aulendorfer Schloss statt. Zwischen beiden Institutionen bestand eine enge Verbindung: Zu den Menschen, die sich in Aulendorf zusammengefunden hatten, gehörten eine Reihe von Rednern, die nun an der Ulmer Volkshochschule Vorträge hielten. Das waren unter anderem der Theologe Theodor Steinbüchel, der Staatsrechtler Carlo Schmid, Romano Guardini und der Journalist und Politiker Theodor Heuss.

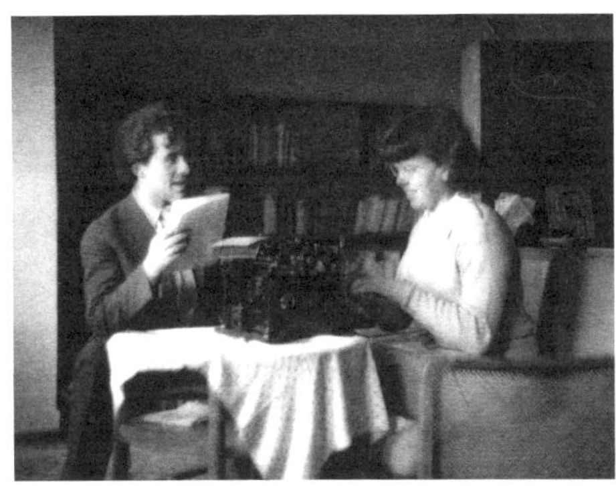

Otto Aicher und Inge Scholl um 1949. Foto: Annelise und Hannes Rosenberg

Von Anfang an hatte die Ulmer Volkshochschule einen besonderen Ruf. „Es gelang Inge Scholl, anfangs persönlich und in anstrengenden Reisen, die kompetentesten Wissenschaftler, Publizisten, Politiker und Künstler zu gewinnen; mit der Zeit wurde das Eigengewicht der Volkshochschule so stark, dass eine Einladung genügte. (…) Das brachte eine geistige Weite herein, die gleichzeitig die Aufgeschlossenheit des Publikums steigerte, von der umgekehrt die Redner sich immer wieder beeindruckt zeigten", erinnerte sich Herbert Wiegandt.[83]

Neue Volkshochschulen wurden in Deutschland in dieser Zeit überall gegründet. Doch keine erhielt so viel internationale Aufmerksamkeit wie die *vh ulm,* keine konnte mit einer so beeindruckenden Referentenliste aufwarten. Dieser Erfolg hing eng mit dem Namen der Geschwister Scholl zusammen, hatte aber auch etwas mit der guten Zusammenarbeit von Inge Scholl und Otto Aicher zu tun. Zwar hatte Aicher sich im Herbst 1946 an der Münchner Akademie in der Bildhauerklasse eingeschrieben.[84] Dort hielt es ihn allerdings nicht lange. Bereits ein knappes Jahr später kehrte er nach Ulm zurück, wo er seinen Tatendrang ungleich direkter ausleben konnte. In einem eigenen Büro entwarf er Plakate und Drucksachen für die Volkshochschule. Mit seiner Gestaltung gab er ihr ein ganz eigenes Gesicht.

Die Zeit der Verfolgung hatte bei allen, die sich dem Diktat der Nationalsozialisten nicht hatten anpassen wollen oder können, tiefe Spuren hinterlassen. Die Frage, wem zu trauen sei und wem nicht, spielte für die Regimegegner auch nach dem Krieg eine herausragende Rolle. Der Graben verlief zunächst einmal zwischen Nationalsozialisten und ihren Gegnern: Wer sich in irgendeiner Weise mit den alten Machthabern eingelassen hatte, und sei es noch so vage oder aus der persönlichen Not heraus, hatte nun nichts mehr zu sagen. NS-Funktionäre mussten sich für ihr Tun verantworten, ihre Ämter aufgeben, ihre Stellen verlassen. In diesen ersten Jahren hatten diejenigen, die sich gegen den Nationalsozialismus gestellt und unter ihm zu leiden gehabt hatten, die besten Chancen, sich an der Gestaltung der Nachkriegsgesellschaft zu beteiligen.

Inge Scholl und Otto Aicher waren nun nicht mehr die verachteten Außenseiter. Sie gehörten einer Gruppe intellektuell interessierter Persönlichkeiten an, deren Schicksal sie teilten und mit der sie nun offen Kontakt aufnehmen konnten. Für sie war dies also wahrhaftig ein Nullpunkt, ein Startpunkt in eine gemeinsame Zukunft, mit Gleichen unter Gleichen. Sie fühlten sich befreit und hatten mit dem, was sie jetzt taten und tun konnten, Erfolg. Das gab ihnen Selbstbewusstsein und ermutigte sie, ihren Weg weiterzugehen.

Im November 1947 tagte eine Gruppe von jungen Schriftstellern, die *Gruppe 47,* in Herrlingen, einem kleinen Ort in der Nähe von Ulm. Ihr Gründer Hans Werner Richter wurde zu einem wichtigen Weggefährten von Aicher und Scholl.

Richter hatte zeitweise der Kommunistischen Partei Deutschlands angehört. Er war im antifaschistischen Widerstand aktiv gewesen und später als Soldat in amerikanische Kriegsgefangenschaft geraten. Vom August 1946 bis zum April 1947 hatte er gemeinsam mit Alfred Andersch eine kulturpolitische Zeitschrift mit dem Namen *Der Ruf – unabhängige Blätter der jungen Generation* herausgegeben. Politisch traten die Autoren des Blattes für eine Synthese aus Sozialismus und Humanismus ein.[85] Dabei scheuten sie sich nicht, die Politik der alliierten Besatzungsmächte zu kritisieren, was zunächst zu einer Auflagensteigerung, dann aber zum Verbot der Zeitschrift im April 1947 führte.[86] Oberbürgermeister Robert Scholl lud die jungen Autoren zu einem Abend im Ulmer Ratskeller ein; bei dieser Gelegenheit dürften sich Inge Scholl und Hans Werner Richter zum ersten Mal begegnet sein.[87]

Im Mai 1948 besuchten Inge Scholl und Otto Aicher den Schweizer Architekten und Künstler Max Bill in Zürich. Seit er im Mai 1946 einen Artikel von ihm in der Schweizer Zeitschrift *Werk* gelesen hatte, interessierte Aicher sich brennend für dessen Arbeit.[88] Schwer beeindruckt berichtete er von der ersten persönlichen Begegnung, von dem Besuch in der Schweiz, einem vom Krieg unberührten Land, der Ankunft am Zürcher Bahnhof: „wir gehen raus. es ist ein kopfbahnhof. und lichtreklame. lichtreklame da vorn kann ich euch sagen. die ganze querhalle da vorn voll lichtreklame. kauft bei jelmoli. rot, grün. blau. rosa. die leute haben farbige gesichter. na guckt mal, das ist max bill! steht da wie ein ochs und frisst an einer nelke. er hat ne lamber-jack an, prima farbe und eine graue hose und prima wildlederschuhe. (…) dieses dunkle olivgrün und das graue hemd mit dem ziegelroten schmetterling und der rosa nelke in der schnauze und der dicken plexiglasbrille und den kurzgeschorenen haaren und dem schädel ohne hinterkopf wie aus einem abgekugelten flussstein. kinder, kinder, das ist ein kerl."[89]

In der Zwischenzeit hatte sich das Verhältnis zwischen den alliierten Besatzungsmächten grundlegend geändert. Die Vereinigten Staaten wollten die Ausbreitung des Kommunismus in Europa verhindern. Dafür brauchten sie Westdeutschland als verlässlichen Bündnispartner. Im April 1948 trat deshalb der Marshallplan in Kraft, ein Entwicklungshilfeprogramm für Europa. Die letzten wirtschaftlichen Beschränkungen fielen, die noch über Westdeutschland verhängt waren. Am 20. Juni kam die Währungsreform. Das Geld war wieder etwas wert, die Schaufenster der Läden füllten sich mit Waren. Vier Tage später begann die Blockade Westberlins durch die Sowjetunion. Der Kalte Krieg zwischen den USA und der Sowjetunion hatte seinen ersten Höhepunkt erreicht.[90]

Einen Politikwechsel gab es in diesen Tagen auch in Ulm: Theodor Pfizer gewann, ebenfalls im Juni 1948, den Wahlkampf gegen Inge Scholls Vater Robert Scholl und wurde neuer Oberbürgermeister. Pfizer kam aus Stuttgart. Während des Krieges war er in leitender Position bei der Reichsbahn gewesen; in einem Entnazifizierungsverfahren wurde er 1947 als nicht belastet eingestuft.*[91] In dem Maße, wie sich die Besatzungsmächte zurückzogen und die Prinzipien der Entnazifizierung lockerten, wie sich die wirtschaftliche Lage beruhigte und schließlich verbesserte, richteten die Menschen den Blick nach vorne und bemühten sich, all das Unangenehme der jüngsten Vergangenheit zur Seite zu schieben.

Auch in der Arbeit der Ulmer Volkshochschule hinterließen die neuen Verhältnisse Spuren: Unmittelbar nach Kriegsende war das Bedürfnis der Menschen nach geistiger Anregung groß gewesen, das intellektuelle Niveau der Vorträge und Diskussionen hoch. Nun stieg die Nachfrage in der vh vor allem nach Sprachkursen und berufsfördernden Angeboten. Nach der großen Sinnkrise am Ende des Krieges konzentrierten sich die Menschen wieder auf den Alltag und ihr materielles Wohlbefinden.

Für die *Gesellschaft Oberschwaben* in Aulendorf bedeuteten diese Veränderungen das Aus.[92] Auch Inge Scholl und Otto Aicher waren von dieser Entwicklung enttäuscht. Sie hatten sich die geistige Erneuerung nachhaltiger und allgemeiner vorgestellt, nicht mit dieser sang- und klanglosen Rückkehr zur Tagesordnung gerechnet. Sie waren jetzt um die 30 Jahre alt und noch immer voller Ideen und Tatendrang.

---

* *Der Vorstand der Eisenbahner-Gewerkschaft erhob nach dem Krieg schwere Vorwürfe gegen Pfizer wegen seiner engen Zusammenarbeit mit den Nationalsozialisten. Pfizer verteidigte sich dagegen und führte seine Freundschaft mit den Brüdern Stauffenberg, Dietrich Bonhoeffer und anderen NS-Gegnern an. Pfizer war bei Kriegsende 41 Jahre alt; er gehörte zu der Generation, die ihr Berufsleben im Faschismus begonnen hatten und nun wichtige Aufbauarbeit im jungen demokratischen Staat leisteten.*

Anfang 1948 gründeten sie deshalb das *Studio Null*, um im kleinen Kreis und nach bewährter Manier den Zustand der Welt in Politik, Wirtschaft und Kultur zu diskutieren. Mit von der Partie waren diesmal der Münchner Journalist Herbert Hohenemser, der Stadtbibliothekar Herbert Wiegandt und seine Frau Helga Wiegandt, das Künstlerehepaar Sven Anker Lindström und Irm Lindström sowie Fritz und Elisabeth Hartnagel. Jeder suchte sich seine Themen selbst und schrieb Texte dazu, die dann in der Gruppe diskutiert wurden. Es ging dabei um die Lebensformen der Zukunft, um Freiheit, Kunst oder die Belastungen einer Hausfrau. Schon bald entstand die Idee, eine eigene Schule zu gründen. Ähnlich wie in der Volkshochschule der Anfangszeit sollte auch hier politisches Handeln mit praktischem Tun verbunden werden. Junge Leute sollten für die Staatsform der Demokratie begeistert werden und eine Ausbildung etwa als Journalisten, Politiker, aber auch Produktgestalter oder Grafiker erhalten.[93]

In diese Zeit fällt die erste Kontaktaufnahme von Inge Scholl mit dem Schriftsteller Carl Zuckmayer. Er und seine Frau, die Schriftstellerin Alice Herdan-Zuckmayer, zeigten sich von der Idee der Schulgründung beeindruckt. Sie boten an, ihre Verbindungen nach Amerika für die Sponsorensuche spielen zu lassen. In der Folgezeit verfasste Zuckmayer verschiedene Exposés und Werbeschreiben für das Schulprojekt und stellte den Kontakt zu dem Verlegerehepaar Brigitte und Gottfried Bermann-Fischer her. Brigitte Bermann-Fischer, die Tochter des jüdischen Verlegers Samuel Fischer, war mit ihrem Mann nach der Machtübernahme der Nationalsozialisten

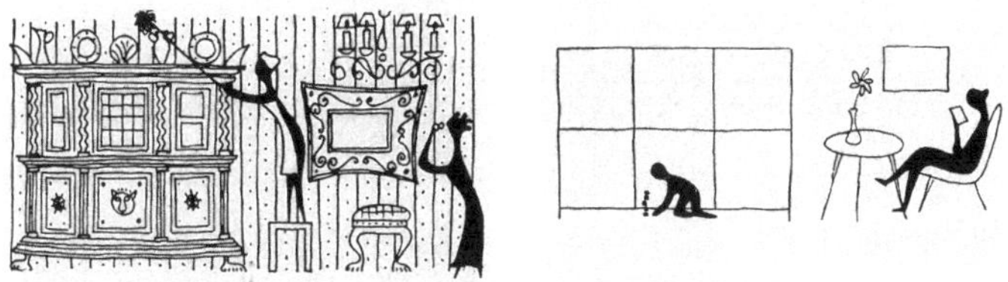

Otl Aicher, Illustrationen zu dem Artikel „Ratschläge einer Hausfrau zur Wohnungseinrichtung!" im Ulmer Monatsspiegel, *der Zeitschrift der Ulmer Volkshochschule, 1949*

über Schweden in die USA geflohen. Sie begeisterte sich für die Volkshochschule und die Planungen des *Studio Null* und wurde eine wichtige Unterstützerin des neuen Projektes.[94]

In den Diskussionen des *Studio Null* war Aicher die treibende Kraft. Ein großer Teil der Texte stammte von ihm, und er scheint auch die Gespräche dominiert zu haben. Eines seiner vordringlichsten Themen war die Rolle der Technik in der zukünftigen Gesellschaft: Indem sie die alltägliche Arbeit erleichtere, durch Massenproduktion die Arbeitszeit verkürzt werden könne, habe der Mensch (unter anderem die Hausfrau) mehr Zeit für sich und seine Entwicklung und damit auch größere Freiheit.[95]

Im Laufe dieser Arbeit ging Aicher dazu über, seinen Vornamen Otto in Otl zu ändern und seine Texte konsequent klein zu schreiben. Er las viel, griff immer neue Ideen auf und formulierte daraus eigene Gedankengänge, ohne großen Wert auf den Nachweis seiner Quellen zu legen.[96] Sein Ansatz war eher der eines Künstlers denn der eines Wissenschaftlers: Er nahm das vorhandene Material und gestaltete daraus etwas Neues.

Das wollten seine Mitstreiter auf Dauer nicht akzeptieren. Helga und Herbert Wiegandt trennten sich bereits im August 1948 wieder von der Gruppe: „Ihr macht es uns zu schwer, ja unmöglich, weil es Euch nicht liegt, jemandem zuzuhören, wenn er etwas zu sagen hat“, schrieb Herbert Wiegandt an Aicher und Scholl. „Ihr seid zu abgeschlossen und zu sehr in Euren eigenen Ideen befangen, als dass Ihr anderen Meinungen zugänglich seid.“[97]

Mit der Verbesserung der wirtschaftlichen Lage nach 1948 wurde in den deutschen Städten die Frage nach dem Wiederaufbau konkret. Aicher leitete in dieser Zeit in der Volkshochschule eine Arbeitsgruppe zum Thema Stadtplanung, deren Anregungen teilweise in die Pläne der Stadtverwaltung einflossen.[98] Rat zu diesem Thema holte er sich unter anderem bei Max Bill, mit dem er seit dem Besuch in Zürich in regem Briefkontakt stand.

Aicher bewunderte Bill. Er fühlte sich von ihm auf seinem eigenen Weg bestärkt, in seiner Suche nach dem richtigen Beruf beziehungsweise einer Berufung, in der er seine zahlreichen Interessen vereinigen konnte, und die er noch nicht wirklich gefunden hatte. „bill, das ist für uns ein maßstab geworden wie meter", schrieb Aicher im Februar 1949 an Max Bill.[99]

Zur gleichen Zeit übernahm Hans Werner Richter in der Ulmer Volkshochschule einen Kurs über *Die Schriftsteller in unserer Zeit und die Politik*.[100] Seine Vorstellungen von einer neuen deutschen Gesellschaft stimmten in vieler Hinsicht mit den Überlegungen Aichers und Scholls überein. Nach einem der Vorträge saßen die Beteiligten in der Ulmer Wirtschaft *Junger Hase* zusammen.[101] Bei dieser Gelegenheit dürfte es zu der naheliegenden Idee gekommen sein, sich zusammenzutun. Gemeinsam mit Hans Werner Richter entwickelten Scholl und Aicher in den folgenden Wochen ein Programm für die *Neue Schule*, das nun deutlich politischer ausfiel als zuvor: „Wir wollen eine demokratische Elite erziehen, die ein Gegengewicht gegen die aufkommenden nationalistischen und reaktionären Kräfte bildet", heißt es in einem Entwurf vom Dezember 1949.[102]

Den letzten Anstoß, das Schulprojekt konkret in Angriff zu nehmen, gab ein Besuch des Norwegers Arne Torgersen Mitte November 1949. Torgersen kam als Vertreter der Norwegischen Europahilfe zu Inge Scholl.[103] Er wollte ein Erholungsheim für Künstler im Schwarzwald einrichten und suchte nach einer geeigneten Leitung.* [104] Inge Scholl interessierte sich für dieses Projekt – unter der Bedingung, dass das Heim nach Ulm verlegt werde. Torgersen zeigte sich einverstanden.

Wenige Tage später wandte sich Scholl an die Stadtverwaltung mit der Bitte, ein Gelände für das geplante Projekt zur Verfügung zu stellen.[105] Oberbürgermeister Theodor Pfizer und der Ulmer Stadtbaumeister Max Guther sicherten ihr ein Grundstück auf dem Ulmer Kuhberg zu: das Fort *Oberer Kuhberg* samt dem umliegen-

---

* *Der Kontakt zu Torgersen war über den Künstler HAP Grieshaber entstanden, der wiederum mit dem Ulmer Maler Wilhelm Geyer befreundet war.*

den Schussfeld.[106] Dieses Gebäude war in der Mitte des 19. Jahrhunderts als Teil der Ulmer Bundesfestung entstanden und später als Konzentrationslager genutzt worden.

Die Fantasie war sofort angeregt: Im Fort selbst befand sich ein Ausflugsrestaurant – es konnte ohne Weiteres zur Schulmensa umfunktioniert werden. In den breiten Gewölben der Festung konnten Werkstätten – als erstes eine Druckwerkstatt – eingerichtet und die Studenten unterrichtet werden.[107]

Ein Brief aus den USA von Brigitte Bermann-Fischer gab der Angelegenheit zusätzlichen Schwung: Sie schrieb, Inge Scholl solle sich an Shepard Stone, den Berater des neuen amerikanischen Hochkommissars für Deutschland, John McCloy wenden[108] – was sie umgehend tat. Am 9. Dezember 1949 schickte Scholl ihm einen Entwurf für das Projekt und bat um ein persönliches Gespräch. Daraufhin erhielt sie eine Einladung nach Frankfurt. Am 20. Dezember fuhr Inge Scholl in Begleitung von Irm Lindström in das ehemalige Hauptquartier des amerikanischen Militärkommandeurs und stellte dort Shepard Stone ihre Pläne vor.[109]

Inge Scholl ahnte nicht, wie willkommen sie mit ihren Überlegungen war. Denn der Einfluss der amerikanischen Regierung auf das Bildungssystem in der gerade gegründeten Bundesrepublik war nur gering. Deshalb suchten John McCloy und seine Mitarbeiter nach einer Möglichkeit, die Jugend für die Demokratie zu gewinnen – nur so konnte die Gesellschaft auf Dauer geändert werden.[110] Das Ulmer Projekt deckte sich mit ihren Vorstellungen. Entsprechend groß war die Bereitschaft der Amerikaner, Inge Scholl zu unterstützen.

Was noch fehlte, war ein detailliertes Exposé für die geplante Hochschule. Über die Jahreswende 1949/50 arbeiteten Scholl und Aicher deshalb gemeinsam ein erstes Programm aus. Alice Herdan-Zuckmayer hatte angeregt, der neuen Schule den Namen *Geschwister-Scholl-Hochschule* zu geben. Auf diesen Vorschlag griffen die Autoren des Programms nun zurück.[111]

In einem ausführlichen Einleitungstext kritisierten sie die akademische Ausbildung generell wie auch die Entwicklung an den deutschen Universitäten, die sich bereits wieder zu „Zellen einer neuen Reaktion" entwickelt hätten.[112] Die neue Institution, das betonten die Autoren mit Nachdruck, müsse im absoluten Gegensatz zur elitären akademischen Ausbildung stehen. Sie solle sich einer „zeitnahen und politischen Erziehung" annehmen und Persönlichkeiten ausbilden, die verändernd auf die Gesellschaft wirken könnten. Die geplante Geschwister-Scholl-Hochschule war international ausgerichtet. Sie sollte sich aus Spenden und eigenen Einnahmen tragen und unabhängig von staatlicher Einflussnahme bleiben.[113]

Diesem allgemeinen Statement fügten die Autoren eine ebenso allgemeine Auflistung des vorgesehenen Fächerkanons bei. Als wirksamste Einflussmöglichkeit auf die neue Gesellschaft erschienen ihnen dabei die Medien. Deshalb sollten an der neuen Hochschule in erster Linie die Fächer Politik, Presse, Rundfunk und Film gelehrt werden. Als zweiter Schwerpunkt waren Fotografie, Werbung, industrielle Formung und Städteplanung vorgesehen. In diesem Zusammenhang fällt auch der Hinweis, „unter Umständen" an das Dessauer Bauhaus anknüpfen zu wollen.[114]

Bei näherer Betrachtung wirkt dieses erste Programm nicht nur unbestimmt, sondern auch etwas handgestrickt und beinahe rührend in seiner Bescheidenheit. Es war geprägt von der Bereitschaft, mit einem Minimum an Unterstützung auszukommen und im Notfall zu improvisieren.

Nichtsdestotrotz lud John McCloy Inge Scholl am 18. Januar zu einem Abendessen nach Bad Homburg ein.[115] Er war von ihr auch persönlich begeistert und sicherte ihr seine Unterstützung für ihr Hochschulprojekt zu. Zehn Tage später stellte er dem *United Council of World Affairs* in Boston seine Pläne für ein großzügiges amerikanisches Kulturförderungsprogramm vor. Es sollte dazu dienen, hoffnungsvolle Ansätze für die Demokratisierung der deutschen Gesellschaft zu unterstützen. Zu den geförderten Projekten gehörten die Freie Universität Berlin und das Frankfurter Institut für Sozialforschung, das neu begründet werden sollte. Einen großen Raum in McCloys Rede nahm Inge Scholl mit ihrem Ulmer Projekt ein. Er zeigte sich beeindruckt von dem Schicksal ihrer Geschwister, von ihrer Tatkraft und Initiative: „Last week this girl with a mission came to my house near Frankfurt. At the dinner table she told us about her plans to expand the school to a day institution, where students would be welcomed from the rest of Germany. I have not the power to describe her voice and her manner.“[116]

In Deutschland berichtete zwei Tage später die von der amerikanischen Besatzungsbehörde herausgegebene *Neue Zeitung* über Inge Scholls Initiative und das großzügige Unterstützungsangebot durch John McCloy. Für die Ulmer Presse kamen die Informationen überraschend. Entsprechend irritiert zeigte man sich über die „Geheimnistuerei" um dieses große Projekt, das da in aller Stille und an der Öffentlichkeit vorbei entwickelt worden sei.[117]

Inge Scholl und ihre Mitstreiter dürften von ihrem Erfolg allerdings nicht minder überrascht gewesen sein: Noch vor wenigen Wochen hatten sie sich darauf vorbereitet, mit bescheidenen Mitteln und viel Improvisation die Volkshochschule zu erweitern. Nun nahm das Projekt ganz neue Dimensionen an. Sollte es mit der finanziellen Unterstützung der Amerikaner möglich sein, auch architektonisch ein Zeichen zu setzen?

Ende Januar fragte Inge Scholl bei Max Bill an, ob er bereit sei, den Bau der neuen Hochschule zu gestalten. Bill kannte die Pläne der Ulmer bereits gut. Schon Ende 1949 hatten sie ihm das erste umfangreiche Programm der Hochschule geschickt und um seine Meinung gebeten.[118] Nun begann er, wesentlich regeren Anteil an den Planungen zu nehmen. Im Februar 1950 war er zum ersten Mal bei einer der Besprechungen der Ulmer Aufbaugruppe persönlich dabei. Man traf sich auf halbem Wege zwischen Zürich und Ulm, in Meersburg am Bodensee: Inge Scholl, Otl Aicher, Max Bill und Hans Werner Richter, der der Rektor der geplanten Schule werden sollte. Es galt jetzt, das Programm weiterzuentwickeln und nicht nur John McCloy, sondern auch die übrigen amerikanischen Beamten davon zu überzeugen, dass das Projekt ihre Unterstützung wert war.

Max Bill kam aus einer anderen Welt als die drei Deutschen – nicht nur deshalb, weil der Krieg die Schweiz verschont hatte und es in Zürich Lichtreklame gab. Bill war 1908 in Winterthur geboren worden. Sein Vater war Bahnbeamter und Ausstellungssekretär der Schweizer Kunst-Gesellschaft.[119] Mit 15 Jahren begann Bill eine Ausbildung an der Kunstgewerbeschule Zürich zum Silberschmied.[120] Ein Jahr später reiste er zur *Exposition Internationale des Arts Décoratifs et Industriels Modernes* in Paris – der Internationalen Ausstellung der dekorativen und modernen industriellen Künste. Dort begegnete dem jungen Mann die Welt der Moderne: Er schaute sich den russischen Pavillon von Konstantin Melnikov und den österreichischen von Josef Hoffmann an und begeisterte sich für den Schweizer Architekten Le Corbusier, der einen *pavillon de l'esprit nouveau* – einen Pavillon des neuen Geistes – gestaltet hatte. Außerdem stellte Corbusier dort seine *Wohnmaschine* vor. Auch Max Bill wollte nun Architekt werden.

Als 18-Jähriger wechselte er an die führende Schule dieser Zeit auf seinem Gebiet: das Bauhaus in Dessau. Dort lernte er einige der wichtigsten Künstler und Pädagogen dieser Zeit kennen.

Bill begann mit seinem Studium am Bauhaus in dem Moment, in dem Walter Gropius den Schweizer Architekten Hannes Meyer mit dem Aufbau einer Architekturabteilung beauftragt hatte. Inwieweit Bill an Unterrichtsveranstaltungen dieser Abteilung teilnahm, ist bisher nicht belegt. Allerdings beschäftigte Bill sich mit Architektur und reichte gleich zu Anfang seines Studiums gemeinsam mit seinem Mitstudenten Takehiko Mizutani einen Beitrag zu einem Wettbewerb für ein Geschäftshaus in Osaka bei einer japanischen Zeitschrift ein. Später erarbeitete Bill mit einem anderen Kommilitonen, einem gelernten Bauzeichner, einen Wettbewerbsbeitrag für ein Quartierzentrum in Zürich Wiedikon.[121]

Unter dem Rektorat von Hannes Meyer wandelte sich das Bauhaus von 1928 an entscheidend; die Kunst verlor an Bedeutung. Meyer vertrat einen eher naturwissenschaftlich-technischen Ansatz und realisierte gemeinsam mit seinen Studenten eine Reihe von Bauaufträgen, darunter die Bundesschule des Allgemeinen Deutschen Gewerkschaftsbundes in Bernau bei Berlin.[122]

Im Juli 1928 kehrte Max Bill bereits wieder nach Zürich zurück. Er sah sich nun als Architekt und wollte bauen. „Ohne Abschlussdiplom in der Tasche, nur mit der Vision einer neuen Architektur vor Augen, hatte er allerdings wenig Chancen, sich durchzusetzen", stellte der Architekturhistoriker Hans Frei fest.[123] In der Folgezeit entwarf Bill die grafische Ausstattung an verschiedenen modernen Bauten und gestaltete Ausstellungen und Ausstellungsstände. Inspiriert durch seine Erfahrungen am Bauhaus dachte er außerdem über die Gründung einer eigenen Kunstschule nach, arbeitete aber auch als freier Künstler.[124] Immer wieder fuhr er nach Paris. Dort freundete er sich mit dem 22 Jahre älteren Georges Vantangerloo an. Er lernte Piet Mondrian und Jean Arp kennen und schloss sich mit 26 Jahren der Internationalen Gruppe *Abstraction-Création* an.

Neben seiner künstlerischen Tätigkeit beschäftigte sich Max Bill mit der Gestaltung industrieller Produkte. Für die avantgardistische *Schweizer Wohnbedarf AG* gestaltete er Möbel und Plakate[125], außerdem publizierte er zu diesem Thema. Anfang 1949 stellte Bill für den Schweizer Werkbund die Ausstellung *Die gute Form* zusammen, die wenige Monate später auch in Ulm zu sehen war.

Die Idee der *Guten Form* war im Zusammenhang mit der Industrialisierung im 19. Jahrhundert entstanden. In England wurde die Dampfmaschine erfunden, mit der *Spinning Jenny* und dem mechanischen Webstuhl wurde die Baumwollherstellung revolutioniert und zum ersten Mal Stahl in großen Mengen hergestellt. In den neuen Fabriken und den Kohlebergwerken arbeiteten die Menschen streng arbeitsteilig – und fast immer unter schrecklichen Bedingungen. Durch die neuen Produktionsweisen wurde die massenhafte und günstige Herstellung von Waren möglich, und mit ihr stellte sich schon bald die Frage, wie diese Dinge gestaltet werden sollten – auf die handwerkliche Tradition ließ sich dabei nicht immer zurückgreifen. Als Gegenbewegung entstand die *Arts-and-Crafts*-Bewegung. William Morris, einer ihrer Begründer, setzte sich für einen Ersatz der Maschinen zum Wohle der Arbeiter und eine sozialistische Gesellschaftsordnung ein, in der der einzelne Mensch wieder die ihm gemäße Wertschätzung erhielt. Auch in

Deutschland führten die Arbeitsbedingungen in den Fabriken unter vielen Intellektuellen, allen voran Karl Marx und Friedrich Engels, zu einer Kritik der kapitalistischen Wirtschaftsweise.

Im Jahr 1907 schlossen sich eine Reihe von Künstlern, Architekten und Unternehmern in Darmstadt zum Deutschen Werkbund zusammen. Mithilfe von Ausstellungen, Publikationen und Sammlungen beispielhaft gestalteter Produkte versuchten sie in den folgenden Jahrzehnten, in der Bevölkerung ein Bewusstsein für die Qualität industriell hergestellter Gegenstände zu wecken. All diese Überlegungen fanden ihren Niederschlag in Max Bills Ausstellung von 1949.

Die Auswahl für die *Gute Form* stand damit nicht nur für eine neue Warenwelt. Sie versprach auch ein besseres Leben, letztlich die Versöhnung der Menschen mit den Veränderungen und den teils katastrophalen Lebensverhältnissen, die ihnen die Industrialisierung und die Moderne in der Folge der Aufklärung gebracht hat-

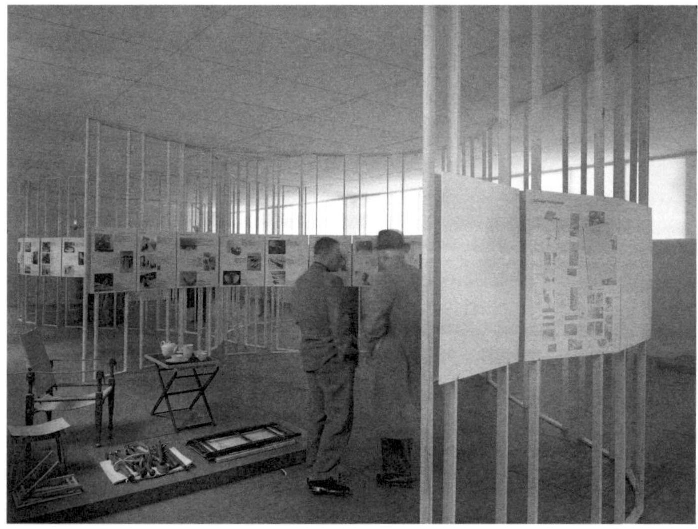

Ausstellung Die gute Form *im Ulmer Museum, 1949. Im Vordergrund links: Max Bill. Foto: Ernst Scheidegger*

ten. An diese Ideen knüpften nun auch die Ulmer Hochschulgründer an.

Das Engagement der Amerikaner sorgte für ein rasches Bekanntwerden des Ulmer Schulprojektes wie auch von Inge Scholl. Mancher wandte sich an sie um Hilfe, von dem man es nicht erwartet hätte. So schrieb ihr ein ehemaliger SS-Offizier im Februar 1950: Er gehöre einer Generation an, „die unablässig versucht, aus einem Meer des Schmutzes, des Blutes und der Gemeinheit sich herauszuretten. Sie haben sich, wie ich mit Bestimmtheit annehmen darf, mit den Zielen und dem Verhalten Ihrer Geschwister Hans und Sophie identifiziert. Ich hingegen war Offizier der Waffen-SS. (…) Ich möchte Journalist werden, um auf diese Weise dazu beizutragen, dass unser Vaterland wieder gesund wird. Aber bis heute waren mir die Türen noch verschlossen, und sie werden es wohl auch weiterhin bleiben, weil ich Offizier der SS war und nichts kann, weil ich nichts lernte."

Inge Scholl schrieb nicht selbst zurück, sie war zu beschäftigt und sah sich wahrscheinlich auch nicht in der Lage, auf die Nöte dieses Bewerbers näher einzugehen. Er wurde aber in die Bewerbungskartei aufgenommen und erhielt eine durchaus ermutigende Botschaft: „Aufnahmebedingungen sind: Intelligenz, Begabung und Persönlichkeit."[126]

Inge Scholl machte sich derweil Gedanken über die passende Organisationsform für ihr Projekt. „Bis jetzt haben wir abgewartet und unseren letzten Groschen für die Vorbereitung hingebuttert. Wir brauchen endlich eine Empfangsstation für die Gelder", schrieb sie im Februar 1950 an Max Bill.[127] Sie plante deshalb, eine private Stiftung zu gründen. Mitte März zählte sie in einem Brief an Max Bill eine erstaunliche Reihe von Persönlichkeiten auf, die ihrer Vorstellung nach Mitglieder eines Kuratoriums dieser Stiftung sein könnten und so die Vertrauenswürdigkeit des Projektes nach außen garantieren sollten, darunter Carl Zuckmayer, Werner Heisenberg, Carl Orff, T. S. Eliot, Thornton Wilder, Odd Nansen, Ignazio

Silone, Alvar Aalto, Walter Gropius, Herbert Read, Albert Einstein, Martin Buber, Henry van de Velde, Carlo Schmid, Theodor Heuss und Ernst von Siemens."[128] So überzeugt war sie von ihrer Sache, dass sie anscheinend keine Bedenken hatte, sie könne die ein oder andere Absage von Seiten so prominenter Leute erhalten.

Max Bill war nun offensichtlich entschlossen, sich an dem Hochschulprojekt aktiver als bisher zu beteiligen, den Plänen Inhalt und Kontur zu verleihen. In seiner vier Seiten langen Antwort schrieb er, was er von den bisherigen Überlegungen hielt und erläuterte seine eigenen Vorstellungen. Mit „all den hohen und alten herren" könne man keine Schule gründen, erklärte er. Zuckmayers Briefentwurf für die Spendenaktion habe er „mit wachsender ungeduld gelesen", manches darin bringe ihn „beinahe zum kotzen."[129] Auch von einem Engagement des Bauhaus-Schülers Wilhelm Wagenfeld wollte Bill nichts wissen: „Ich halte wagenfeld nicht ganz für so tüchtig als wie er ausgegeben wird. (…) er scheint auch ein wenig erstarrt zu sein und gehört schon eher zur älteren generation".[130] Wagenfeld war acht Jahre älter als Bill und hätte auf jeden Fall das Zeug zu einem ernsthaften Konkurrenten gehabt.

Wenig später schlug Max Bill den anderen Mitgliedern der Ulmer Aufbaugruppe vor, ganz konkret an das Bauhaus anzuknüpfen – und nahm deshalb schon einmal Kontakt mit dem Bauhausgründer Walter Gropius auf. Hans Werner Richter wehrte sich gegen diese Konzentration auf das „Gleis der Kunst" nach Kräften: Ihm dürfte die Konkurrenz, die ihm durch Bill erwuchs, schnell klar gewesen sein.

Denn Bill sah nun seine Chance, eine Gestaltungsschule nach seinen Vorstellungen einzurichten – eine Weiterentwicklung der Bauhaus-Idee. Im Zentrum seiner Überlegung stand der künstlerisch veranlagte Mensch. Durch ein ästhetisches Training sollten die Schüler der neuen Hochschule in die Lage versetzt werden, die Gesellschaft verantwortungsvoll zu gestalten. Die künstlerische Lehre selbst hatte an der HfG keinen Platz; Malerei oder Bildhauerei sollten dort nicht unterrichtet werden. Bill knüpfte hier an seine Erfahrungen im Bauhaus an: „ich hatte mich schon vorher gefragt, was denn all die maler am ‚bauhaus' eigentlich täten, wirkten doch neben kandinsky dort noch klee, feininger, schlemmer, moholy, muche und albers. dabei wurde offiziell am ‚bauhaus' nicht gemalt", schrieb Max Bill im Rückblick. In deren pädagogischer Tätigkeit, so stellte Bill fest, sei es aber nicht um Kunstunterricht, sondern um „elementare Beobachtungsschulung" gegangen.[131]

Max Bill hatte auch an der freien Malklasse von Kandinsky teilgenommen. Besonders beeindruckt hatte ihn dessen pädagogisches Talent: „er war ein mensch, der hilfreich die jungen führte." So stellte sich Max Bill auch den Unterricht an der HfG vor.

Seine Vorstellungen berührten sich in vielen Dingen mit den Überzeugungen Otl Aichers. Und so kristallisierte sich im Lauf der ersten Monate des Jahres 1950 neben der Politik die Gestaltung als Schwerpunkt im Programm der neuen Schule heraus – wobei der Politikbereich derjenige war, der ursprünglich John McCloys Interesse geweckt hatte. Wie sollte man den Amerikanern erklären, dass die Gestaltung in den Planungen neuerdings einen ebenso großen Raum einnahm, ohne ihr Interesse und damit die Unterstützung zu verlieren?

Am 26. April 1950 waren die HfG-Gründer zu einer Cocktailparty in das Haus von Shepard Stone in Bad Homburg geladen, um dort über ihre Planungsfortschritte zu berichten. Die Mitglieder der Aufbaugruppe trafen sich zunächst in einem Frankfurter Hotel. Nur Aicher und Scholl fuhren nach Bad Homburg, da die Amerikaner nicht so viele Deutsche dabei haben wollten. Die beiden erklärten, dass die Hochschule nun nicht mehr rein politisch im bis dahin angedachten und von McCloy abgesegneten Sinne werden solle. Sie hätten neue Pläne entwickelt, die ebenfalls „von großer politischer Relevanz" seien.

Daraufhin wurde Bill dazugeholt. John McCloys Berater Shepard Stone war bereits im Besitz eines Telegramms von Gropius, der sein Vertrauen in Bill aussprach. Die Amerikaner zeigten sich von Bills Person und seinen Plänen beeindruckt. Noch im Verlauf dieses Abends, so heißt es, erkundigten sich Aicher und Scholl bei Bill, ob er bereit sei, Aufbau und Leitung der Schule zu übernehmen. Bill sagte spontan zu.*[132]

In den folgenden Wochen führte Bill eine umfassende Korrespondenz mit Walter Gropius über das Hochschulprojekt. Gropius drängte auf eine Umkehrung der Prioritäten: Die Gestaltung solle den Vorrang vor der Politik haben. Bill formulierte diesen Ansatz in einem Brief an Inge Scholl auf die ihm eigene drastische Weise: „ich bin nach wie vor überzeugt, dass wir keine politiker ausbilden dürfen, sondern bürger, die einen beruf haben und politisch denken. (…) journalismus ist ebenfalls politik. wir müssen uns klar sein, dass die heutigen zeitungen ‚drecktümpel' sind. es hat keinen sinn, ihnen ausbeutungsobjekte in form von ‚guten kröten' auszubilden. der journalismus, den wir wollen, ist etwas anderes. er muss im dienst der information, der bildung des menschen stehen."[133] Bereits im Juli schlug Bill einen neuen Namen für die Schule vor: Bauhaus Ulm, freie Hochschule für Gestaltung der Geschwister-Scholl-Stiftung. Und im August schrieb er voller Genugtuung an Gropius, er habe mit dessen Hilfe das Fach Politik so weit „torpediert", dass es nur noch ein Allgemeinfach werde.

In dieser Zeit zog sich Hans Werner Richter endgültig aus dem Projekt zurück. Mit seiner kommunistischen Vergangenheit und der USA-kritischen Publizistik war er den Amerikanern als Leiter der Schule sowieso kaum zu vermitteln. Inge Scholl und Otl Aicher setzten inzwischen ganz auf Max Bill, der nicht nur als neutraler Schweizer willkommen war, sondern auch wegen seiner internationalen Reputation als Künstler und Gestalter.

Inzwischen hatten sich auch die politischen Verhältnisse in Deutschland grundlegend geändert. Aus den drei westlichen Besatzungszonen war die Bundesrepublik entstanden, sie hatte das Grundgesetz als Verfassung erhalten und Konrad Adenauer wurde der erste Kanzler. Seit Beginn des Kalten Krieges strebten die Ver-

---

* *Das Verdienst der genauen Rekonstruktion dieser Vorgänge gebührt dem Architekturhistoriker Hans Frei in seiner Dissertation* Konkrete Architektur.

treter der westlichen Alliierten die Einbindung der Bundesrepublik in die westlichen Bündnisse an. Ihr Interesse an einer konsequenten Entnazifizierung erlahmte damit endgültig. Zudem wurde das Fachwissen der Staatsanwälte und Richter, Lehrer und Professoren, Ärzte und Politiker, die nach Kriegsende zunächst einmal ihre Stellungen hatten aufgeben müssen, für den Aufbau des neuen deutschen Staates benötigt. Viele Nationalsozialisten kehrten in ihre alten Führungspositionen in Wirtschaft und Verwaltung zurück, manche waren sogar unbehelligt geblieben.

Mit der deutschen Wirtschaft ging es rasant aufwärts: Bereits im Dezember 1950 hatte die industrielle Produktion den Stand der Vorkriegszeit wieder erreicht.[134] Gleichzeitig wandelte sich die Welt, in der die Deutschen lebten: Es gab eine Flut neuer Waren, neuer Techniken, neuer Materialien. Die Löhne stiegen. Niemand war mehr arbeitslos. Der Besitz eines eigenen Autos rückte in greifbare Nähe. Man begann zu verreisen und sah fern. Wie durch ein Wunder schien sich das Versprechen vom Wohlstand für alle zu erfüllen.

Die Leute arbeiteten viel – eine 48-Stunden-Woche war üblich – und zogen sich danach gerne in ihre eigenen vier Wände zurück. Von großen Weltentwürfen hatten sie erst einmal die Nase voll.

Der stetige und schnelle Wandel, dem die Gesellschaft in dieser Zeit unterworfen war, die Veränderungen, die das Leben in der Massengesellschaft und die moderne Technik mit sich brachten, machten vielen Angst. Gleichzeitig gab es erste Gehversuche in Sachen angewandter Demokratie und Bürgerbeteiligung – etwa die Verhandlungen über das Betriebsverfassungsgesetz oder die Auseinandersetzung um die Wiederbewaffnung.

Natürlich nahm auch der Kreis um Inge Scholl die Tendenz zur Restauration wahr: „Die Entwicklung ist manchmal unheimlich beängstigend“, schrieb Scholl im September 1950 an Max Bill. „Aber wir dürfen nicht mit Angst reagieren, sondern nur mit einer einwandfreien Leistung und mit der damit verbundenen inneren Sicherheit. Die Zukunft gehört uns, aber sie will eben durch tausend Schritte in der Gegenwart erarbeitet sein.“[135]

Im Dezember 1950 gründete Inge Scholl die Geschwister-Scholl-Stiftung, abgekürzt GSS. Sie sollte die Trägerin der neuen Hochschule sein, die auf diese Weise unabhängig von staatlichen Stellen sein würde. Der faschistische Staat hatte sich in der Vergangenheit zahlreicher Bildungsinstitutionen bemächtigt; an die Universitäten waren längst die Professoren zurückgekehrt, die dort wenige Jahre zuvor die Ideologie des Nationalsozialismus zu verbreiten geholfen hatten – von solchen Einflüssen wollten sich die Ulmer Hochschulgründer fernhalten. Zentrales Organ der Stiftung wurde deshalb der Beirat, ein Kreis von neun Personen, die Inge Scholl aus dem Kreis ihrer Vertrauten aus der Gründerzeit auswählte.[136]

Wie aber sollte sich die Finanzierung der Hochschule in Zukunft gestalten? Würden die Gründer ihr Projekt tatsächlich allein aus Spenden und nicht allzu hohen Studiengebühren unterhalten können?

Hier half eine Idee, die zunächst aus ganz anderen Motiven heraus entstanden war: die Gründung eines Instituts für Produktgestaltung. Wenn die Stiftung in dessen Rahmen Forschung betrieb, musste sie keine Steuern zahlen und konnte außerdem ihren Unterstützern die Möglichkeit geben, steuerfrei zu spenden. Barg dieses Institut nicht darüber hinaus die Möglichkeit, Geld für die Schule zu verdienen? Indem man dort vorbildliche Produkte entwickelte und diese Entwürfe an die Industrie verkaufte? Das schien eine wirklich gute Idee zu sein. Sie entlastete die Hochschulgründer von den eigenen Zweifeln daran, ob ihr großes Vorhaben auch wirklich gelingen konnte und ermöglichte es ihnen, selbst etwas dafür zu tun.

Die Gründung der Stiftung gelang genau zur richtigen Zeit: Im Laufe des Jahres war es Inge Scholl und ihren Mitstreitern gelungen, den Mitarbeiterstab von John McCloy von ihrem Projekt zu überzeugen. Ebenfalls Mitte Dezember 1950 entschied deshalb das *Special Project Board* des *HICOG,* des *High Commissioner of Germany,* eine Million Mark für das Hochschulprojekt zu stiften – unter der Bedingung, dass es bis zum 15. März 1951 ebenso viele Spendenzusagen von anderer Seite geben würde.

Eine Million Deutsche Mark: Das war ein großzügiges Angebot. Um sie zu bekommen, bedurfte es allerdings einer weiteren Million. Irgendwann im Laufe der Verhandlungen mit den amerikanischen Geldgebern muss Inge Scholl klar geworden sein, was für eine Aufgabe da auf sie zukam. Aus den bescheidenen anfänglichen Vorstellungen, mit den 20 000 Mark der norwegischen Europahilfe eine Art Tagesvolkshochschule in einem bestehenden Gebäude – dem Fort *Oberer Kuhberg* – zu errichten, war das weit ehrgeizigere Projekt entstanden, das Bauhaus wiederauferstehen zu lassen.

An dieser Entwicklung hatte Max Bill einen nicht unerheblichen Anteil. Von Anfang an war er dagegen gewesen, die Schule im Fort unterzubringen. Zusammen mit Otl Aicher entwickelte er Pläne für einen kompletten Neubau, eine aufgelockerte Anlage auf dem ehemaligen Schießgelände des Forts.[137]

Doch nicht nur für diesen Neubau, auch für die weitere Einrichtung der Schule und ihren anfänglichen Betrieb veranschlagte Max Bill wesentlich mehr Geld, als in den ersten Planungen vorgesehen war. Dessen Beschaffung überließ er gerne Inge Scholl. „Das Jahr 1951 lag also wie ein dunkles, unwegsames Gelände vor uns", schrieb sie im Rückblick.[138] Dennoch ließ sie sich nicht ermutigen. In der unmittelbaren Umgebung fing sie mit dem Spendensammeln an: „In den Nachkriegsjahren – ich weiß nicht mehr genau wann – standen eines Abends zwei Fahrräder, verstaubt und klapp-

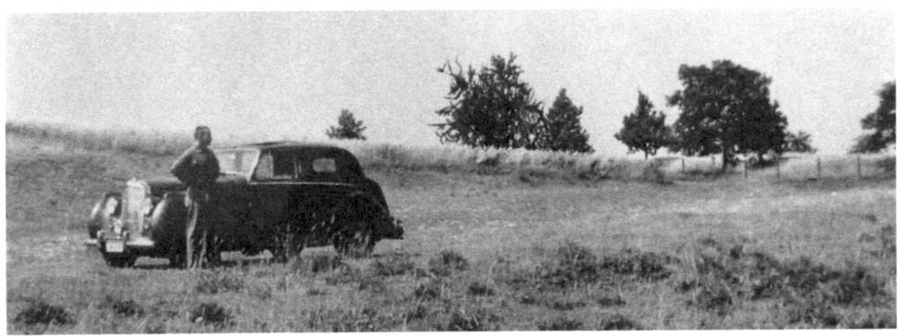

Max Bill mit seinem Bentley auf dem ehemaligen Schießgelände des Forts Oberer Kuhberg, *dem Bauplatz der HfG-Gebäude. Foto: Ernst Scheidegger*

rig, vor der Haustüre meiner Eltern. Im Wohnzimmer saßen eine junge Frau und ein rundlicher junger Mann bescheiden auf der Sofakante und erläuterten ihr Projekt einer Schule. Zum Schluss kam's dann raus: man brauchte Geld. Mein Vater spendete," erinnerte sich Andrea Schmitz, die Tochter eines Biberacher Seidenfabrikanten, an ihre erste Begegnung mit den beiden Hochschulgründern.[139]

Zu den Förderern des Projektes gehörten Persönlichkeiten wie der Präsident der Landeszentralbank in Stuttgart, Otto Pfleiderer, sowie der damalige Leiter der Kreditanstalt für Wiederaufbau, Hermann Josef Abs. Sie stellten Kontakte zu zahlreichen Politikern und Industriellen im gesamten Bundesgebiet her. Auf ihren Reisen nach Frankfurt, München, Hamburg oder ins Rheinland übernachteten Scholl und ihre Begleiter oft im Auto. Ein Hotelzimmer konnten sie sich nicht leisten.[140] Wie mag Inge Scholl sich nach einer solchen Nacht gefühlt haben, wenn sie ihre zerknitterten Kleider glatt strich, um sich kurz darauf mit den Größen von Wirtschaft und Politik zu treffen?

Der Historiker René Spitz schildert in seiner umfangreichen Doktorarbeit den Marathon, den sie in den nun folgenden Monaten zu bewältigen hatte. Da waren zum einen die Beamten des Landes Württemberg-Baden und der Bonner Regierung, die dem Projekt mit unterschiedlicher Begeisterung gegenüberstanden. Der Württemberg-Badische Kultusminister Gotthilf Schenkel etwa ließ sich von Max Bill für die Sache überzeugen und versprach, sich in der Landesregierung dafür einzusetzen. Allein – sein Ministerium konnte kein Geld geben.[141] Dafür war der Finanzminister Karl Frank zuständig, der das Projekt strikt ablehnte.[142] Das Bonner Finanzministerium wiederum machte die Entscheidung über eine Förderung von Zusagen des Landes Württemberg-Baden abhängig,[143] das sich zu allem Überfluss in dieser Zeit gerade in Auflösung befand: Im April 1952 sollte der Südweststaat als Baden-Württemberg neu gegründet werden. Auch Bundesfinanzminister Ludwig Erhard war nicht wirklich überzeugt. Er bezweifelte, dass sich die Stiftungseinrichtungen auf Dauer selbst tragen könnten.[144]

Und über all dem schwebte der drohende Ablauf der vom *HICOG* gesetzten Frist. Im März 1951 wurde sie zum ersten Mal verlängert.

Unterstützung erhielten Inge Scholl und ihre Mitstreiter auch von der Stadt Ulm. Im Juli 1951 regte Oberbürgermeister Theodor Pfizer an, die Erschließung des Baugeländes zu fördern sowie die Hochschule bis auf Weiteres mit Kohle, Gas, Wasser und Strom zu versorgen.[145] Dennoch dürften den Gründern immer wieder Zweifel gekommen sein, ob dieses große Projekt tatsächlich zu stemmen sei. Nach einer unerfreulichen Begegnung zwischen Otl Aicher und einem von John McCloys Mitarbeitern schrieb Inge Scholl Mitte Mai 1951 an den Rechtsanwalt Hellmut Becker: „Ich frage mich, ob es nicht eine echte Warnung ist, reinen Tisch zu machen, sich von den Amerikanern samt dem Geld zu distanzieren und noch in einer fairen Weise und im noch möglichen Moment Schluss zu machen."[146]

Hellmuth Becker unterstützte die Hochschulgründer seit 1950. Er wurde schnell zu einem engen Vertrauten Inge Scholls, demgegenüber sie solche Zweifel äußern konnte.

Sie mögen sie nicht nur einmal beschlichen haben. Dennoch machte sie weiter.

Anfangs hatten die Vorbereitungen für die Hochschulgründung an ganz verschiedenen Orten stattgefunden – in der Wohnung der Scholls am Ulmer Michelsberg, im Büro von Otl Aicher oder demjenigen der Ulmer Volkshochschule. Im Juni 1951 bekam die Geschwister-Scholl-Stiftung eine eigene Adresse im *Langmühlebau* in der Ulmer Bahnhofstraße, einem der ersten im Stil der Moderne errichteten Geschäfts- und Bürogebäude im Ulm der Nachkriegszeit. Dort fand sich ein Aufbauteam zusammen, das nun nicht mehr nur aus freiwilligen und weitgehend unbezahlten Mitarbeitern bestand. Auf dem handschriftlichen Entwurf einer Gehaltsliste aus dieser Zeit finden sich – unter anderen – die Namen von Ilse Aichinger, Johanna Rösner und Walter Zeischegg.[147]

Inge Scholl hatte die Schriftstellerin Ilse Aichinger wahrscheinlich über Brigitte Bermann-Fischer kennengelernt und sie daraufhin zu einer Lesung an der vh eingeladen. Die beiden Frauen befreundeten sich miteinander, und Aichinger kam für ein paar Monate nach Ulm, um bei der Spendenbeschaffung zu helfen. Ihre Kollegin war die damals 43-jährige Johanna Rösner. Rösner war Volksschullehrerin gewesen, bevor sie mit ihrem Mann aus Pommern hatte fliehen müssen. In Ulm arbeitete sie als Lehrerin in einer privaten Handelsschule. Sie lernte Inge Scholl bei einem amerikanischen Empfang kennen und erklärte sich bereit, aushilfsweise Sekretariatsarbeiten für die Geschwister-Scholl-Stiftung zu übernehmen.

Die Aufgabe von Rösner und Aichinger bestand vor allem im Schreiben zahlreicher Briefe immer desselben Inhalts, mit denen sie um Spenden für das Projekt warben. Den Text konnten die beiden bald auswendig und hämmerten ihn in ihre Schreibmaschinen, für jeden Empfänger einzeln: „Erlauben Sie mir, Ihnen heute eine Bitte vorzutragen …“. Jeden Morgen, wenn die Post kam, warteten alle gespannt darauf, wie viele Stiftungsversprechen ankamen. „Wenn dann was dabei war, haben wir ein Indianergeheul veranstaltet und sind uns gegenseitig um den Hals gefallen und haben uns wahnsinnig gefreut“, erinnerte sich Johanna Rösner.[148]

Sie nahm sich auch der Finanzen der Stiftung an: „Ich weiß noch, dass es ganz reizend war, als ich mal Geld brauchte, für den Briefträger, der irgendeine Sendung oder etwas brachte, und Ilse Aichinger fragte, ja, wo haben wir denn Geld. Sie sagte: ‚Schauen Sie mal da unten in dem Schrank, da steht eine Zigarrenkiste‘, und da waren Scheine und Wechselgeld und alles. Ich sage: ‚Und wo haben wir das aufgeschrieben?‘ ‚Das hat man nicht aufgeschrieben. Wenn wir was kriegen, tun wir es rein, wenn wir was brauchen, tun wir es wieder raus.‘ Da habe ich dann eine Grundlage geschaffen und habe eine einfache amerikanische Buchführung eingerichtet, mit Soll und Haben und allem, was da notwendig war.“

Der österreichische Bildhauer Walter Zeischegg war der Dritte im Bunde der neu Hinzugekommenen. Er hatte an der Kunstakademie in Wien studiert und dort begonnen, sich für den Beruf des *Industrial Designers* zu interessieren. Zeischegg hatte vor, in die

USA zu gehen und an dem von dem ehemaligen Bauhauslehrer Lázló Moholy-Nagy gegründeten *Illinois Institute of Design* zu studieren. Als er bereits alle Unterlagen und mithilfe zahlreicher Unterstützer das nötige Geld dafür zusammengetragen hatte, verweigerten ihm die Amerikaner allerdings die Einreise: Obwohl er den Nationalsozialisten in keiner Weise nahegestanden hatte, wollten sie ihn als ehemaligen deutschen Soldaten nicht in ihrem Land studieren lassen.[149] Stattdessen kam Zeischegg nun nach Ulm und übernahm die Leitung des Instituts für Produktgestaltung. Zu seinen Aufgaben gehörte es, beispielhafte Gegenstände für den Innenausbau der neuen Hochschule zu gestalten.

Noch aber war das Mammutwerk der Spendeneinwerbung nicht geschafft, das amerikanische Geld nicht sicher. Die ersten beiden Termine waren verstrichen und verlängert worden, die nächste Frist lief Ende August 1951 aus. Inge Scholl reiste also weiterhin kreuz und quer durch die Republik, nach Bonn, Frankfurt und Hamburg. Vom *Wirtschaftsverband Eisen und Stahl* erhielt sie eine wichtige Zusage: Der Verband versprach die kostenlose Lieferung von 365 Tonnen Stahl für den Bau der Hochschule.

„Der Abschluss unserer Bemühungen, der 31. August selbst, verlief unerwartet dramatisch", berichtete Inge Aicher-Scholl später.[150] „Aus Bonn hatte ich die telefonische Nachricht erhalten, dass durch Verzögerungen einer Behörde eine der größten Zusagen nicht mehr rechtzeitig in Ulm eintreffen könne. Sie würde telegrafisch an eine uns befreundete Adresse in Frankfurt geleitet." Als sie dann das Telegramm öffnete, war es – eine Absage. Es war ein Freitag. Einer der Mitarbeiter McCloys gab ihnen eine Gnadenfrist: „Da wir große Bürokraten sind, werden wir bis Mittwoch brauchen, um die ganzen Papiere zu prüfen", erklärte er. Scholl und Aicher fuhren nach Bonn. Dort wollte das Finanzministerium ein weiteres Mal die Bestätigung durch das baden-württembergische Kabinett haben, dass das Land tatsächlich die Garantie für den Unterhalt der Schule in den drei ersten Jahren übernehme. Mithilfe eines „Minister Spieker" gelang es am Montag tatsächlich, das Stuttgarter Kabinett dazu zu bewegen, die Erklärung noch einmal zu bestätigen. „Noch am späten Abend, als alle Büros geschlossen waren, kletterte dann der junge Sachbearbeiter vom ERP-Ministerium mit uns über den Balkon in sein Büro und, da keine Sekretärin mehr aufzutreiben war, tippten wir selbst das schicksalhafte Papier."

Doch schon bald kündigten sich die nächsten Schwierigkeiten an – zunächst schleichend und von den Hochschulgründern unbemerkt. Im Laufe des Jahres 1951 gingen bei verschiedenen Behörden und potenziellen Geldgebern anonyme Hinweise darauf ein, Otl Aicher und die Familie Scholl seien Kommunisten. Das war in diesen Zeiten im westlichen Teil der Welt ein sehr ernst zu nehmender Vorwurf. In Amerika hatte die Ära Joseph McCarthys begonnen, mit der strengen Verfolgung echter wie vermeintlicher Kommunisten. Mitte August stoppten die Amerikaner deshalb das Ulmer Projekt und leiteten eine ausführliche Überprüfung ein. Der *Wirtschaftsverband Eisen und Stahl* verbreitete die Anschuldigung, ohne sie zu überprüfen, und zog seine Spende zurück.

Inge Scholl erstattete Anzeige und machte weiter. Sie fühlte sich getragen von den Reaktionen der „Intellektuellen": „Viele sagten mir damals, dass sie in dieser Schule eine Hoffnung in Deutschland sahen, einen Sammelpunkt aller fortschrittlichen und liberalen Kräfte. So bekamen wir in der Presse eine Menge Vorschusslorbeeren."[151] Im Oktober kam endlich eine Zusage des Bundesinnenministeriums für einen Zuschuss, im November sagte das baden-württembergische Kulturministerium einen jährlichen Beitrag für den Betrieb der Hochschule zu. Im März 1952 sprachen die amerikanischen Sicherheitsbehörden die Scholls vom Vorwurf der kommunistischen Gesinnung frei.

Der Absender dieser Verleumdungen wurde ermittelt: Es handelte sich um den ehemaligen Gestapo-Spitzel Albert Riester, einen Ulmer Journalisten. Er hatte sich noch nach dem Krieg damit gebrüstet, an der Verhaftung der Scholl-Geschwister mitgewirkt zu haben und setzte nun alles daran, den Hochschulgründern und ihren Plänen zu schaden.[152] „Die damalige politische Stimmung trug ihn nach oben", erinnerte sich Inge Aicher-Scholl im Nachhinein. In Deutschland wurden die Attentäter vom 20. Juli, der Kreis um Graf Stauffenberg, nun gerne wieder als Hochverräter tituliert. „Da trafen sich die SS-Verbände in großen Massen, um sich zu beglückwünschen, wie recht sie behalten hatten. Wir fanden uns einer dunklen, ungreifbaren Macht gegenüber."[153] Gerade dieser Stimmungsumschwung dürfte Inge Scholl dazu bewogen haben, sich unbeirrt und mit aller Kraft weiter für die neue Hochschule, dieses „Stück unserer eigenen Welt" einzusetzen. Im Sommer 1952 erschien ihr Buch *Die weiße Rose,* in dem sie die Geschichte ihrer Geschwister schilderte. Es wurde ein großer Erfolg.

Sie selbst und Otl Aicher heirateten Anfang Juni in München. Drei Wochen später überreichte John McCloy Inge Aicher-Scholl den versprochenen Scheck im Ulmer Rathaus. Auch zu diesem Ereignis gibt es eine anschauliche Schilderung von Johanna Rösner: „Als wir diesen Scheck in den Händen hatten, wurde beschlossen, ein Fest zu feiern, das war ganz klar. Wir gingen nach Neu-Ulm in ein Restaurant. Und da hat sich Hans-Friedrich Eychmüller, der Architekt hier in Ulm – der hat sich den Scheck auf's Klavier gestellt und hat den vertont. Wir haben uns gebogen vor Lachen. Als der Scheck dann abgesungen und zum gemütlichen Teil übergegangen wurde, zu Tanz und Singen und Fröhlichkeit, da brachte mir Herr Becker den Scheck und sagte: ‚Frau Rösner, ich habe den Eindruck, Sie sind die einzige, die hier noch normal ist. Bitte, verwahren Sie den Scheck, dass der nicht verloren geht. Auf der einen Seite fühlte ich mich geehrt, durch das Vertrauen, auf der anderen Seite hat es mich schwer belastet. Der Abend war für mich zu Ende."[154] Am nächsten Morgen ging Johanna Rösner zusammen mit Inge Aicher-Scholl zur Bank und reichte den Scheck dort ein. Eine große Etappe für die Schulgründung war geschafft.

Hatte das Jahr 1951 „wie ein dunkles, unwegsames Gelände" vor Inge Aicher-Scholl gelegen, so erreichte sie im Sommer 1952 tatsächlich die lichte Kuppe des Ulmer Kuhbergs, die aus der Donauebene herausragt und den Blick freigibt auf die ferne Alpenkette. Hier sollte die neue Hochschule entstehen, der Traum vom gemeinsamen Leben und Lernen Wirklichkeit werden. Von hier aus konnte die gute Botschaft verkündet werden, dass nach dem Schrecken der faschistischen Herrschaft in Deutschland ein einträchtiges Zusammenleben möglich sei.

Mit der Übergabe des Schecks hatte John McCloy, der in diesen Tagen aus seinem Amt schied und nach Amerika zurückkehrte, ein Zeichen gesetzt. Denn es war nicht so, dass die geforderte Gegensumme tatsächlich aufgebracht war – und deshalb konnte die Stiftung auch zunächst nur über einen kleinen Teil des Geldes verfügen.[155] Die Verhandlungen mit Bund und Land verliefen weiterhin zäh. Die Verleumdungen Albert Riesters und die Resonanz, die er damit bei der Wirtschaft gefunden hatte, machten den Hochschulgründern zu schaffen und führten dazu, dass versprochene Spenden nicht gegeben wurden.[156]

Unermüdlich fuhr Inge Scholl dennoch mit ihren Bemühungen fort, der Schule eine finanzielle Basis zu verschaffen: Sie gründete einen Freundeskreis, dessen Mitgliedern sie regelmäßig über die Fortschritte berichtete und über den sie weitere Spenden einzuwerben hoffte, reiste weiterhin nach München, Frankfurt, Nürnberg oder ins Rheinland, überzeugte Minister und Abgeordnete, Unternehmer und Finanzleute von ihren Plänen. Nach der Geburt ihrer Tochter Eva schrieb sie an die Zuckmayers: „Ich sitze mit Otl in Düsseldorf, um nochmals die Industrie zu melken. Diesen Nährstoff brauche ich dringend für das andere Baby, die Hochschule, die unersättlich zu sein scheint."[157]

Inzwischen hatte Max Bill begonnen, die Gebäudepläne auszuarbeiten. Nun zeigte sich, dass er mit seinen ersten Kostenvoranschlägen allzu optimistisch gewesen war. „wir hatten bei der planung mit erheblichen schwierigkeiten zu kämpfen, denn sparen und richtig bauen ist nicht so einfach wie sich das anscheinend herr becker vorstellt. sie müssen sich auch klar sein, dass wir für die durchführung unseres bauprogrammes ein abnormal niedriges baubudget haben", schrieb er im November 1952 an Inge Aicher-Scholl.[158] Vier Wochen später wurde er deutlicher. In einem langen und – untypischerweise – gewundenen Brief an Inge Aicher-Scholl nannte er präzise Zahlen. Sein Schreiben gipfelte in der Aussage: „es fehlt uns die dritte million."[159]

Inge Aicher-Scholl nahm sich ein paar Tage Zeit, um diesen Tiefschlag zu verkraften. Am Heiligabend schrieb sie zurück: „Wenn Sie nun aber in Ihrem Brief eine totale Bausumme nennen, die weit über das Doppelte Ihrer ursprünglichen Angaben hinausgeht, so geht dies über meine Fassungskraft. (…) Nun kommen Sie selbst auf eine Summe, wie sie seinerzeit Rechtsanwalt Sieger nannte und die nach Ihrem Urteil eine Snobistenangelegenheit betreffen sollte."[160]

Statt sich lange mit Vorwürfen aufzuhalten, überlegte sie, was zu tun sei. Gebaut werden musste auf jeden Fall im Lauf des Jahres 1953, um die Verpflichtung gegenüber den Amerikanern einzuhalten – nur musste man sich erst einmal mit weniger zufriedengeben. „Wir kommen so zu einer Schule, an der während der nächsten Jahre ständig gebaut wird und für die in Gottes Namen weiterhin gebettelt werden muss", schloss Inge Aicher-Scholl, halb resignierend und doch noch immer optimistisch. Während Max Bill sich in Zürich nun hauptsächlich auf die Planung der Schulgebäude konzentrierte, ging es in Ulm darum, weitere Mitstreiter und Gleichgesinnte zu finden, die helfen konnten, das immer noch vage Programm der neuen Hochschule mit Leben und Inhalt zu füllen.

Als erster Handwerker kam Mitte 1952 der Werkzeugmacher Josef Schlecker zum Team hinzu. Er arbeitete vor allem mit Walter Zeischegg zusammen, genau wie der Gestalter Hans G. Conrad, der als erster den Status eines Studenten erhielt und später zu Otl Aicher wechselte.

Nachdem der *Wirtschaftsverband Eisen und Stahl* seine Spende endgültig zurückgezogen hatte, griffen Max Bill und seine Mitarbeiter auf ein Angebot der Ulmer Zementindustrie zurück, die eine große Menge Beton zur Verfügung stellte. Aus dem Stahlskelettbau wurde ein Gebäude aus Sichtbeton.

Max Bill war – neben den Planungen für das Gebäude und der Suche nach geeigneten Lehrkräften und Studenten – weiterhin mit seinen eigenen Projekten beschäftigt. Oft war er nicht greifbar, wenn es um Entscheidungen ging. Von April bis Juni 1953 reiste er in die USA und nach Südamerika. Dort traf er den ehemaligen Bauhaus-Lehrer Josef Albers und besprach mit ihm dessen Mitarbeit an der neuen Hochschule. Albers war 1933 in die USA emigriert und unterrichtete am *Black Mountain College* in North Carolina. Er war gerne bereit, für zwei Monate nach Ulm zu kommen und dort einen Kurs für die ersten Studenten zu halten.

Wer aber würden diese ersten Studenten sein? Woher erfuhren sie von der Gründung der neuen Hochschule und was bewog sie, sich dort zu bewerben?

Bei manchen waren es persönliche Verbindungen, gepaart mit dem Wissen um die Gründungsgeschichte der HfG. Die Schwestern Frauke und Elke Koch-Weser waren Enkelinnen von Erich Koch-Weser, der 1933 mit seiner Familie ausgewandert war. Wegen seiner jüdischen Abstammung und seines politischen Engagements während der Weimarer Republik hatte er Deutschland verlassen müssen. Nun hatten die beiden Frauen die Möglichkeit, nach Deutschland zurückzukehren und an einer Schule zu studieren, die über jeden Faschismusverdacht erhaben war.

Andere kamen wegen der Verheißung eines neuen Berufsfeldes: Christoph Naske und Richard Rau studierten an der Tischlerfachschule in Beckum, als ihnen ein Prospektblatt der HfG in die Hände fiel. „Wir hatten das unzufriedene Gefühl, dass das, was wir bis dahin gemacht hatten, von sehr begrenzter Sichtweise geprägt war, und sagten uns spontan: da wollen wir hin!“[161]

Nicht alle Studienwilligen wurden angenommen – im Gegenteil, ein jeder musste eine genaue Prüfung seiner Motive und Absichten über sich ergehen lassen und sich nach Möglichkeit persönlich bei Max Bill vorstellen. „ihre arbeiten entsprechen nicht dem, was an unserer schule vorausgesetzt und gelehrt wird, was aber nicht ihr fehler sein muss. vieles ist erziehungssache. das beste wäre, sie möchten einmal bei uns vorbeikommen", schrieb Max Bills Sekretär Eugen Gomringer an Willi Herold.[162] Und Max Bill notierte zu der Bewerbung von Hans von Klier: „kann für herbst 1955 zur aufnahme vorgemerkt werden. muss sich vorher noch hier vorstellen. soll einen aufsatz darüber schreiben, weshalb er zu uns kommen will und nicht an eine andere schule, z. b. eine werkakademie."[163]

Auch hier zeigte sich der Wunsch, das neue Projekt zusammen mit Gleichgesinnten, mit einem sorgsam ausgewählten Personenkreis zu beginnen. Und es zeigte sich das Sendungsbewusstsein, das einen nicht geringen Teil der Faszination ausmachte, die die HfG auf ihre Zeitgenossen ausübte.

Mitte 1953 bekam die Geschwister-Scholl-Stiftung einen Verwaltungsdirektor, den Juristen Günther Schlensag. Auch Johanna Rösner war inzwischen bei der Stiftung angestellt, sie blieb für die Hochschule zuständig. Zu ihren Aufgaben zählte es, die Anfragen der zahlreichen Studieninteressierten zu beantworten, die nun eintrafen. Außerdem suchte sie voll Beharrlichkeit in der zerstörten Stadt nach Wohnmöglichkeiten für Studenten und Dozenten. „Es ist uns heute gelungen, für Sie ein Zimmer zu finden", schrieb sie im August 1953 an einen Schweizer Studenten.[164] „Es ist ein kleines, bescheidenes, in der Altstadt, bei einer sehr freundlichen Wirtin. Der Preis beträgt 35,– Mark, Licht – wenn der Verbrauch nicht allzu groß ist – und zwei Tassen Kaffee morgens sind inbegriffen. Leider gibt es kein fließend Wasser im Zimmer. Sie könnten sich aber in der Küche waschen."

Mit viel persönlichem Einsatz gelang es Rösner immer wieder, neue Wohngelegenheiten zu finden: „Die Ulmer Bevölkerung war Studenten überhaupt nicht gewöhnt und wollte genaue Ausführung von mir haben, was sind denn das für Leute. Die einen sagten, ja, aber ich möchte gerne einen katholischen haben, damit er Sonntags früh mit uns in die Kirche geht. Die anderen wieder sagten, sie möchten lieber kein Mädchen, denn die Mädchen, die waschen nur immer Strümpfe und ihre Unterwäsche und hängen sie im Zimmer auf, das möchten sie nicht. Die einen wollten einen älteren Studenten, möglichst einen männlichen, weil sie eine heiratsfähige Tochter hatten. Beim anderen war der Bub schwach in Französisch, deshalb wollten sie einen Franzosen. Ein Vater kam mal wutentbrannt in die Hochschule, als wir dann schon oben am Kuhberg waren, und sagte, ich müsse unbedingt dafür sorgen, seine Tochter, ein blondes deutsches Mädchen, sei mit einem farbigen Studenten von uns liiert, das müsse ich unbedingt auseinander bringen. Ich hätte schließlich das Zimmer gemietet und das wäre also meine Aufgabe hier, Schreckliches zu verhindern.“[165]

Der Unterricht an der HfG begann am 1. August 1953 bei dem ehemaligen Bauhauslehrer Walter Peterhans. Peterhans war 1938 in die USA ausgewandert und lehrte am *Illinois Institute of Technology* in Chicago. Er war sehr interessiert daran, nach Deutschland zurückzukehren und in Ulm die Leitung der Grundlehre zu übernehmen. Sie entsprach in etwa dem Vorkurs des Bauhauses und sollte dazu dienen, die Studenten für gestalterische Themen zu sensibilisieren. Peterhans verlangte den Studenten nicht nur eine sehr genaue, fast meditative Arbeitsweise ab. Er suchte sie auch auf philosophischem Gebiet zu bilden, indem er sie mit den Überlegungen des englischen Philosophen David Hume vertraut machte. Da die Studenten allerdings wenig philosophische Vorbildung besaßen, war es für sie kaum einzuordnen, was es mit Humes Theorien auf sich hatte und wie sie das Gelernte in ihr Leben integrieren sollten.

Auf Peterhans folgte Ende November Josef Albers. Bei ihm arbeiteten die Studenten mit farbigen Papieren, experimentierten mit Schrift und verschiedenen Materialien, alles spontan und oft sehr schnell. Der intuitiven Phase schloss sich eine genaue Überprüfung an: „Und wenn Josef Albers: ‚Ausstellung‘ gerufen hat, dann hat man seinen Bleistift fallenlassen und seine Arbeit, so wie sie war, an die Tafel gestellt. Jede einzelne Arbeit wurde besprochen“, erinnerte sich Richard Rau.[166] Unterrichtet wurde in den Räumen der Volkshochschule – die aber nicht immer frei waren. Armin Bohnet, Student der ersten Stunde, beklagte, dass er „an so vielen nachmittagen trotz grösstem arbeitswillen schon um 3 oder 4 uhr auf die strasse gesetzt wurde, da der vh-saal belegt war.“[167]

Vor allem aber war nicht klar, worauf das Studium eigentlich hinauslaufen würde. Zwar gab es ein vages Programm, in dem die Abteilungen Architektur, Stadtbau, Information, Visuelle Gestaltung und Produktform vorgesehen waren. Wie aber würde das Studium nach der gemeinsamen Grundlehre weitergehen? Was würde es für einen Abschluss geben? „Es gab ja keinen festgelegten Studiengang. Man kam rein und hat angefangen“, erinnerte sich Christoph Naske.[168]

Eine Woche nach dem offiziellen Unterrichtsbeginn im August 1953 hatten die Bauarbeiten für das neue Gebäude begonnen. Weder bei den Planern noch bei den Ulmer Bauunternehmern gab es viel Erfahrung mit der Verarbeitung von Sichtbeton. Vieles wurde vor Ort ausprobiert: „Ab 17 Uhr setzten wir uns jeweils im Baubüro mit den Polieren und Vorarbeitern zusammen, um zu diskutieren, wo es klemmt und wie wir am nächsten Tag weiterkommen. Oft musste ich dann am Abend die vorhandenen Pläne zeichnerisch ergänzen oder weiterentwickeln“, berichtete Fred Hochstrasser, der als Assistent von Max Bill nach Ulm gekommen war.[169] „Um uns die Sache nicht zu leicht zu machen, brach über Europa eine Regenzeit herein“, erinnerte sich Inge Aicher-Scholl. Es gab noch keine Straße, die zum Baugelände hinaufführte, nur schmale, unasphaltierte Wege: „Dutzendemal bleiben die Lastwagen und Baumaschinen im zähen Lehm stecken.“[170]

Als einige Wochen später der Rohbau fast fertig war und die Anlage Gestalt annahm, fuhr Max Bill gemeinsam mit Hochstrasser zu einem in Richtung Ulm-Wiblingen gelegenen Aussichtspunkt und schaute sich sein Werk aus der Ferne an. Hochstrasser erinnert

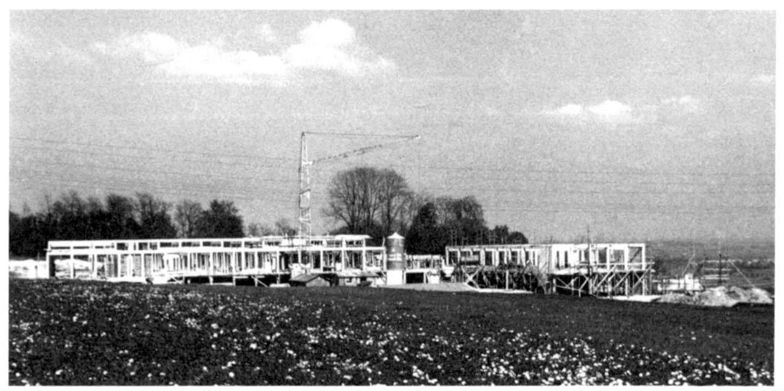

Hochschule für Gestaltung im Bau, Juni 1954. Foto: Hans G. Conrad

sich gut an diesen Moment: „Max Bill stieg aus dem Bentley, schaute zum Kuhberg – und wurde bleich. ‚Das ist ein Eisenbahnunglück', rief er aus."[171] Auch er war sich seiner Sache nicht immer sicher.

Andrea Schmitz, die Tochter des Biberacher Seidenfabrikanten Guido Schmitz, war indessen mit ihrer Ausbildung als Dolmetscherin fertig und erkundigte sich bei Inge Aicher-Scholl nach einer Arbeitsmöglichkeit. Sie bekam ein Engagement als Sekretärin von Max Bill. Als sie ihre Arbeitsstelle antreten wollte, erhielt sie allerdings den Bescheid, dass diese schon besetzt sei, von einem männlichen Sekretär: „Sie müssen Bill auch verteidigen und jemanden wegschicken", erklärte ihr Inge Aicher-Scholl. „Dazu sind Sie zu schwach. Sie machen jetzt die Bibliothek."[172]

Eine gute Bibliothek – das erschien nach den Erfahrungen im Faschismus und dem Mangel an Informationsmöglichkeiten in der Nachkriegszeit ein unverzichtbarer Bestandteil der neuen Hochschule. Andrea Schmitz sträubte sich kurz und nahm dann die Herausforderung an. „Dies alles ist typisch für die Nachkriegszeit und den Mut von Frau Aicher. Sie fragte bei der Auswahl der Mitarbeiter nicht nach Diplomen und Qualifikationen. Sie setzte einfach voraus, dass die, die mitarbeiten wollten, wendig und aktiv wären", schrieb Andrea Schmitz.[173] Eine Feuerprobe stand ihr allerdings noch bevor: Als sie nach den Büchern fragte, schickte man sie zu Walter Zeischegg. Der wies sie harsch zurück: Was ihr denn einfiele, er sei Dozent und brauche die Bücher.

Sie bekam sie dennoch. Es waren insgesamt 36 Stück.

Im Februar 1954 besuchte der holländische Architekt Hans Gugelot die Schule. Gugelot hatte schon mit Max Bill in Zürich zusammengearbeitet. Im Juni 1954 siedelte er nach Ulm über und übernahm die Leitung des Innenausbaus. Das war eigentlich die Aufgabe von Walter Zeischegg. Der nahm allerdings den mit der Leitung des Instituts für Produktgestaltung einhergehenden Auftrag zur Forschung sehr genau – immerhin war er deshalb nach Ulm gekommen. In seinem zweiten Studienjahr arbeitete der Student Armin Bohnet bei Walter Zeischegg an der Entwicklung der Leuchten für das Hochschulgebäude. Fast ein Jahr lang untersuchte er in Zeischeggs Auftrag Rohrverbindungen. Vorbild waren die Beine eines Flamingos mit ihren dicken Kniegelenken. „Wir haben mechanische Lösungen erfunden, viele Sachen ausprobiert." Erst spät beschäftigten sie sich mit der eigentlichen Aufgabe.[174]

Angesichts dieses unkalkulierbaren Zeitaufwandes nahmen sich andere der drängenden Entwurfsaufgaben an: Max Bill und der Student Ernst Moeckl gestalteten die Türklinken für die neue Schule, das Einbauwaschbecken für die Studentenhäuser war eine gemeinsame Entwicklung von Zeischegg, Bill und dem Leiter der Gipswerkstatt Otto Schild. Als Erwin und Artur Braun, die Erben des Geräteherstellers Braun, sich 1954 auf der Suche nach einem Partner für die gestalterische Modernisierung ihrer Rundfunkgeräte an die Hochschule wandten, wurden sie denn auch nicht zu Walter Zeischegg, sondern direkt zu Hans Gugelot geführt.

Was aber war mit den Fächern geschehen, die einst im Mittelpunkt der politisch motivierten Gründung der Hochschule gestanden hatten? Hier war nach dem Ausscheiden Hans Werner Richters eine Lücke entstanden. Ursprünglich sollte ja er diesen Komplex leiten, unterstützt von Mitgliedern der *Gruppe 47* und anderen

Leuten aus dem intellektuellen Umfeld der Aicher-Scholls. Anfang 1954 fand sich in dem Philosophen Max Bense ein würdiger Nachfolger für Richter. Bense hatte Naturwissenschaften und Philosophie studiert und nach dem Krieg am Aufbau einer Arbeiter- und Bauernuniversität in Jena mitgewirkt. Seit 1949 war er Professor für Philosophie und Wissenschaftstheorie an der Technischen Hochschule in Stuttgart und baute dort das Studium Generale auf: Die Ingenieure sollten sich nicht nur auf ihr Fach konzentrieren, sondern lernen, sich der Verantwortung in der Gesellschaft bewusst zu werden[175] – ein Konzept, das viel mit dem Programm der Ulmer Hochschule gemein hatte.

In seiner 1954 erschienenen Schrift *Aesthetica. Metaphysische Beobachtungen am Schönen* widmete Max Bense Max Bills Buch *form* und der darin vorgeschlagenen „Annäherung von Kunst und Technik, von Ästhetik und Konstruktivität“ ein eigenes Kapitel.[176] An der HfG fand er nun die Gelegenheit, seine Theorien im direkten Kontakt mit Bill weiter zu präzisieren.

Bense hielt ungemein fesselnde und temperamentvolle Vorlesungen. Dabei war er immer in Bewegung: „Bense rast immer vor der Tafel auf und ab, wirft schnell was auf die Tafel, abgekürzt. Spricht schnell wie ein Begeisterter, man merkt ihm so richtig die Aufregung an. Heute sprachen wir über Descartes und über den Zweifelsbeweis; und dann gingen wir zu Husserl über, zu seiner Phänomenologie. Während der Vorlesung und im Seminar macht man sich eilige Notizen, die dann daheim ins Reine übertragen werden“, erinnerte sich Frauke Koch-Weser.[177] In der Folgezeit nahm sich Bense sowohl der Informationsabteilung der HfG als auch des allgemeinbildenden Unterrichts an. Dieser wurde nun unter dem Begriff Kulturelle Integration zusammengefasst und war für die Studenten aller Abteilungen und Studienjahre verbindlich.

Im Juni 1954 stellten die HfG-Studenten die Arbeiten der ersten Grundlehre im großen Saal des Ulmer Museums aus: Noch befand sich die Schule im Herzen der Stadt. In diese Zeit fiel auch der erste Besuch von Friedrich Vordemberge-Gildewart in Ulm. Der 1899 geborene Vordemberge-Gildewart war Maler und Grafiker und wie Max Bill Mitglied der Gruppe *Abstraction-Création*. Unter den Nationalsozialisten galt seine Kunst als entartet, deshalb ging er ins holländische Exil. Nun erhielt er das Angebot, in Ulm die Leitung der Abteilung Visuelle Kommunikation zu übernehmen.

Einen Monat später wurde das Richtfest der Hochschule gefeiert – und der argentinische Maler Tomás Maldonado kam mit seiner deutschen Frau Sigrid von Schweinitz-Maldonado nach Ulm. Maldonado war ein großer Verehrer Bills und seiner konkreten Kunst. Bill engagierte ihn für die Konzeption und als Leiter der HfG-Grundlehre.

Währenddessen arbeiteten alle Beteiligten mit Hochdruck an der Fertigstellung des Gebäudes. Immer wieder wurde der Beginn des zweiten Studienjahres verschoben: Die neuen Studenten sollten von Anfang an auf dem Kuhberg unterrichtet werden. „Ich war sehr lernbegierig und daher sehr frustriert, als unsere erste Aufgabe darin bestand, die Wände im HfG-Gebäude weiß zu streichen", erinnerte sich der Student Martin Krampen.[178] Angelockt von der Idee eines neuen Bauhauses war er im September 1953 aus Florenz nach Ulm gekommen und hatte den Unterricht bei Walter Peterhans gerade verpasst. Er arbeitete zunächst in Aichers Büro mit, nahm dann bis zum Sommer 1954 an der weiteren Grundlehre teil – und bekam nun einen Pinsel in die Hand gedrückt. „Als ich mich bei Aicher

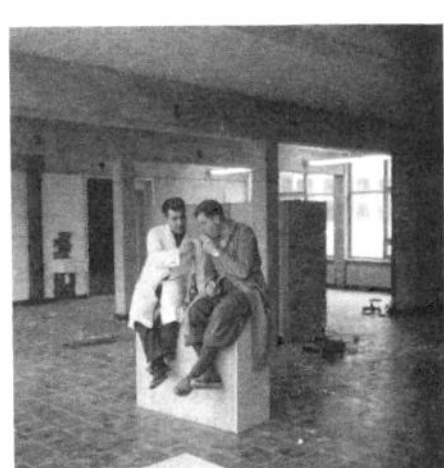

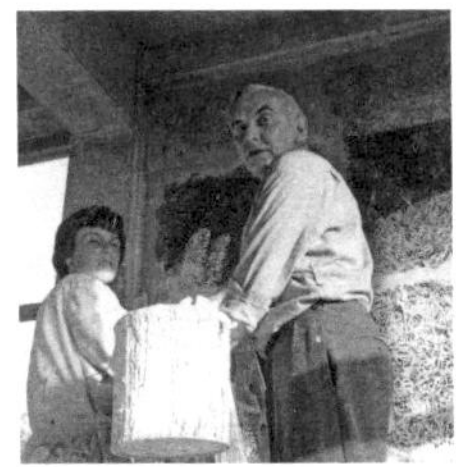

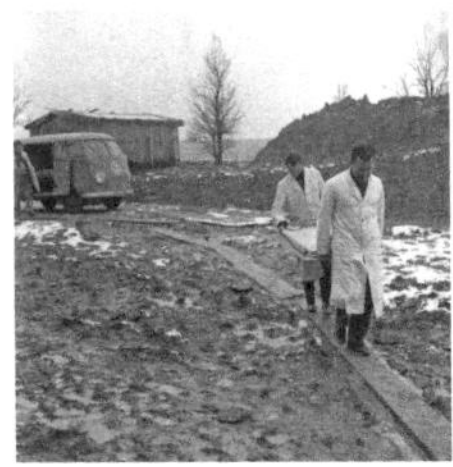

Ausbauarbeiten im HfG-Gebäude. Von links nach rechts: Otl Aicher und der Schreiner der HfG, Paul Hildinger, die Studentin Eva-Maria Koch und der Maler Friedrich Vordemberge-Gildewart als Anstreicher, Otl Aicher und Hans Roericht balancieren über Bretter. Um 1954. Fotos rechts und links: Hans G. Conrad (?), Mitte: Sigrid von Schweinitz-Maldonado

beschwerte sagte er: ‚Wenn Ihnen das nicht passt, können Sie gehen.' Ich blieb einen Tag weg und kam dann zum Wändestreichen zurück."

Inzwischen gehörte auch der Schreiner Paul Hildinger zu den Mitarbeitern der HfG. Gemeinsam mit einigen Studenten, die über handwerkliche Erfahrungen verfügten, richtete er die Holzwerkstatt ein. Zusammen mit seinen Helfern baute er Einbaumöbel, Bibliotheksregale und Wandelemente, verkleidete Decken, stellte Tischplatten und Böcke her, stattete die Küche mit den nötigen Schränken aus – und baute preiswerte Sitzgelegenheiten für die neue Schule, die *Ulmer Hocker.*

Später reklamierte Max Bill diesen Entwurf für sich. Doch es fällt schwer, ihn tatsächlich einem einzelnen Designer zuzuordnen, entstanden die Dinge in dieser Anfangszeit doch oft in gemeinsamen Gesprächen und wurden dann auf sehr pragmatische Weise umgesetzt. Auch Hans Gugelot war am Hocker-Entwurf beteiligt. Und Paul Hildinger war es jedenfalls, der die Maschinenzinken an der HfG einführte.[179] Für die HfG wurde der Hocker ebenso prägend wie das Gebäude selbst: „Jeder Ort in der Schule wird von dem allgegenwärtigen Hocker beherrscht", erinnerte sich der Student Dominique Gillard.[180]

Im November 1954 war der Schulbau einschließlich der Einrichtungen der Holz-, Metall- und Gipswerkstatt fertig, und am 10. Januar 1955 eröffnete Max Bill das neue Studienjahr in den neuen Gebäuden auf dem Oberen Kuhberg. Vier Wochen später zog auch die Verwaltung um. Inzwischen besaß die HfG einen eigenen Wagen, einen blauen VW-Bus, der von dem frisch eingestellten Hausmeister Adolf Streckfuß gesteuert wurde. Johanna Rösner erinnerte sich an den Umzugstag, in dessen Verlauf sie „eng umschlungen" mit Verwaltungsdirektor Schlensag den Kuhberg hinauf transportiert wurde. „Die Hochschule war aber lange noch nicht fertig. Wir mussten über Bretter steigen, um an unseren Arbeitsplatz zu gelangen. Abends kamen wir ganz verstaubt nach Hause, und mussten uns erst einmal reinigen."[181]

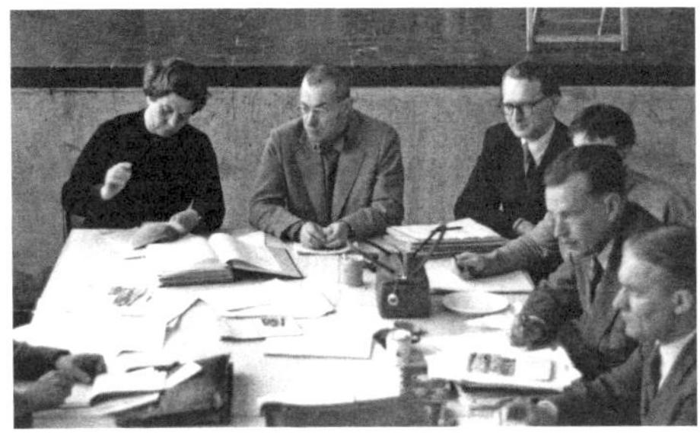

Der Verwaltungsrat der HfG tagt in der Bibliothek, um 1955. Von links nach rechts: Johanna Rösner, Max Bill, Günther Schlensag. Verdeckt: Inge Aicher-Scholl. Foto: HfG-Archiv

In diesem Jahr begannen 29 neue Studenten ihr Studium in Ulm, zusätzlich zu den 17, die nach der ersten Grundlehre geblieben waren. Auch diese zweite Studentengeneration kam noch einmal in den Genuss des Unterrichts bei Josef Albers. Bevor er im Mai 1955 wie gewohnt per Schiff und Eisenbahn in Ulm eintraf, kam außerdem Johannes Itten für ein paar Tage an die HfG, ebenfalls ein Bauhauslehrer der ersten Stunde. Solch kurze Gastspiele gab es immer wieder: Wie in die Ulmer Volkshochschule kamen in dieser Zeit echte Berühmtheiten an die HfG. Viele Persönlichkeiten aus der Gestalterszene oder erklärte Antifaschisten ließen es sich nicht nehmen, die Schwester von Hans und Sophie Scholl sowie die neue Hochschule kennenzulernen und bei dieser Gelegenheit von ihrer eigenen Arbeit zu berichten.

Unter diesen Besuchern war auch Theodor W. Adorno. In einem Brief vom 5. Juli 1955 dankte er für „den schönen Tag", den er bei den Aicher-Scholls verbringen durfte.[182] Wahrscheinlich stand dieses Treffen im Zusammenhang mit dem Versuch, die Verantwortlichen des Frankfurter Instituts für Sozialforschung zu einer Zusammenarbeit mit der Ulmer Hochschule zu animieren und so die allgemeinbildenden Fächer auf dem angestrebten hohen Niveau lehren zu können. Maldonado besuchte das Institut noch im selben Monat und engagierte einige von Adornos Mitarbeitern für eine kurze Vorlesungsreihe an der HfG. So kamen in diesem Sommer der Physiker Egon Becker sowie die Soziologen Helge

Pross und Ludwig von Friedeburg jeweils für ein paar Tage nach Ulm.

Aus der Korrespondenz ist allerdings eine gewisse Ratlosigkeit darüber zu spüren, was den HfG-Studenten innerhalb von so wenigen Stunden beizubringen sei: Jede dieser Persönlichkeiten war ja eine Kapazität in ihrem Bereich und stieß nun auf zwar wissbegierige Zuhörer, denen es an den Grundlagen des jeweiligen Fachgebietes jedoch mangelte. Hinzu kam die Abneigung, die umständliche und zeitaufwändige Reise in die Ulmer Provinz mehr als ein- oder zweimal anzutreten.

So blieb dieser allgemeinbildende Unterricht trotz aller Bemühungen Stückwerk. Max Bense und seine Assistentin Elisabeth Walther konnten diese Lücke nur bedingt füllen: Beide hatten ihre Stuttgarter Lehrverpflichtungen nicht aufgegeben und wollten das auf die Dauer auch nicht tun.

Leichter taten sich die Beteiligten mit solchen Gastspielen im gestalterischen Bereich. Dort war genug Substanz vorhanden, auf der die Gäste aufbauen konnten. Im August 1955 unterrichtete der Architekt Konrad Wachsmann einige Wochen lang in Ulm.* Wachsmann stammte aus Berlin. Er hatte 1929 ein Sommerhaus für Albert Einstein gebaut. 1932 erhielt er vom deutschen Staat ein Stipendium für die Villa Massimo in Rom. Nach der Machtergreifung Hitlers und einem Streit mit dem Bildhauer Arno Breker kehrte er nicht mehr nach Deutschland zurück. 1941 emigrierte Wachsmann mit Einsteins Hilfe in die USA. Dort entwickelte er zusammen mit Walter Gropius ein Fertighaussystem für den Holzbau.

In Ulm blieb er nun für zwei Wochen. Am Tag seines Abschiedsfestes entstand eines der wichtigsten Fotos dieser Zeit. Es zeigt die gesamte Gruppe der HfG-Gründer in vergnügter Einigkeit auf der Terrasse der Hochschule.

---

* *Um eine häufig gestellte Frage zu beantworten: Eine Verwandtschaft der Autorin mit Konrad Wachsmann besteht nicht.*

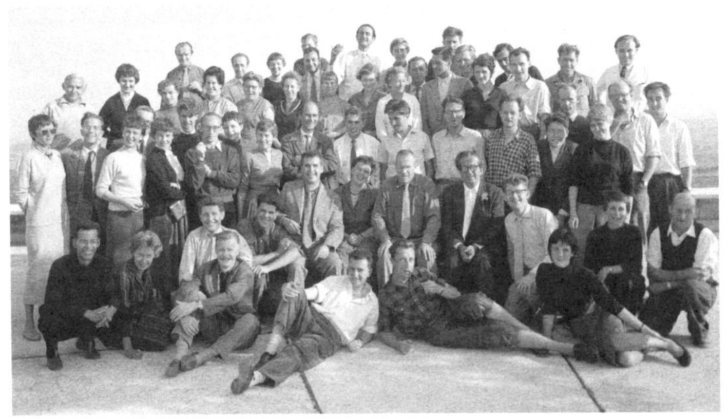

Fototermin auf der HfG-Terrasse mit Studenten, Dozenten, Werkstattleitern und Verwaltungsmitarbeitern. Sitzend in der Mitte: Otl Aicher, Inge Scholl, Max Bill und Konrad Wachsmann. Foto: Ernst Hahn, Hans Gugelot, 1955

Unter den Pionieren der Hochschule herrschte in den ersten Jahren eine unausgesprochene Übereinstimmung über Organisationsweise und Ziele der Schule. Es erschien ihnen nicht weiter nötig, verbindliche Regelungen für das Zusammenleben festzulegen, da alles ja so offensichtlich und intuitiv erfassbar war: Der Grundsatz des Antifaschismus, die gemeinsame Arbeit an einem großen Projekt, hinter der die Interessen des Einzelnen zurückzustehen hatten, die Schaffung einer neuen Gesellschaft. In dem Maße, wie die Schule wuchs und eben auch Menschen mit anderem Erfahrungshintergrund hinzukamen, zeigten sich die Schwächen dieser Konstruktion. Die Einigkeit bekam ihre ersten Risse.

Das galt besonders in Bezug auf die Studenten. Sie bildeten inzwischen eine feste Größe im System, die die Gründer zwar eingeplant, über deren Eigenständigkeit sie sich aber wohl keine Gedanken gemacht hatten. Viele von ihnen fühlten sich in diesem Sommer 1955 in ihren Erwartungen enttäuscht, sowohl in Bezug auf den Inhalt ihres Studiums als auch auf die Entscheidungskultur an der HfG: „Mit der Studienordnungsgeschichte ist es immer noch nicht klar. Wir wollten eine offene Diskussion mit Bill, die er aber einfach unter den Tisch fallen ließ und uns einfach nur die neue Studienordnung vorlesen ließ", schrieb Frauke Koch-Weser an ihre Eltern in Brasilien.[183]

Die Studenten forderten Mitbestimmung und eine demokratische Verfassung für die Hochschule. Dabei bezogen sie sich ausdrücklich auf die Geschwister Scholl: „Diese Verfassung muss den Idealen derer gerecht werden, deren Namen die Schule trägt, denn diese sind uns Verpflichtung."[184]

Die meisten Studenten dieser ersten beiden Jahrgänge waren schon älter und brachten entsprechend Lebenserfahrung mit. Sie halfen tatkräftig bei Planung und Ausbau der Schule und arbeiteten gleichzeitig in den Abteilungen. Gerade diejenigen, die inzwischen im zweiten Jahr studierten, hatten einen großen Anteil am Gelingen der Auftragsarbeiten, die einerseits den Unterricht ausmachten und mit denen die Stiftung andererseits Geld für den Betrieb der Hochschule erwirtschaftete. Als Mitarbeiter waren sie an den Einnahmen beteiligt. Auch die Dozenten und die Werkstattleiter erhielten auf diese Weise die Möglichkeit, ihre eher knapp bemessenen Gehälter aufzubessern.

Aus der Sicht der Studenten war dies aber eine zweischneidige Sache: Es war gut, dass sie sich in einer Zeit ohne staatliche Ausbildungsunterstützung einen Teil ihres Lebensunterhaltes selbst verdienen konnten. Sie wurden in ihrer gesamten fachlichen Kompetenz, die sie ja oft schon an die Schule mitgebracht hatten, gefordert – aber sie waren von ihrem Status her nicht als vollwertige Mitglieder der Gemeinschaft anerkannt. Diese Ungleichbehandlung barg großen Zündstoff, zumal Inge Aicher-Scholl und Max Bill nicht bereit waren, auf die Forderungen dieser Gruppe nach mehr Mitbestimmung einzugehen.

Den wichtigsten Erfolg für die Hochschule brachte in dieser Zeit die Arbeit von Hans Gugelot. Gemeinsam mit den Verantwortlichen der Firma Braun entwickelte er ein neues Konzept für deren Rundfunkapparate. Die neuen Braun'schen Geräte zeichneten sich dadurch aus, dass sie sich nicht mithilfe von Stoffbespannungen und Edelholzfurnierungen als Möbel tarnten, sondern sich in ihrer Eigenschaft als technische Geräte zeigten. Sie bestanden aus schlichten hellen Holzbrettern und waren in ihrer Gestaltung aufeinander abgestimmt: Gugelot dachte in Systemen. Radiogerät, Plattenspieler und Fernseher wurden nicht getrennt voneinander entworfen, sondern als aufeinander bezogene Teile. Auf der Deutschen Rundfunk-, Phono- und Fernsehausstellung in Düsseldorf, die im August 1955 eröffnet wurde, waren diese Entwürfe zum ersten Mal zu sehen. Das Presseecho war überwältigend. Wer in der Fachwelt die Ulmer Hochschule noch nicht gekannt hatte, wurde spätestens jetzt auf sie aufmerksam.

Während all dieser Zeit liefen fieberhaft die Vorbereitungen für einen großen Tag: Die Eröffnung der Hochschulgebäude am 2. Oktober 1955. Lange Listen wurden geschrieben, Einladungen verschickt, Provisorien beseitigt oder versteckt, eine Ausstellung mit Entwürfen und Studienarbeiten in den neuen Räumen aufgebaut, die Öffentlichkeit informiert. Margit Staber, bis dahin einzige Studentin der Informationsabteilung, schrieb große Artikel für die Sonderbeilage der *Schwäbischen Donauzeitung,* in denen sie umfassend über das Programm der neuen Hochschule, über ihre Architektur und Organisation informierte. Als der Tag herankam, strahlte der Himmel blau über dem Ulmer Kuhberg. Einfarbig bunte Fahnen wehten. Der Komponist Wladimir Vogel hatte eine Festmusik komponiert, Walter Gropius hielt die Festrede.

„Leider fehlte der Hochglanz, der von einigen prominenten Namen ausgegangen wäre“, schreibt der Historiker René Spitz: John McCloy war verhindert, auch das Ehepaar Zuckmayer und weitere Helfer der ersten Zeit waren nicht dabei. „Die erste Riege der eingeladenen Bundes- und Landespolitiker glänzte durch Abwesenheit: weder Ludwig Erhard noch der Ministerpräsident oder der Kultusminister hatten den Weg nach Ulm gefunden.“[185]

In der Erwartung, dass all diese Menschen zu ihrem großen Tag nach Ulm kommen würden (sie gehörten zu dem Netzwerk, das Inge Aicher-Scholl so weit gespannt hatte und waren natürlich alle eingeladen worden), zeigte sich das große Selbstbewusstsein der HfG-Gründer, die hier in der Ulmer Provinz ein Zentrum der Kultur der Moderne errichtet hatten. Max Bill formulierte in seiner Rede noch einmal den Anspruch, den die Gründer an sich und die Mitglieder der HfG stellten: „Die gesamte Tätigkeit an der Hochschule ist darauf gerichtet, am Aufbau einer neuen Kultur mitzuarbeiten, mit dem Ziel, eine mit unserem technischen Zeitalter übereinstimmende Lebensform zu schaffen."[186]

Zehn Tage später, nachdem alles aufgeräumt und in Werkstätten und Ateliers der Alltag eingekehrt war, begann das dritte Jahr der HfG mit 52 neuen Studenten.

Der Mann mit dem Stiernacken

Anfang August 1955 bestieg Otl Aicher ein Flugzeug und fotografierte die Neubauten der Hochschule aus der Luft. Auf einem der Bilder ist die HfG im Vordergrund zu sehen, weiter hinten im Dunst die Stadt und das Ulmer Münster, dazwischen Bäume und freies Feld: Die Schule war auf Distanz zu ihrem Ursprung gegangen. Ihre Gebäude erstrahlen hell auf dem Foto und wirken wie ein Ufo, das dort auf dem Kuhberg gelandet ist.

Die Anlage der Schule ist ein Abbild des Hochschulprogramms, sowohl in ihrer kargen Anmutung als auch in der Organisation der Räume. Auf viele der Besucher am Eröffnungstag wirkte sie deshalb befremdlich. Auch die Vertreter der Presse taten sich schwer: „Der fast überbetonte Puritanismus der Architektur scheint Mönche des technischen Zeitalters erziehen zu wollen“, stellte der Redakteur des *Handelsblatt* fest, und die *Stuttgarter Zeitung* schrieb: „Die Prin-

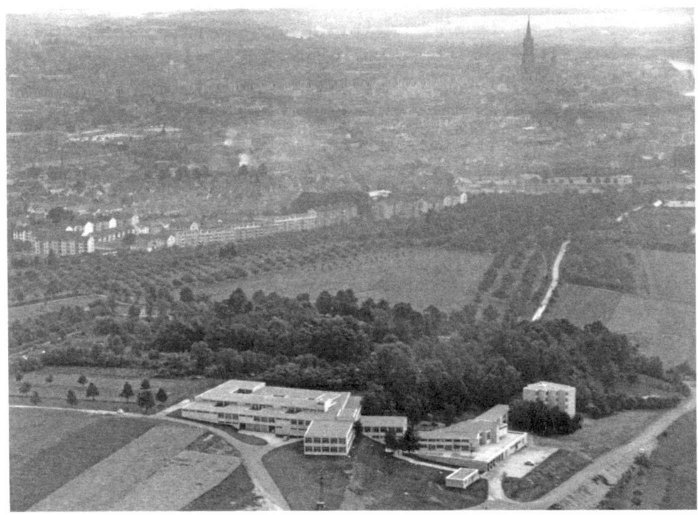

Flugbild der Hochschule für Gestaltung Ulm mit dem Ulmer Münster im Hintergrund, 1955. Foto: Otl Aicher

zipien der Schule werden klar. Sie empfiehlt in ihrer Gesinnung und Erziehung den Puritanismus. Sie erhebt die Sparsamkeit zum Stil, sieht im Verzicht einen Gewinn und setzt dem neureichen Wohlstand eine freiwillige Armut entgegen."[187]

Auch wenn eine zurückhaltende Gestaltung zum Programm der HfG zählte – sie beruhte nicht nur auf Freiwilligkeit. René Spitz fasst die Finanzlage der Stiftung im Monat der offiziellen Eröffnung der Gebäude zusammen: Die Baukosten hatten sich auf 2 634 000 Mark belaufen. 2 165 000 Mark hatten Inge Aicher-Scholl und ihre Unterstützer zusammengetragen, zusätzlich hatten sie einen Kredit von 400 000 Mark aufgenommen. Damit blieb ein Fehlbetrag von 39 000 Mark.[188]

Dabei war die Schule noch lange nicht vollständig ausgebaut: Der ganze Westflügel, die Grundlehreräume, das Rektorat, die Bauabteilung und der kleine Vortragssaal standen noch im Rohbau da, ebenso die Fotoabteilung. Vor allem aber waren sechs weitere Dozentenhäuser sowie zwei Studenten-Wohntürme noch nicht gebaut. Damit fehlte nicht nur Wohnraum, es fehlten auch die eingeplanten Mieteinnahmen.

Von diesen finanziellen Sorgen bekamen die Studenten wenig mit. Diejenigen, die zu Beginn dieses dritten Jahres ihre Ausbildung an der HfG begannen, erlebten eine vollkommen andere Schule als die Studenten, die ein oder zwei Jahre zuvor begonnen und die Geburtswehen noch hautnah miterlebt hatten. Diese neue Generation bezog ein fast fertiges Gebäude und gliederte sich in einen bereits bestehenden Schulbetrieb ein. Dabei profitierten die Studenten auch von den Erfahrungen, die ihre Vorgänger gemacht hatten. „für die bewerber, die künftig in die abteilung ‚produktform' eintreten möchten, ist beispielsweise gutes technisches können unbedingt erforderlich. diese anforderungen wurden zum teil erst in letzter zeit als notwendig erklärt", schrieb Eugen Gomringer in seiner Funktion als Bills Sekretär etwa im August 1955 an eine Interessentin.[189]

Zum Beginn des Studienjahres 1955/56 war das Bewerbungsverfahren systematisiert worden. Studieninteressenten erhielten nun einen Bogen, auf dem sie ausführlich über ihre Vorbildung, über Auslandsaufenthalte und Sprachkenntnisse Auskunft geben und erklären mussten, wie sie ihr Studium finanzieren wollten. Auch hier spielten Erfahrungen der vergangenen Jahre eine Rolle: Staatliche Beihilfen für ein Studium gab es in der ersten Nachkriegszeit nicht. Man brauchte schon wohlhabende Eltern oder ein gutes finanzielles Polster, um sich über längere Zeit weiterzubilden.*[190] Dem hatten die HfG-Gründer von Anfang an Rechnung getragen, indem sie einen Stipendienfonds einrichteten und die Möglichkeit einräumten, durch Mitarbeit am Bau der Schule und später an Entwicklungsaufträgen während des Studiums Geld zu verdienen. Im ersten, dem Grundlehrejahr, war das allerdings kaum möglich.

Zusätzlich zu diesem Anmeldebogen bekam jeder Bewerber einen Fragebogen zugeschickt: „es sind keine prüfungsfragen, sondern sie dienen als ergänzende information über die persönlichkeit des bewerbers und seine interessen." Unter anderem sollten die Bewerber zehn Persönlichkeiten des öffentlichen Lebens nennen, die für sie von Bedeutung waren. Sie sollten die „auswirkungen der television auf das gesellschaftliche leben" einschätzen, sagen, für welche Musik und welche Filme sie sich interessierten, welche Automarke sie bevorzugten und ihre Meinung darüber kundtun, ob der freie Wettbewerb als Wirtschaftsform die schöpferische Tätigkeit auf kulturellem Gebiet fördere oder ihr schade. Ferner erhielten sie eine Liste von Büchern zum Thema Design und moderne Architektur mit der Frage, welche sie gelesen hatten und welche sie gar besaßen.[191]

Es war also eine ernste Sache, sich an der HfG zu bewerben. Generationen von Studenten und Studienbewerbern haben teilweise seitenlange Abhandlungen zu den verschiedenen Themen geschrieben und dabei sicherlich gehofft, die „richtigen" Antworten zu finden. So erinnerte sich Klaus Pfromm: „Um den Fragebogen

---

* *Flüchtlinge aus dem Osten konnten außerdem eine Ausbildungsbeihilfe aus Mitteln des Lastenausgleichs beantragen. Mit dem Wintersemester 1957/58 wurde das* Honnefer Modell *eingeführt, eine Mischung aus Stipendium und Darlehen, auf das allerdings kein Rechtsanspruch bestand. Erst 1971 wurde es durch das heutige BAföG abgelöst.*

ausfüllen zu können, musste ich in kürzester Zeit viel lernen und ordentlich improvisieren, auch raten."[192]

Wer einen Studienplatz bekommen hatte, durfte nicht unbedingt bleiben: Das erste Studienquartal von Oktober bis Dezember galt als Probezeit. Kurz vor Weihnachten präsentierten die Studenten die Ergebnisse ihrer Arbeiten aus der Grundlehre und erhielten dann Bescheid, ob sie bestanden hatten. Manchmal bekamen sie eine zweite Chance in Form eines weiteren Probequartals. Ferdinand Porsche, der Enkel des gleichnamigen Firmengründers, blieb nur zwei Quartale lang an der HfG. Das dürfte weniger auf Begabung oder Können zurückzuführen sein als auf die Tatsache, dass Porsche sich nicht nach den strengen HfG-Prinzipien formen ließ.*

Im Sommer 1955 regte Max Bense an, den Schriftsteller Arno Schmidt für die Informationsabteilung zu gewinnen. Schmidt war eine Ausnahmeerscheinung unter den deutschen Schriftstellern. Er war 1914 geboren und gehörte damit der älteren Generation der HfG-Dozenten an. Schmidt war ein genauer Beobachter der Sprache, die er auf eigenwillige und kreative Art gebrauchte. In Schmidts künstlerischer Haltung sah Bense eine gute Ergänzung für das Konzept der HfG in ihren Abteilungen Information und Visuelle Kommunikation sowie zu seinen eigenen theoretischen Arbeiten.

Anfang September fragte Bense bei ihm an – und Schmidt zeigte sich interessiert. „Er hat mir auf Anhieb sofort ein Programm für die ganze Sache entwickelt, das glänzend ist und nur in Ulm durchgeführt werden kann", berichtete Bense voller Begeisterung an die HfG.[193] Drei Wochen später reiste Schmidt in Begleitung von Max Bense und Elisabeth Walther nach Ulm. Bill und Schmidt wurden einander vorgestellt und verschwanden in Bills Rektoratszimmer.[194]

„Nach über einer Stunde hatten wir immer noch nichts von ihnen gehört, kein Wort. Es war totenstill in dem Zimmer", erinnerte sich Max Bense später an die Situation. „Wir machten ganz

** Ferdinand Porsche wurde in der Folgezeit ein sehr erfolgreicher Designer: Anfang der 1960er Jahre entwarf er unter anderem den Porsche 911. Später gründete er ein eigenes Design-Büro in Zell am See in Österreich.*

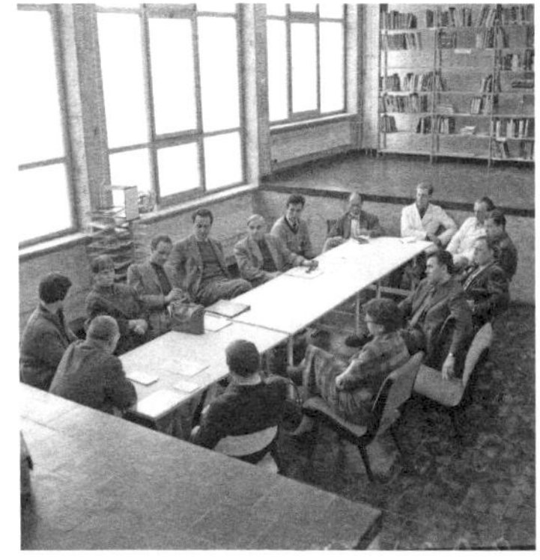

Der Konvent der HfG in der Bibliothek, um 1955. Am Kopfende links: Max Bill, dann weiter im Uhrzeigersinn: Andrea Schmitz (Bibliothekarin), Helene Nonné-Schmidt, Walter Zeischegg, Tomás Maldonado, Friedrich Vordemberge-Gildewart, Fred Hochstrasser, unbekannt, Cornelius Uittenhout, Otto Schild, Paul Hildinger, Fritz Pfeil, Otl Aicher, Inge Aicher-Scholl, Günther Schlensag (?). Foto: Ernst Hahn

leise die Tür auf und sahen Bill am Tisch sitzen und Schmidt auf der anderen Seite. Sie stierten sich nur an", ergänzte Elisabeth Walther.[195]

Aus dem Engagement wurde nichts. „In Ulm hatte mein Mann eine lange Verhandlung mit Direktor Bill und es ergab sich, dass die Arbeit meines Mannes darin bestehen sollte, seinen Schülern ‚kristallklare' Reklametexte und Schlagworte beizubringen", schilderte Schmidts Frau Alice Schmidt mit einiger Empörung den Verlauf der Unterredung.[196]

An dieser Episode zeigte sich deutlich der Führungsanspruch Max Bills. In seiner Wahrnehmung war die HfG in erster Linie sein Werk. Er hatte das inhaltliche Konzept bestimmt, das Gebäude entworfen, er repräsentierte die Schule nach außen, entschied über das pädagogische Programm, die Aufnahme der Studenten und das Engagement von Dozenten. Mitunter griff Bill sogar in den Unterricht ein. Dabei zeigte er sich höchst launisch und neigte zu Temperamentsausbrüchen: „Sie wissen selbst, dass es Ihnen gefällt, die Leute zu verletzen und zu überfahren. Ich habe an Gütsch*, Maldonado und mir selbst erlebt, dass Sie Menschen knebeln und innerlich unfrei machen können", schrieb Otl Aicher im Januar 1956 in einem Briefentwurf an Max Bill.[197] Aus dem großen Vorbild war ein Ärgernis geworden. „In der Hochschule war eine Atmosphäre

---

* *Gütsch war der Spitzname von Hans Gugelot.*

entstanden, die jedes Wort, jeden harmlosen Akt, jede Bewegung in ein Gespenst verwandelte – vergleichbar einer fieberhaften Epidemie, die immer wieder neu aufflackerte. Man musste damals die überraschende und niederschmetternde Erfahrung machen, dass nicht nur sogenannte Massenmenschen für Suggestion anfällig sind, sondern auch hochintelligente sensible und im Grunde genommen urteilsfähige Personen“, beklagte Inge Aicher-Scholl.[198]

Sie, die sich so lange und intensiv für dieses Projekt eingesetzt hatte, sah sich nun einer neuen Gefahr gegenüber: dem inneren Unfrieden in diesem „Stück einer eigenen Welt“.

Denn das Verhältnis zwischen Max Bill und den jüngeren Dozenten verschlechterte sich zunehmend, immer energischer forderten Letztere Unabhängigkeit und größeren Einfluss. Schließlich schlug Otl Aicher Max Bill eine neue Machtverteilung vor: Bill sollte die Leitung des pädagogischen Betriebes und große Teile der Repräsentation an ein Rektoratskollegium abgeben. Dafür erhielt er die Möglichkeit, innerhalb der Hochschule mit Studenten aller Abteilungen an eigenen Projekten zu arbeiten.

Max Bill traute seinem ehemaligen Verehrer nicht. Er sei der Überzeugung, dass „eine solche schule, wie alle kulturellen dinge, nur mit autoritären mitteln geführt werden darf“, schrieb er im Februar 1957 an Otl Aicher. Nicht zuletzt Inge Aicher-Scholl zuliebe ließ er sich dennoch auf die neue Regelung ein: „ich möchte möglichst rasch meine freiheit wieder zurückgewinnen, was gewiss auch für frau aicher eine erleichterung ihrer arbeit bedeuten würde.“[199]

Anfang März unterschrieb Max Bill eine Vereinbarung, in der er seine Rechte als Rektor aufgab. Inge Aicher-Scholl ernannte Bill nun zum außerordentlichen Mitglied eines Rektoratskollegiums, das mit Otl Aicher, Hans Gugelot, Tomás Maldonado und Friedrich Vordemberge-Gildewart besetzt war und wenige Wochen später eine vorläufige Verfassung für die HfG verabschiedete.[200] Nicht mehr die „Tyrannis“ eines Einzelnen sollte nun die Geschicke der Schule bestimmen, sondern ein Kollegium von freien und gleichen Dozenten, die sich Macht und Einfluss brüderlich teilten – ganz den radikaldemokratischen Vorstellungen Otl Aichers entsprechend.

Der Historiker René Spitz weist darauf hin, dass es eigentlich gar nicht die Aufgabe der Hochschulleitung war, eine neue Verfassung zu erlassen: Dafür war die Stiftung zuständig. Auf solch juristische Spitzfindigkeiten besann sich aber – noch – niemand an der Hochschule.[201]

Was indessen erhalten blieb, waren die finanziellen Sorgen. Inge Aicher-Scholl hatte die Lage am Heiligabend 1952 schon recht gut eingeschätzt, als sie an Max Bill schrieb: „Wir betrachten das jetzt zu Errichtende als eine Zelle, die so angelegt sein muss, dass sie im Laufe der nächsten Jahre weiterwachsen kann."[202] Dennoch wird sie sich kaum vorgestellt haben, dass ihre „Mission" drei Jahre später noch immer kein Ende haben würde. Die Anlage war nach wie vor unfertig, eine viertel Million Mark an Baukosten ungedeckt. Gleichzeitig drohte das Ende der dreijährigen Frist, für die das Land Baden-Württemberg die Finanzierung des laufenden Betriebes der Hochschule übernommen hatte. Deshalb hatte die Geschwister-Scholl-Stiftung bereits Mitte 1955 einen Antrag an das Land gestellt, den Zuschuss für die HfG um 200 000 Mark zu erhöhen. Für Inge Aicher-Scholl und den Verwaltungsdirektor Günther Schlensag bedeutete das viel Arbeit. In zahlreichen Briefen und persönlichen Gesprächen mussten Abgeordnete überzeugt, immer wieder die alten Mitstreiter um Hilfe gebeten werden.

Doch die Begeisterung der Landespolitiker für die Schule hielt sich in Grenzen. Dabei ging es zunächst mal ums Prinzip. Paul Binder, Mitglied des Finanzausschusses im Landtag, skizzierte in einem Brief vom November 1955 die Stimmungslage unter den Abgeordneten: „Es wurde nun mit Recht gesagt, dass auf diese Weise der Staat gezwungen wird, den Unterhalt für Kinder aufzubringen, die er selbst gar nicht gezeugt hat." Die Initiative zur Gründung der HfG war nicht von der Politik ausgegangen. Entsprechend schwer taten sich die Volksvertreter damit, den Impuls aufzunehmen. „Auf der anderen Seite kann ich mir sehr wohl vorstellen, dass es den

CDU-Abgeordneten vor etwas romantisch aussehenden Künstlern mit kosmopolitischer Weltanschauung graut und dass die befürchten, dass die Bemühungen um moderne Gestaltung auch zur Missgestaltung führen kann, nur dass man den Erfolg oder Misserfolg erst in etwa 20 Jahren beurteilen kann", schrieb Binder weiter.[203] Die Produktentwürfe, die Gebäude und die Einrichtung der Hochschule selbst – das alles löste Befremden bei den konservativ eingestellten Politikern aus. Wohin sollte dieser Minimalismus führen? Warum sollte der Staat dafür Geld ausgeben? Allein die Tatsache, dass die Hochschule bereits Zuschüsse vom Land bekommen hatte, schien für eine weitere Förderung zu sprechen: „Auf der anderen Seite kann ich mich des Eindrucks nicht erwehren, dass es ein ziemlicher Schwabenstreich wäre, nach dem ersten Anlauf das Experiment fallen zu lassen", schrieb Binder.

Der Antrag auf den Zuschuss von 200 000 Mark wurde im November 1955 vom Kulturpolitischen Ausschuss des Landtages gebilligt – und einen Monat später vom Finanzausschuss abgelehnt. Das war ein schlimmer Rückschlag für die Hochschule. Nun kam es ganz darauf an, wie der Landtag entscheiden würde. Wie oft mag Inge Aicher-Scholl in diesen Januarnächten des Jahres 1956 wach gelegen und sich um den Fortbestand der HfG Sorgen gemacht haben? Sehnte sie sich nicht manchmal nach der Zeit des ersten Aufbruchs und der Zigarrenschachtel zurück, als Geld keine so große Rolle spielte – es war sowieso keines vorhanden –, als die materiellen Ansprüche der Beteiligten noch nicht so hoch geschraubt waren und sie selbst inhaltlich mitbestimmte?

Wie sollte man den weiteren Ausbau der Schule, insbesondere neue Dozentenhäuser und die beiden fehlenden Studentenwohnheime, finanzieren? Vielleicht konnten noch einmal die Amerikaner helfen? Inge Aicher-Scholl begann mit der Planung einer ausgedehnten Reise in die USA, um dort alte Kontakte aufzufrischen und neue zu knüpfen. Möglicherweise würde es ihr gelingen, bei den dortigen Stiftungen noch einmal Geld zu bekommen.

Ende Januar lichtete sich der Horizont ein wenig: Der Kulturausschuss des Bundestages sprach sich einstimmig dafür aus, der

HfG für das Jahr 1956 einen Zuschuss von 75 000 Mark zu geben. Das hatte auch einen Einfluss auf die Stimmung im Landtag: Die Abgeordneten genehmigten – wenn auch ohne große Begeisterung – den Zuschuss für die HfG von 200 000 Mark.

Im Sommer 1956 veröffentlichte Max Bense ein ehrgeiziges Programm für die Informationsabteilung der Ulmer Hochschule in der Zeitschrift *Texte und Zeichen*. Ohne große Bescheidenheit kündigte er in dieser, in seinem Umfeld viel beachteten Zeitschrift eine radikale Umwälzung in der Literaturtheorie an.[204] Ort des Geschehens sollte die Informationsabteilung der HfG sein, die er so zu einem intellektuellen Aushängeschild der Schule machen wollte. Damit setzte Bense nicht nur sich selbst, sondern auch die Schule unter Druck: „In Bezug auf Unterricht und Lehrkräfte müssen ganz entscheidende Änderungen eintreten, wenn der Titel Hochschule weiterhin geführt werden soll und eine breite Öffentlichkeit nicht beständig falsch informiert werden soll", schrieb er an Otl Aicher. „Was meine Informationsabteilung angeht, so kann ich einfach das Phantom einer solchen Abteilung im hiesigen Senat bzw. bei meinen Freunden im Landtag oder an anderen Stellen nicht weiter vertreten, wenn dieses Phantom nicht endlich Realität wird."[205]

Bense setzte hier die Begriffe „Hochschule" und „Universität" gleich und unterstellte der HfG damit eine gewisse Hochstapelei. Er missachtete dabei den historischen Bezug – die Tatsache, dass die HfG mit ihrem Lehrprogramm eben nicht an dasjenige einer geistes- oder naturwissenschaftlichen Universität anknüpfte, sondern an das Bauhaus, das eben diesen Titel, Hochschule für Gestaltung, in seinem Namen als Untertitel geführt hatte. Diese unscharfe Begriffsbestimmung sollte in der Zukunft noch für Schwierigkeiten sorgen.

Für seine Abteilung forderte Bense indes weitere Mitarbeiter, unter anderem die Literaturwissenschaftlerin Käte Hamburger und den Soziologen Erich Franzen. Außerdem bestand er auf absoluter Selbstständigkeit und Entscheidungsfreiheit: Eine Schlappe wie diejenige mit Arno Schmidt wollte er nicht noch einmal hinnehmen. Das Rektoratskollegium unter der Leitung von Tomás

Maldonado hatte großes Interesse daran, Bense zu halten. Und so bekam er, was er wollte: freie Hand für den Ausbau der Informationsabteilung.

In den anderen Abteilungen stand dagegen die Arbeit an praktischen und möglichst bezahlten Projekten im Vordergrund. Hier sollte das Versprechen, die Hochschule könne sich auf Dauer selbst tragen, eingelöst werden. Tatsächlich zeigten sich die ersten Früchte, vor allem in der Zusammenarbeit mit der Firma Braun. Seit dem Messeerfolg des vergangenen Jahres bedachte sie die HfG mit immer neuen Aufträgen. Bei der Entwicklung eines neuen „Kompaktgerätes", eines Radios mit einem integrierten Plattenspieler, arbeiteten Hans Gugelot und Otl Aicher eng zusammen. In die Rolle des Partners auf der Firmenseite wuchs in dieser Zeit der junge Innenarchitekt Dieter Rams hinein; auch er hatte seinen Anteil an diesem Entwurf. Nach den Überlegungen der Firma sollte das Gerät von oben zu bedienen sein. Gugelot schlug eine Konstruktion aus tragenden Holzteilen und einer nicht tragenden Metallverkleidung vor. Als Deckel erhielt das *SK 4* genannte Gerät eine Haube aus Plexiglas.

Doch nicht jedes Projekt gelang so reibungslos. Auch Hans Gugelot war noch unerfahren auf dem Gebiet der industriellen Produktgestaltung. „Wir haben diesen Beruf, so wie wir ihn im Moment ausüben, eigentlich selber erfunden", stellte er fest.[206] In der Industrie gab es genauso wenig Erfahrung mit Designern wie umgekehrt, und nicht immer trafen die Vertreter dieses jungen Berufsstandes auf so aufgeschlossene Partner wie die Brüder Braun.

So mühten sich die beiden Studenten Armin Bohnet und Helmut Müller-Kühn unter Gugelots Regie mit der gestalterischen Überarbeitung eines Traktors. Der Hersteller wollte eigentlich nur ein neues Design für die Motorhaube. Vollständige Zeichnungen für das Gerät gab es nicht – die Firma schickte kurzerhand einen Traktor nach Ulm. Dort wurde das Gerät genau unter die Lupe genommen. Unter anderem bemängelten die Studenten, dass der Fahrer durch das Steuerrad greifen musste, wollte er Hupe und

Gashebel bedienen, und jedesmal das rechte Bein zur Seite nehmen, wenn er in einen anderen Gang schaltete. Die beiden machten den Vorschlag, den Traktor komplett zu überarbeiten. Die Auftraggeber erklärten sich einverstanden, bestanden aber gleichzeitig darauf, dass die Fertigung für eine Neueinführung nicht unterbrochen wurde, die neuen und die alten Teile also zusammenpassten. Unter diesen Umständen war es nicht verwunderlich, dass die Arbeit schließlich abgebrochen werden musste.

Entscheidend war hier weniger das Ergebnis als die Art, mit der die Gestalter an die Entwurfsarbeit herangingen: Der Traktor wurde als formales Ganzes behandelt. Die einzelnen technischen Funktionen wurden dem untergeordnet, die Bedienungselemente vom Standpunkt des Fahrers aus sinnvoll angeordnet.[207] Auch die grundsätzliche Bereitschaft, sich mit komplizierten technischen Geräten auseinanderzusetzen, war etwas Neues: Die Entwerfer an der Hochschule wollten nicht nur „schöne" Dinge wie Möbel und Geschirr gestalten. Und sie entwickelten gerade in diesen Jahren eine systematische Herangehensweise, die für den Umgang mit derart komplexen Themen unverzichtbar ist.

Der Unterricht allerdings war in dieser Zeit alles andere als systematisch aufgebaut. Die Studenten des zweiten und dritten Studienjahres beteiligten sich an den Entwicklungsprojekten der Dozenten und lernten durch die Mitarbeit. Gerade die jüngeren Dozenten besaßen weder pädagogische Erfahrung noch hatten sie einen besonderen Ehrgeiz auf diesem Gebiet. Hans Gugelot war als Architekt nach Ulm gekommen; seine erste Aufgabe hatte im Innenausbau der Schule und dem Bau der Dozentenhäuser bestanden. Nun entdeckte er seine Fähigkeiten als Produktgestalter und in der Zusammenarbeit mit der Industrie. Die Aufgaben, die er seinen Studenten stellte, waren meist von seiner eigenen Arbeit inspiriert, oder sie halfen gleich dabei mit, etwa beim Modellbau der Radios. Mitunter konnte es auch geschehen, dass er seine Studenten überforderte, wie etwa bei der Gestaltung des Traktors.[208]

Walter Zeischegg dagegen war ein echter Forscher. Er beschäftigte sich mit der Suche nach der perfekten Form, brauchte viel Zeit für ausführliche Untersuchungen, die oft genug im Nirgendwo endeten oder in ästhetisch vollendeten, im praktischen Sinne aber unnützen Zeichnungen oder Gegenständen – letztlich in Kunst. Doch dieses Wort durfte an der HfG kaum erwähnt werden, denn von einem künstlerischen Ansatz im Entwurf wollte man sich ja gerade entfernen. So sah sich auch Zeischegg selbst in dieser Zeit nicht als Künstler. „Er war fähig, mitten in der Nacht in mein Zimmer im Wohnturm hereinzubrechen, um mir des langen und breiten mit Zeichnungen, die immer sehr schön waren, seinen letzten Gedanken über die virtuelle oder reelle Form der Linien eines Magnetfelds darzulegen", erinnerte sich der Student Andries von Onck.[209]

Für die Zwänge einer industriellen Produktion besaß Zeischegg wenig Sinn. Die von ihm entwickelte Deckenleuchte für die HfG stellte die Firma Zwick in Neu-Ulm her. Ihrer minimalistischen Gestaltung zum Trotz waren die Leuchten nicht gerade preiswert. HfG-Verwaltungsdirektor Schlensag beschwerte sich über die hohen Verkaufskosten – und erhielt daraufhin folgende Antwort: „Wie Ihnen sicherlich erinnerlich ist, haben wir wiederholt darauf hingewiesen, dass entgegen unserer ursprünglichen Annahme die Träger-Elemente preislich relativ hoch liegen. Ihr sehr geehrter Herr Zeischegg erklärte damals in Erwiderung unseres diesbezüglichen Hinweises, dass die Preissituation bei diesem Artikel keine Rolle spiele, sondern dieser Artikel auf jeden Fall wegen seines guten Aussehens gekauft würde."[210]

Auch Zeischegg fiel das Unterrichten schwer. Mit seinem cholerischen Temperament verschreckte er viele Studenten, die sich dann doch lieber eine Aufgabe bei einem der anderen Dozenten suchten.

In der Architekturabteilung dagegen fehlte es nun, nachdem Planung und Bau der Hochschule weitgehend abgeschlossen waren, an Orientierung. Max Bill als Abteilungsleiter besaß weder eine Ausbildung als Architekt noch eine solide Bauerfahrung. Er bot ein Seminar über Schulbau an, eine gemeinsame Arbeit an einem Wettbewerbsentwurf für eine Schule mit Schwimmbad. Unter den acht

Studenten, die in diesem Jahr die Abteilung besuchten, gab es Proteste: Sie waren teils ausgebildete Bauzeichner, andere hatten bereits andernorts Architektur studiert. Sie waren nach Ulm gekommen, um etwas Neues zu lernen – und nicht wie in einem Architekturbüro an Wettbewerbsprojekten zu arbeiten, und dafür auch noch Schulgeld zu bezahlen.

Schließlich fand sich in Konrad Wachsmann die richtige Besetzung für die Architekturabteilung. Da er amerikanischer Staatsbürger geworden war, konnte eine Stelle für ihn zumindest zeitweise im Rahmen eines Expertenprogrammes der amerikanischen Regierung finanziert werden.[211] Er kehrte 1956 an die HfG zurück und bot ein interessantes und in der Zeit hochaktuelles Aufbaustudium an: die Beschäftigung mit den Prinzipien des Industrialisierten Bauens.

Mitte der 1950er Jahre waren viele deutsche Städte noch immer von den Zerstörungen des Bombenkrieges gezeichnet. Nach wie vor gab es zu wenig Wohnungen und öffentliche Gebäude. Es fehlte an Schulen und Krankenhäusern, Verwaltungs- und Industriebauten. Der Wiederaufbau ging nur langsam voran. Das lag auch an der traditionellen, noch stark von handwerklicher Arbeitsweise bestimmten Art zu bauen und der daraus resultierenden Abhängigkeit vom Wetter. Zudem wurde das Bauen immer teurer, Arbeitskräfte waren knapp. Konnte man das nicht besser organisieren? Mit industriell vorgefertigten Bauteilen dafür sorgen, dass die Häuser rasch und unkompliziert in den Himmel wuchsen?[212]

Erste Erfolge damit hatte es in Deutschland bereits in den 1920er Jahren gegeben. Der damalige Leiter des Frankfurter Hochbauamtes, der Architekt Ernst May, hatte für den Bau neuer Siedlungen eine Fabrik errichten lassen, die Platten für die Häuser des *Neuen Frankfurt* herstellten. Der Schweizer Architekt Le Corbusier entwickelte mit seinen *Wohnmaschinen* einen Hochhaustyp, der mit seinen standardisierten Elementen schnell und günstig errichtet werden konnte.

An der HfG wies nun Konrad Wachsmann den Weg in diese

Richtung. Das war auch deshalb wichtig, weil Anfang 1956 im Land Baden-Württemberg ein neues Architektengesetz erlassen worden war.[213] Der Begriff „Architekt“ wurde damit zu einer geschützten Berufsbezeichnung, die nur führen durfte, wer an einer dafür zugelassenen Hochschule studiert hatte. Für die HfG bestanden wenig Aussichten, in diesen Kreis aufgenommen zu werden. Mit Wachsmanns Hilfe bekam die Schule nun die Chance, sich in dem zukunftsweisenden Gebiet des Industrialisierten Bauens als Forschungsstätte zu etablieren. Das bedeutete aber auch, dass das Studium in der HfG-Bauabteilung von nun an einem Aufbaustudium entsprach.

Fast gleichzeitig mit Wachsmann kam der Architekt Herbert Ohl, ein Schüler Egon Eiermanns, als Assistent der Bauabteilung an die HfG. Er brachte die Idee zu einem kugelförmigen Kino mit, für das er einen Bauherrn suchte.

Max Bill scharte derweil seinen eigenen Fan-Club um sich – eine Entwicklung, die schon bald zur Eskalation führen sollte. Seine Studenten arbeiteten an Uhren für die Firma Junghans, einem Küchenmixer oder der Entwicklung von Bürodrehstühlen für die Firma Stoll in Waldshut. Für ein Wohn- und Geschäftshaus in Neuhausen am Rheinfall gestalteten sie Kinosessel sowie eine drehbare Garderobe, während die Architekten unter ihnen sich am Entwurf des Gebäudes beteiligten und die Ausführung übernahmen.[214]

Bill hielt außerdem Vorlesungen und ermunterte seine Studenten, sich mit dem Erbe des Bauhauses und der Geschichte des Deutschen Werkbundes zu beschäftigen: Sie sollten ein Gefühl für die Tradition bekommen, in der sie standen. Anders als für viele Deutsche in dieser Zeit machte es für ihn keinen Sinn, einen Strich unter die Vergangenheit zu ziehen. Seine „Stunde Null“ lag in der Zeit, als er die Enge der Zürcher Kunstgewerbeschule hinter sich ließ und erst nach Paris, dann nach Dessau zog, um sich den Ideen der Moderne und der *Guten Form* zu verschreiben.

Dabei zählte Bill keineswegs zu den Traditionalisten. Auf der gemeinsamen Tagung des Schweizerischen und Baden-Württember-

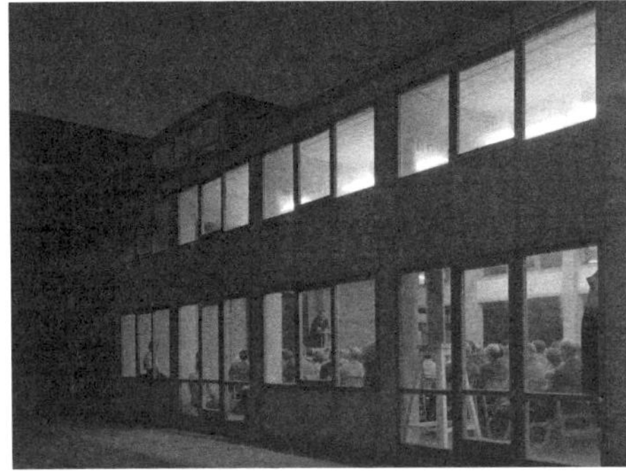

Tagung des Baden-Württembergischen und des Schweizerischen Werkbundes in der HfG, Oktober 1956. Am Rednerpult: Max Bill. Foto: Wolfgang Siol

gischen Werkbundes, die im Oktober 1956 an der HfG stattfand, hatte er noch einmal Gelegenheit, seine Haltung vor der Hochschulöffentlichkeit und den Werkbund-Kollegen zu erläutern.[215]

Bill beschäftigte sich in seinem Vortrag mit den Möglichkeiten systematischen Entwerfens und bezog sich dabei auf den von dem Schweizer Astrophysiker Fritz Zwicky entwickelten *Morphologischen Kasten:* „war die morphologie bis vor kurzem noch eine vergleichende lehre der bestehenden gestalten und formen, so wird sie von zwicky und mir beansprucht als lehre von den möglichen und wahrscheinlichen gestalten", äußerte er selbstbewusst.

Am Beispiel eines Löffels demonstrierte Bill diesen Ansatz.

Zunächst formulierte er das Problem: „ein gerät zu schaffen, das dazu dient, vornehmlich kleine mengen, vor allem flüssigkeiten, von größeren mengen abzutrennen, sei es, um sie zu essen oder lediglich von einem gefäß ins andere zu transportieren."

Danach skizzierte er dessen morphologische Zergliederung: „Er malte verschiedene konzentrische Kreise und plädierte für ein rationales Herangehen an Design, das vier Arten von Funktionen befriedigen sollte: technische, materielle, Produktion und Ästhetik."[216] Die ästhetische Funktion war für Bill ausdrücklich nichts, was – wie ein Ornament – zusätzlich angefügt wurde. Sie entstehe im Laufe des Entwurfsprozesses und lasse sich nicht nach wissenschaftlichen Kriterien bestimmen, erklärte er. Neben einer „bejahung der technischen hilfsmittel", forderte Bill, müsse eine Bejahung der ästhetischen Seite treten.

Dieses Vorgehen war ein Anschlag auf das Selbst- und Kunstverständnis zahlreicher Zuhörer aus dem Kreis des Werkbundes. „Gott sei Dank" gäbe es noch so etwas wie Intuition, Begabung, Sinnenhaftigkeit, Emotion und Phantasie, protestierte der Designer und Kunsthistoriker Wilhelm Braun-Feldweg.* Für ihn und andere Entwerfer war es unvorstellbar, beim Entwurfsprozess systematisch, auf der Grundlage von wissenschaftlichen Methoden vorzugehen. Sie sahen sich als Künstler, die den Alltagsgegenständen im Dienst der Allgemeinheit eine Gestalt gaben – und bezogen daraus ihr Selbstverständnis wie auch den Anspruch auf die Zugehörigkeit zu einer (Gestalter-)Elite. Wo sollte das hinführen, wenn buchstäblich jeder Mensch mithilfe solcher Techniken wie dem *Morphologischen Kasten* kreativ werden konnte?

Während die älteren Werkbundmitglieder in Bills Herangehensweise an den Entwurfsprozess einen Anschlag auf ihre künstlerische Intuition sahen, stieß bei den HfG-Gestaltern der jüngeren Generation gerade Bills Beharren auf einer – durch wissenschaftliche Methoden nicht fassbaren – „ästhetischen Funktion" von Gebrauchsgegenständen auf Widerstand. Sie waren in dieser Hinsicht von Max Bense geprägt. Anders als Max Bill war Bense der Ansicht, man könne die Bedeutung eines Kunstwerkes „objektiv" erfassen. So analysierte etwa der Student Gui Bonsiepe im Unterricht bei Bense ein Bild in seiner Farbverteilung, um danach dessen ästhetischen „Informationsgehalt" zu berechnen. „Sei es Farbe, Form, Kontrast, Bedeutung oder Kontext: All dies verschwindet in einer einzigen Zahl", stellte der Designwissenschatler David Oswald fest. „Bense empfindet dieses Verschwinden nicht etwa als Verlust, sondern geradezu als Befreiung."[217] Die Überzeugung, dass jede Entscheidung im Entwurfsprozess begründbar sei, war das Credo der jüngeren Generation.

---

* *Wilhelm Braun-Feldweg (1908–1998) lehrte zu dieser Zeit an der Höheren Fachschule für das Edelmetallgewerbe in Schwäbisch Gmünd und hatte dort die Leitung der neu eingerichteten Klasse für Entwurf und Entwicklung von Industrieprodukten übernommen.*

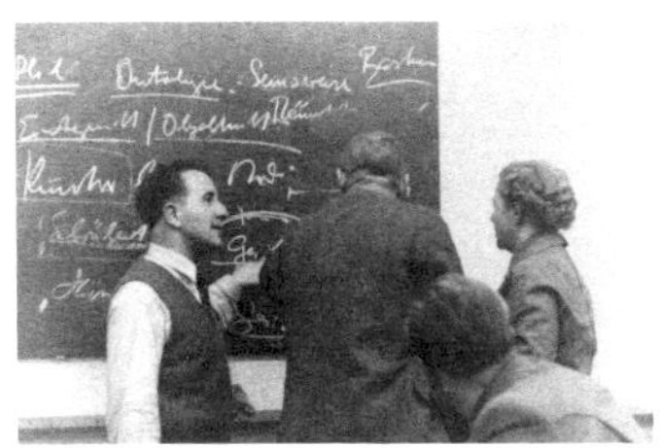

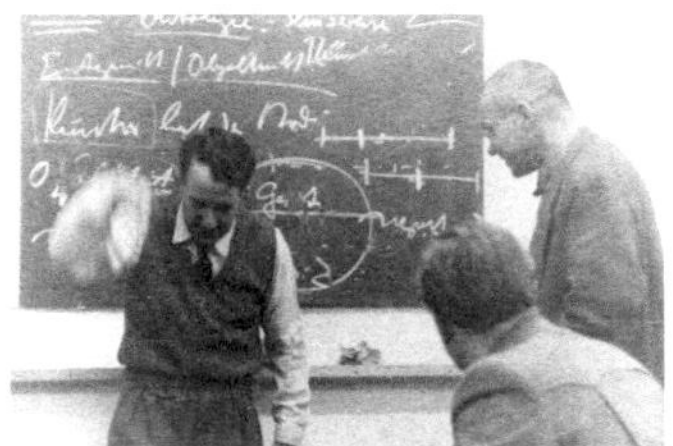

Max Bense, Max Bill und Elisabeth Walther im Unterricht an der HfG. Foto: Christoph Naske

Auch Friedrich Vordemberge-Gildewart musste sich dem stellen. Bei ihm entwarfen die Studenten der Abteilung Visuelle Kommunikation in dieser Zeit eine Schachtel für Besteck. „Vordemberge war zunächst eine sehr große Hoffnung, und ein toller Typ, sehr lustig, ein sehr guter Lehrer der Typografie", erinnerte sich Almir Mavignier.[218] Drei Monate lang arbeiteten die Studenten an ihren Entwürfen. „Und dann kam die erste Kritik. Und diese Kritik war die erste große Enttäuschung. Er sagte zum Beispiel wörtlich: Das ist eine sehr royale Lösung. Royale Lösung! Wir waren von Max Bense geschult!" Und diese Schulung bestand eben auch darin, objektive Kriterien für die Beurteilung von Arbeiten zu entwickeln.

Vordemberges emotionale Herangehensweise und der Widerspruch seiner Studenten zeigt die große Kluft, die zwischen den Generationen an der HfG bestand und die – neben den Schwierigkeiten mit Bills Persönlichkeit – zu einer zunehmenden Entfremdung führten. Ihrem Verständnis nach waren die Studenten wie auch die jüngeren Dozenten bereits weiter fortgeschritten auf dem Weg zu einer modernen Gesellschaft als diejenigen, die sich zu Beginn des Jahrhunderts in diese Richtung aufgemacht hatten – Max Bill, Friedrich Vordemberge-Gildewart und die etablierten Werkbundvertreter eingeschlossen.

Neben allen persönlichen Konflikten waren es vor allem diese unterschiedlichen Haltungen, die in den nun kommenden Monaten zur ersten großen Krise in der Geschichte der Ulmer Hochschule führen sollten.

Revolution!

Eines der herausragenden Merkmale der HfG war ihre Internationalität und Weltoffenheit. Die Gründer legten großen Wert auf den Austausch der Kulturen. Monika Buch, die in Spanien aufgewachsen war, war durch einen Artikel in der Wochenzeitung *Die Zeit* auf die Schule aufmerksam geworden und hatte sich beworben. Sie machte zunächst ein Praktikum in der Metallwerkstatt der Schule: „An einem klaren und kalten Januarmorgen 1956 wanderte ich also von der Endhaltestelle der Straßenbahn auf den Kuhberg. Den ersten Eindruck von der Schule werde ich niemals vergessen, noch niemals im Leben hatte ich so einen wunderbaren modernen Bau gesehen.“[219]

Schnell fühlte sie sich heimisch. Die Gespräche mit den Studenten aus den verschiedenen Ländern, „wie sie aufgewachsen sind, was sie erlebt haben, was sie denken, welche Ziele sie haben, wie sie an die Schule gekommen sind – auch das war wichtig für meine Entwicklung.“ In der Grundlehre, die sie von Oktober 1956 an besuchte, trafen Studenten aus neun Nationen zusammen. Darunter waren drei Japaner – sie waren mit einem Stipendien der japanischen Regierung gekommen, um die europäische Produktgestaltung kennenzulernen –, mehrere Schweizer, eine Brasilianerin, ein Italiener, ein Niederländer, Deutsche aus der Bundesrepublik wie aus der „Ostzone“, ein Brite sowie drei US-Amerikaner, denen ein Fulbright-Stipendium einen einjährigen Aufenthalt in Deutschland ermöglichte.

Einer von ihnen, William Huff, schilderte die fremde Welt, die sich ihm dort erschloss.[220] So wunderte er sich darüber, dass es im Haus seiner Wirtsleute nur Leitungen für kaltes Wasser gab – niemand schien sich vorstellen zu können, dass dereinst auch heißes Wasser einmal direkt aus einer eigenen Leitung kommen könne. Und er staunte über den „incredibly small amount“ für die Verpflegung in der Mensa: „There was invariably a soup and, almost as surely, *Kartoffeln*/potatoes. We could also expect a fair – but far

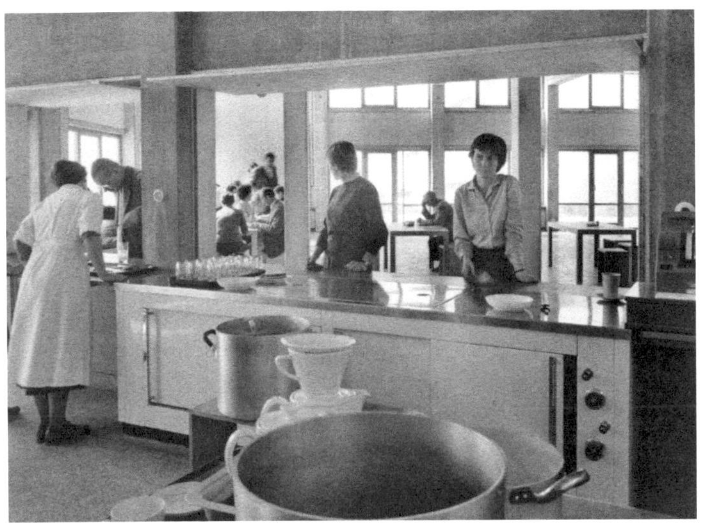

Mensa der HfG aus der Küche heraus fotografiert, 1955. Zweiter von links: Max Bill. Foto: Ernst Hahn

from large – portion of *Fleisch*/meat and a vegetable.“ Den Kaffee zum zweiten Frühstück konnten sich viele seiner Mitstudenten dennoch nicht leisten: Er kostete 35 Pfennige. Deshalb tranken sie für 15 Pfennig „Milch mit Schuss“. Max Bill, so er in Ulm anwesend war, sicherte sich stets einen herausragenden Platz in der Mensa: Entweder thronte er am vorderen Ende der Bar mit Blick über den ganzen Raum oder er besetzte einen Tisch zusammen mit einer Reihe von Schweizer Studenten, „heads huddled together, mutterings in *Schweizerdeutsch,* burst of uproarious laughter.“

Die Mahlzeiten, pünktlich serviert, strukturierten den Tagesablauf. Vormittags arbeitete man in der Grundlehre oder in den Abteilungen, nachmittags gab es Vorlesungen und Seminare in den technischen, wissenschaftlichen und kulturellen Fächern. „Nach dem Abendessen kehrten wir in die Grundlehre zurück, um an unseren Aufgaben weiterzuarbeiten, bis der Hausmeister Streckfuß kurz vor zehn Uhr das Licht löschte“, erinnerte sich der Student Karl-Achim Czemper an sein erstes HfG-Jahr.[221]

Angeregt durch Max Bill, durch die Übungen der Bauhausmeister und seine eigene konkrete Kunst, hatte Tomás Maldonado inzwischen ein HfG-eigenes Konzept für die Grundlehre entwickelt. Dabei setzten die Studenten visuelle Programme oder mathematische Formeln zwei- oder dreidimensional um. Es entstanden penibel gezeichnete Farbkompositionen mit dem Thema „Schwarz als Farbe", skulpturenhafte Gebilde zur Veranschaulichung einer „nicht-orientierbaren Fläche" oder die mäandernde Umsetzung einer Peano-Kurve.

Die Studenten zeichneten auf hochwertigen Papieren und teuren Kartons, mit Bleistift, Ziehfeder und feinen Pinseln, und wehe, es gab einen falschen Strich oder einen Tuschefleck: Dann war die Arbeit verdorben und man musste wieder von vorne beginnen. So wurde die Ausführung zu einer Übung in Geduld und Körperbeherrschung, während der kreative Teil – der eigentliche Entwurf – nur einen kleinen Teil der Aufgabe ausmachte. Das alles geschah gerade nicht unter dem Primat der Kunst; es ging allein darum, dass die Studenten ihren Blick und ihr Bewusstsein für derartige Gesetzmäßigkeiten und für visuelle Probleme schärften.

Manchen unter den Studenten gaben diese Übungen Anregungen und halfen ihnen, ihren Weg zu finden. Anderen waren sie lästig: Sie waren an die Hochschule gekommen, um Architekt, Produktgestalter oder Journalistin zu werden, und wurden nun zu dieser gemeinsamen Grundlehre verpflichtet. Auch die obligatorische Ausbildung in den Werkstätten, im Umgang mit Holz, Metall und Gips, brachte nicht allen neue Erfahrungen.

Dennoch musste jeder, der an der HfG studieren wollte, im ersten Jahr beginnen und sämtliche Aspekte der Grundlehre durchlaufen: Nur so konnte es gelingen, alle Beteiligten in ihrer Weltsicht in Einklang zu bringen – ein erklärtes Ziel der Hochschule. Dazu gehörten die hoch anspruchsvollen Vorlesungen von Max Bense, Elisabeth Walther oder Erich Franzen im Bereich der Kulturellen Integration, auch Tomás Maldonado reihte sich hier ein. Angeregt durch Max Bense und dessen Ideen aus dem Bereich der Informationsästhetik beschäftigte sich Maldonado in dieser Zeit intensiv mit der Philosophie des Amerikaners Charles S. Peirce und anderen Vertretern der Semiotik. Ausgehend von der Sprache stellt diese Wissenschaft die Wechselwirkung der einzelnen Dinge mit übergeordneten, überindividuellen Strukturen dar. Die Dinge „werden somit erst als Teil eines dynamischen Gesamtzusammenhangs im Abgleich mit anderen Objekten lesbar", erläutert die Designtheoretikerin Claudia Mareis.[222] Strukturalistische Theorien dieser Art interessierten sich nicht für individuelle, einmalige historische Entwicklungen, „sondern vielmehr für allgemeingültige, systematische und unbewusste Regelwerke."

Das entspricht in hohem Maß dem Anspruch der an der Ulmer Hochschule nach wie vor propagierten *Guten Form*, bei der es darum ging, allgemeingültige Wahrheiten zu finden und die Geschichte im Sinne der Moderne zu einem Ende zu bringen.

Tomás Maldonado begann nun selbst, in diesem Fachbereich zu unterrichten. „Indem er uns an seinem eigenen Lernen teilhaben ließ, lehrte er uns, wie es geht", erinnerte sich Ilse Grubrich-Simitis. „Durch das Mitvollziehen der Lektüren unseres inspirierenden Lehrers haben wir nicht zuletzt *lesen* gelernt. Wie meine verblassenden Mitschriften bezeugen, wurden wir hier, stets unter zeichentheoretischem Blickwinkel, mit Stoffen aus Linguistik, Sprachtheorie, Phonologie, Informationstheorie, Rhetorik, Ästhetik usw. konfrontiert sowie mit Autoren bekannt gemacht, die seinerzeit noch an kaum einer Universität der Bundesrepublik geläufig waren."[223]

Eine weitere Lehrerin der Grundlehre war Helene Nonné-Schmidt – neben Max Bill die einzige Vertreterin des Bauhauses, die jetzt noch an der HfG lehrte. Sie selbst hatte in der Textilwerkstatt studiert und 1925 den Bauhausmeister Joost Schmidt geheiratet. Nach dessen Tod 1948 lebte Helene Nonné-Schmidt zurückgezogen und in ärmlichen Verhältnissen am Bodensee, wo sie sich mit der Ordnung des Nachlasses ihres Mannes beschäftigte. An der Ulmer Hochschule unterrichtete sie Farbenlehre. „Bei ihr, der stets etwas grimmig dreinblickenden Witwe eines Bauhausmeisters, malten wir Farbleitern, Farbkreise und Farbdreiecke in Aquarell und in Tempera. Wozu ich als angehender Industriedesigner noch diese Technik des Farbenmischens einüben sollte, war mir rätselhaft: ich wollte doch kein Künstler werden. Doch wir stellten keine Fragen: Aufgaben waren Aufgaben", schrieb Karl-Achim Czemper.[224]

Der Amerikaner Nicholas Chaparos amüsierte sich dagegen über die Erzählungen Nonné-Schmidts aus der Bauhauszeit: „We also got a detailed diary of her life in Bauhaus Dessau. Including the running feud she had with Frau Albers, who would leave a messy frying pan as they shared cooking facilities. When the students asked about Max Bill as a student – her reply was terse and memorable: ‚er war ein stier!'"[225]

„Leider waren ihre Aufgaben sehr arbeitsintensiv", erinnerte sich auch Monika Buch. Sie fand allerdings bald einen Weg, zumindest ihren Kollegen die Arbeit zu erleichtern: Zusammen mit einem Kommilitonen strich sie große Bogen Papier mit den verschiedenen Farbabstufungen ein. Abends konnten die anderen die Bögen ausstanzen. Helene Nonné-Schmidt war von diesem arbeitsteiligen Vorgehen natürlich nicht begeistert.[226]

Ein weiterer regelmäßiger Gast in der HfG-Grundlehre war der Mathematiker, Physiker und Astronom Hermann von Baravalle. Er war Anthroposoph und leitete die mathematisch-astronomische Sektion am Goetheanum in Dornach. In regelmäßigen Abständen kam er nach Ulm, um an der frisch gegründeten Waldorfschule zu unterrichten und verband das dann mit einem Lehrauftrag an der HfG. Unter seiner Anleitung beschäftigten sich die Studenten mit der abstrakten Sprache der Mathematik, stellten sie in ihrer Vollkommenheit und Schönheit dar. Mit äußerster Präzision konstruierten und zeichneten sie geometrische Gebilde wie die „Pascalsche Schnecke" oder die „Lemniskate von Bernoulli", die mit einer „geradezu metaphysischen Genauigkeit gezeichnet werden" mussten. „Bald stellte sich bei vielen von uns eine typisch ulmerische Manie nach Exaktheit, nach dem rechten Winkel und nach den Farben Weiß, Grau und Schwarz ein, welche in dem Zwang gipfelte, die Zeicheninstrumente auf dem Tisch in perfekter Anordnung auszurichten, bevor man sich an die Arbeit machte", erinnerte sich der Student Andries van Onck.[227]

Schwierig war das Verhältnis der HfG-Angehörigen mit den Ulmer Bürgern. Die Leute aus der Verwaltung bildeten so etwas wie eine Schnittstelle zum Leben in der Stadt, zum Dasein eines Normalbürgers im Deutschland der 1950er Jahre. Johanna Rösner wohnte mit ihrem Mann, einem Volksschullehrer, in der Stadt. Sie kannte den Klatsch und die Gerüchte, die über die Hochschule verbreitet wurden, die Empörung mancher Bürger über die Tatsache, dass im Studentenwohnheim Männer und Frauen Tür an Tür zusammenlebten.*

In der Kleinstadt Ulm fielen die HfG-Studenten mit ihrer Kleidung, mit ihrem Verhalten wie auch mit ihrer Sprache auf. Sie legten großen Wert darauf, sich nicht mit den „Spießern" gemein zu machen – mit der Generation ihrer Eltern, mit denjenigen, die den Nationalsozialismus mitgetragen hatten, und sei es auch nur, indem sie in diesen schwierigen Zeiten den Kopf eingezogen und irgendwie überlebt hatten. Da es nach wie vor nur einen Wohnturm gab, mussten die Studenten der Grundlehre in der Stadt leben. Während sie auf diese Weise noch in einer wie immer gearteten Beziehung zu den „Eingeborenen" standen, verbrachten die oberen Semester den großen Teil ihrer Zeit auf dem Kuhberg.

Ganz wesentlich zum Verruf der Hochschule trugen die Faschingsfeste bei: Sie dienten den HfG-Studenten dazu, Geld beispielsweise für die Studentenselbstverwaltung zu verdienen. In Ulm waren diese Feste berüchtigt. Vor allem junge Ulmer und Ulmerinnen kamen gerne – wenn ihre Eltern es denn erlaubten.[228] Die Feste an der HfG standen jeweils unter einem Motto. Im Winter 1956 lautete es „diesmal ohne". Eine der großen Attraktionen war die

---

* *Bis 1973 galt in Deutschland zudem der Kuppelei-Paragraph (§ 180 StGb): Wer etwa durch „Verschaffung von Gelegenheit der Unzucht Vorschub" leistete – beispielsweise einem unverheirateten Paar eine Wohnung vermietete – machte sich strafbar. Unter diesen Umständen ist es erstaunlich, dass die Verantwortlichen an der HfG anscheinend nie deshalb angezeigt wurden.*

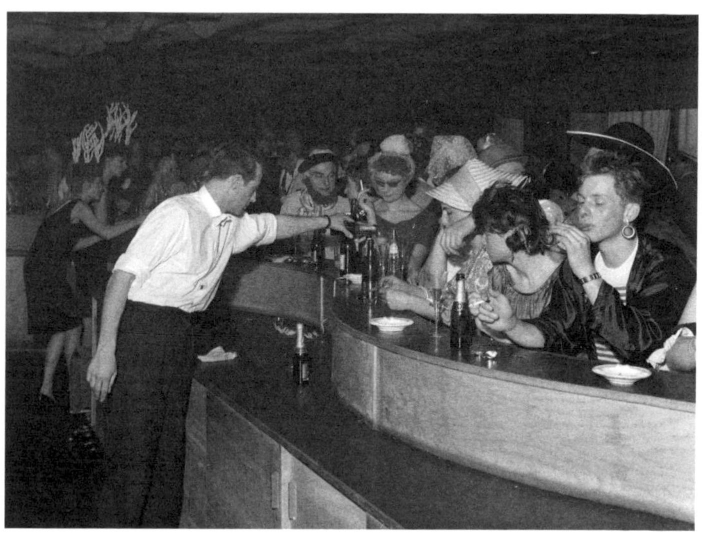

Fasching an der Bar, 1959. Foto: Wolfgang Siol

Opium Bar: „düster, mit ultraviolettem Licht. Mosquitonetz-Streifen (von den Amis) hingen gespenstisch von der Decke und leuchteten in roter und grüner Leuchtfarbe unheimlich. Der Eingang, ein roter Autoreifen, war mit Schnüren wie Spinnweben aufgehängt", berichtete Elke Koch-Weser ihren Eltern ins ferne Brasilien.[229] War es da ein Wunder, dass die Ulmer Eltern um die Unschuld ihrer Töchter fürchteten?

Hinzu kam, dass es für viele ein Geheimnis blieb, was dort oben eigentlich studiert wurde. Der Begriff „Design" war in den 1950er Jahren kaum bekannt; dass die Studenten sich nicht nur ein gutes Leben machten, sondern auch hart arbeiteten, und an was sie eigentlich arbeiteten, erschloss sich auch den Party-Besuchern nicht – geschweige denn denjenigen, die zu diesen „Fremden" aus Schüchternheit oder Desinteresse heraus Abstand hielten.

Der Kuhberg, ein Ausläufer der Schwäbischen Alb, war ein beliebtes Spaziergebiet. Familien schoben ihre Kinderwagen in sicherem Abstand an den großen Fenstern des Hochschulgebäudes vorbei und versuchten dabei, einen Blick auf das geheimnisvolle Innere zu werfen, ohne dass es deshalb zur weiteren Kontaktaufnahme gekommen wäre.

Mitunter waren es aber auch die politischen Verhältnisse, die HfG-Studenten von der genauen und strapaziösen Arbeit in der Grundlehre abhielten. Im Oktober 1956 protestierten zahlreiche Ungarn gegen die Regierung der kommunistischen Partei und der sowjetischen Besatzungsmacht. Eine unabhängige Regierung wurde gebildet, Ungarn trat aus dem Warschauer Pakt aus. Anfang November marschierte die Sowjetarmee in Ungarn ein und beendete den Aufstand. Zahlreiche Bürger wurden hingerichtet, Hunderttausende flohen nach Österreich. „Für einige von uns im Grundkurs, wo wir Tausende von kleinen Quadraten malten um Maldonados Aufgaben zu lösen, erschien das, während in Österreich die Tragödie wuchs, moralisch absurd und vollkommen entfernt von der Wirklichkeit", schreibt Klaus Krippendorff.[230] Gegen das ausdrückliche Verbot von Tomás Maldonado fuhr eine Gruppe von Grundkursstudenten mit dem VW-Käfer von Nick Chaparos an die ungarische Grenze, wo sie „wesentlich schlechter auf die Kälte vorbereitet als die ungarischen Flüchtlinge" ankamen. Sie halfen für eine Weile in einem der Lager. „Zurück in Ulm, fühlten wir uns gut, hatten unsere moralische Pflicht erfüllt und empfanden das Quadrate malen nun als weniger große Strapaze."

Neben Inge Aicher-Scholl war Helene Nonné-Schmidt die einzige Frau an der HfG aus der älteren Generation, die dort unabhängig einen Beruf ausübte. Frauen seien an der HfG in keiner Weise diskriminiert worden, erinnerte sich Willy Herold. „Jede Frau konnte genauso in der Studienvertretung sitzen und die Arbeiten wurden genauso bewertet." Und sein Studienkollege Immo Krumrey bestätigte: „Das war vollkommen uninteressant, ob es ein Mann oder eine Frau gemacht hat. Es gab nur immer zu wenig Frauen."[231]

Für die Betroffenen stellte sich das mitunter anders dar. Unter der Überschrift *Studium in vorfeministischer Zeit* beschrieb Ilse

Grubrich-Simitis in ihren Erinnerungen an ihre HfG-Studienzeit das Dilemma intellektueller Frauen in den 1950er Jahren. Die Briefe, die ihre Freundin Elke Koch-Weser an die Eltern schrieb, dienten ihr dabei als Quelle der eigenen Befindlichkeiten in jener Zeit: „Aus den Briefen geht nicht zuletzt hervor, dass wir damals allen Ernstes für möglich hielten, dieses besondere Studium könne unseren Sinn für Schönheit im Alltag, etwa beim Arrangieren von Blumen, ja unserer Weiblichkeit insgesamt beschädigen."[232]

Eine Meinung, die zumindest einige der männlichen Kuhberg-Bewohner durchaus teilten. So schilderte Grubrich-Simitis eine Begebenheit in der Mensa: Max Bense versuchte, sie für die Informationsabteilung zu gewinnen – und wurde darin von Max Bill unterbrochen: „Er verstehe gar nicht, warum er sich so anstrenge; es lohne sich doch gar nicht, Frauen eine derart aufwendige Ausbildung angedeihen zu lassen; wenn sie nicht gerade hässlich seien, würden sie ja doch heiraten und Kinder kriegen; zu Berufstätigkeit komme es gar nicht."[233] Und von Claude Schnaidt, einem Studenten der Bauabteilung, der als „gescheit und scharfzüngig" galt, musste sie sich angesichts ihrer philosophischen Lektüre sagen lassen: „Man muss ein Mann sein, um das zu verstehen."

Vor einer großen Herausforderung standen in diesem Studienjahr diejenigen Studenten, die nach drei Jahren Studium ihr Diplom machen wollten. Es gab keine Vorbilder für sie; und auch die verantwortlichen Dozenten hatten, abgesehen von Max Bense, noch keine Erfahrungen mit so umfassenden Prüfungen. Auch hier galt der Ehrgeiz, alles neu und anders zu machen. Mindestens bis zur offiziellen Eröffnung 1955 war es ungewiss, ob es überhaupt ein Diplom geben werde, erinnerte sich Christoph Naske. Er und sein Studienkollege Richard Rau verließen die HfG deshalb auch bereits nach zwei Jahren: Bei der Eröffnungsfeier lernten sie den Leiter der Produktgestaltung bei der Firma Siemens kennen, der sie auf der Stelle engagierte. So starteten sie direkt in den Berufsalltag als Designer.[234]

Von den 19 Studenten der ersten Stunde legten nur vier, in ihrem im Oktober 1956 beginnenden vierten Studienjahr ihr Diplom ab. Es bestand aus drei Teilen: einer praktischen sowie einer schriftlichen Arbeit und einem „Colloquium über ein oder mehrere Themen aus dem gesamten Ausbildungsgebiet des Studierenden vor einem Dozentenkollegium." Für das Colloquium konnten die Studenten außerdem ein Kurzreferat vorbereiten. Als Termin für die Ablieferung der praktischen und theoretischen Diplomarbeit war der 31. Mai festgelegt. Insgesamt standen für dieses anspruchsvolle Programm also viereinhalb Monate zur Verfügung. Der Produktgestalter Armin Bohnet suchte sich eine Firma, die Maschinen für Großküchen herstellte und überarbeitete für sie eine Kartoffelschälmaschine. Im schriftlichen Teil entwickelte er ein dazugehöriges System: An einen Motorblock wurden verschiedene Maschinen angeschlossen, mit denen man dann Fleisch hacken, Kaffee mahlen, Teig rühren oder Gemüse schneiden konnte.

Martin Krampen aus der Abteilung Visuelle Kommunikation erarbeitete eine Ausstellung über die Geschichte der Verkehrszeichen. Dazu fuhr er nach Genf, wo er bei den Eltern seines Mitstudenten Claude Schnaidt wohnte und in den Archiven des Völkerbundes die „Entwicklung des visuellen Systems der Straßenverkehrszeichen" in den 1920er Jahren studierte.[235] Für die Prüfungen nahmen sich die Dozenten dann viel Zeit: An vier aufeinanderfolgenden Montagen im Mai und Juni 1957 verteidigten diese ersten Diplomanden ihre Diplomarbeiten in einem Colloquium.

Nach wie vor fuhren Max Bense und Elisabeth Walther regelmäßig mit dem Zug über die Schwäbische Alb, um an der HfG zu unterrichten. Unterstützung erhielten sie dabei durch den Sozialpsychologen und Literaturwissenschaftler Erich Franzen. Franzen war 1951 aus den USA nach Deutschland zurückgekehrt. An der Ulmer Hochschule unterrichtete er sowohl in der Informationsabteilung als auch in der Kulturellen Integration – dem Teil des Unterrichts, der für alle Studenten verpflichtend war und in dem sich die ursprünglichen Absichten der Gründer zeigten, den Studenten einen möglichst weiten Horizont und eine gute Allgemeinbildung mit auf den Weg zu geben. Über ihn und die Literaturwissenschaftlerin Käte Hamburger schrieb die Informationsstudentin Ilse Grubrich-Simitis: „Beide waren Remigranten und gehörten zu den wenigen älteren unter den Dozenten. Käte Hamburger war gerade sechzig und erst kürzlich aus dem schwedischen Exil zurückgekehrt, als sie uns im Oktober 1956 in Literaturgeschichte und Literaturtheorie zu unterrichten begann, Erich Franzen, zeitgleich für Soziologie zuständig, knapp vierundsechzig. Ich kann mich noch daran erinnern, wie sehr mich sogleich beider Gesicht beeindruckte: Intensität und Substanz ihrer Persönlichkeit, entstanden in Jahrzehnten gelebten Lebens, spiegelten sich darin ebenso wider wie die Leuchtkraft ihres Intellekts."[236] Ihre Kommilitonin Elke Koch-Weser schilderte Franzen als sympathisch und hypersensibel: „Wenn Bill mit seinem dicken Fell in die Studentenvorlesung kommt, mit roter Krawatte auch noch, dann sträuben sich innerlich seine Haare. Es kam dann auch zu einer kleinen sinnlosen Auseinandersetzung."[237]

Anfang Februar erschien ein Schild an der Tür zu den Räumen von Max Bill: „atelier max bill – zutritt nur für atelierangehörige."[238] Das Rektoratskollegium ließ es umgehend entfernen. Die Dozenten um Otl Aicher beobachteten schon seit längerer Zeit die Gruppe der Studenten mit Argwohn, die sich mit Bill von ihren Kommilitonen und dem übrigen Schulbetrieb immer weiter absonderte. Bill kam regelmäßig mit seinem Bentley aus der Schweiz gefahren, parkte das Auto gut sichtbar vor der Schule und scheute anscheinend nach wie vor nicht davor zurück, den Unterricht der Dozentenkollegen seiner ganz persönlichen Qualitätskontrolle zu unterziehen. Auch in der Mensa zeigte er Präsenz – und übte damit unterschwelligen Druck auf seine Gegenspieler aus.

Als das Schild entfernt wurde, war Bill gerade nicht anwesend.

Zurück in Ulm, stellte er den Verwaltungsdirektor Günther Schlensag zur Rede. Was denn gegen ein solches Schild einzuwenden sei? Schlensag berichtete in einer Aktennotiz über dieses Gespräch. Die gewundenen Formulierungen sagen viel über seinen Verlauf aus: „Ich antwortete, es habe eine Aussprache über die Bezeichnung ‚Atelier Bill' stattgefunden, wobei festgestellt wurde, dass diese Bezeichnung dahin ausgelegt werden kann, dass hier eine Schule innerhalb der Hochschule vorhanden sei. Hierauf erwiderte Herr Bill, da man ihm die Bezeichnung ‚Atelier Bill' verbiete, werde er gehen."[239] Bill äußerte den Verdacht, die HfG-Verantwortlichen wollten ihn loswerden – was Schlensag entschieden bestritt. „Herr Bill blieb jedoch bei seiner Meinung, dass er seine Sachen packen und sich zurückziehen werde und verließ das Zimmer." Zwischen den Zeilen lassen sich die erhobenen Stimmen und das abschließende Türenknallen erahnen.

Für Inge Aicher-Scholl ergab sich aus dieser Zuspitzung eine unangenehme Situation. Für Anfang März war in Stuttgart eine Informationssitzung des Kulturausschusses des Landtages anberaumt, an der Vertreter der Industrie, der Akademie Stuttgart, der HfG sowie der Fachschulen Pforzheim und Schwäbisch Gmünd teilnehmen sollten.[240] Dabei ging es um die Bedeutung des Industriedesigns für die Produktivitätssteigerung der deutschen Industrie und den Export sowie um den Bedarf an und die Ausbildungsmöglichkeiten von Industriedesignern. Aicher-Scholl setzte große Hoffnungen darauf, für die HfG im Zuge dieser Gespräche einen dauerhaften Zuschuss des Landes für den Schulbetrieb zu bekommen.

Nach wie vor galt Max Bill als der führende Kopf der Ulmer Schule. Wenn er sie gerade jetzt im Zorn verließe, wäre das fatal. Also erhielt Otl Aicher den Auftrag, das Gespräch mit Bill zu suchen. Bill jedoch, so berichtete Günther Schlensag, wich einer solchen Besprechung „trotz mehrmaliger mündlicher Bitte" aus.[241] Schließlich ergriff Inge Aicher-Scholl die Initiative und traf sich mit Bill. Der blieb bei seiner Drohung: Sollte das Rektoratskollegium das Verbot des „Atelier Bill" aufrecht erhalten, werde er gehen. Aicher-Scholl war auf diese Argumentation vorbereitet. Sie hatte sich zu einer Flucht nach vorn entschlossen und erklärte nun die Entscheidung des Rektoratskollegiums für endgültig. Sie schlug

Bill eine „Trennung im gegenseitigen Einvernehmen“ vor. Danach sollten Bill alle Dienste von Seiten der Stiftung und der Hochschule noch einige Monate zur Verfügung stehen und man wollte ihm dabei helfen, in Zürich wieder ein eigenes Büro aufzubauen. So leitete Aicher-Scholl die endgültige Trennung ein und gewann Zeit bis zum Herbst, um den Übergang zu einer HfG ohne ihren Gründervater zu gestalten.

Max Bill allerdings wollte sich nicht so einfach geschlagen geben. Er erbat sich eine Bedenkzeit von einer Woche. Nach außen hin vereinbarten die beiden Stillschweigen – an das Bill sich aber nicht hielt: Auf der Suche nach Verbündeten informierte er den Studentenvertreter Walter Schaer, einen Schweizer Landsmann. „ist es wahr, dass herr bill in nächster zeit die hochschule für gestaltung definitiv verlassen wird?“ fragte der in einem Brief an die Hochschulleitung, den er gleichzeitig am Schwarzen Brett aushängte. Damit war die Hochschulöffentlichkeit – ganz im Sinn von Max Bill – informiert.

Inge Aicher-Scholl wollte den Konflikt nun möglichst rasch beilegen. Zu viel davon war schon nach außen gedrungen; eine offizielle Erklärung war überfällig. Was aber sollte sie sagen? Aicher-Scholl setzte einen Termin für eine gemeinsame Erklärung an und forderte Max Bill zu einer Besprechung im Vorfeld auf. Doch der zog es vor, abzureisen: Frau Aicher solle erklären was sie wolle, sagte er zu Herrn Schlensag; er werde nun seine Haut so teuer wie nur möglich verkaufen. Am Abend desselben Tages berichtete Inge Aicher-Scholl den Hochschulangehörigen also allein über den Stand der Dinge. Es war der Freitag vor dem Faschingsfest, das diesmal unter dem Motto „ungenau durch blau“ stand. Am Abend des nächsten Tages – die ersten Faschingsgäste von außerhalb waren bereits eingetroffen – hängte Walter Schaer einen Brief Max Bills in der Mensa aus, in dem er seinen Standpunkt erläuterte. Günther Schlensag ließ ihn umgehend entfernen.

Auch Max Bense schaltete sich nun ein. In einer Besprechung mit Tomás Maldonado äußerte er die Meinung, dass es sich die Schule weder pädagogisch noch ideologisch leisten könne, Bill ausscheiden zu lassen. Um die Differenzen zu beseitigen, schlug Bense die Abschaffung des Rektoratskollegiums und den Erlass einer neuen Verfassung vor, die sich an Verfassungen anderer Hochschulen orientierte. Bense fasste seine Überlegungen in einem Schreiben an Maldonado zusammen, dem er den ausdrücklichen Zusatz hinzufügte: „Diese briefliche Darlegung ist *nicht* zu einem Aushang am schwarzen Brett bestimmt."[242]

Am 5. März, einen Tag nach Aschermittwoch, entschloss sich Inge Aicher-Scholl, die Angelegenheit dem Verwaltungsrat der Stiftung vorzulegen. Dessen Vorsitzender war der Ulmer Oberbürgermeister Theodor Pfizer. Ihm gelang es in den nächsten Tagen tatsächlich, eine Art Waffenstillstand zwischen den Parteien herbeizuführen: Max Bill erklärte sich bereit, nachzugeben und die Hochschule zu verlassen. Ein genauer Termin dafür wurde allerdings nicht festgelegt. Und so kam es, dass sich die ungute Situation – die Spaltung innerhalb der Hochschule – auch in den nächsten Monaten fortsetzte.

„Man hat einen Kater auf dem Q-Berg", schrieb die Journalistin Clara Menck, die die Hochschule Anfang April im Auftrag der *Frankfurter Allgemeinen Zeitung* besuchte. „Stumm hockt man in der Zehnuhrpause an der Bar vor seinem Glas Milch oder seinem Kaffee; wer irgend kann, verzieht sich mit seiner Arbeit in einen Winkel; die Mittagssonne lockt nur zwei Mädchen auf die schöne Terrasse."[243]

Studenten- und Dozentenschaft waren gespalten in „Maxisten" und „Tomisten". Denn es war in erster Linie Tomás Maldonado, der nun zum Gegenspieler Max Bills wurde. „Man kann Bill für ein Genie halten und doch erkennen, dass er für ein Teamwork nicht geschaffen ist", stellte Menck fest. Sie mahnte an, die experimentelle Phase der Hochschule zu beenden: „Die Berufungsfrage ist weitgehend eine Geldfrage. In der Phase des Abenteuers kann man – vielleicht – mit dem Typ des Idealisten rechnen, auf die Dauer kann man es nicht. Die Arbeit in Ulm muss auch für den

Menschen mit normalen Bedürfnissen und Ambitionen finanziell in bescheidenem Maße ‚interessant' werden, wenn sie ein gewisses aus der Not geborenes ‚Im-eigenen-Saft-Kochen' überwinden will."

Clara Mencks Artikel löste großes Interesse in der Öffentlichkeit aus und animierte Max Bill, sich nun seinerseits öffentlich zu äußern. Anfang Mai erschien in der *Deutschen Studentenzeitung* ein boshafter Artikel über die HfG mit zahlreichen internen Informationen, die so nur von Bill stammen konnten. Darin wurde Otl Aicher als „Scholl-Gatte, der mit dem wachsenden Ruf der Hochschule emporgeschwommen war" dargestellt, Tomás Maldonado trat als „Hidalgo mit indianischem Einschlag" und mangelhaften Deutschkenntnissen in Erscheinung.[244]

Für Außenstehende war das Geschehen nicht nachzuvollziehen. „der berichter hat vergeblich versucht, sich ein genaues, schlüssiges bild zu machen, worin eigentlich die krise bestand", schrieb der Journalist Bernd Rübenach.[245] „flugblätter, proteste, memoranden, resolutionen, versammlungen, dementis, aussprachen, diskussionen – ein hin und her, wochenlang. Aber das waren noch loyale wege. es gab innerhalb der studentenschaft kräche bis aufs messer, bierflaschen flogen an ein lagerfeuer, an dem bill braten briet, wasser wurde an der bar ‚tomisten' ins gesicht gekippt; ohrfeigen gab's."

Noch immer machte Bill sich Hoffnungen auf eine Rückkehr an die HfG. „ich kann ihnen heute jedoch sagen, dass die füße, auf denen die andern noch stehen, schwächer und schwächer werden", schrieb er Ende Mai 1957 an Walter Gropius.[246]

In Wahrheit war die Gruppe der überzeugten „Billisten" nicht so groß. Viele Studenten sorgten sich vor allem um die Qualität des Unterrichts. Wer von den Gastdozenten würde bleiben, wenn Max Bill und seine Anhänger die Schule verließen? Würde etwa Max Bense ausharren, der sich doch so ausdrücklich für den Verbleib Bills an der Schule eingesetzt hatte?

Unterdessen betrieb der Studentenvertreter Walter Schaer unverdrossen die Sache Max Bills. In einem neuerlichen Aushang am Schwarzen Brett forderte er den Rücktritt des Rektoratskollegiums, eine neue Hochschulverfassung und die Verstaatlichung der HfG.[247]

Nun endlich entschloss sich die Hochschulleitung, dem Spuk ein Ende zu bereiten. Die Studenten wurden schriftlich über ihre weiteren Pläne befragt, Mitte Juni musste sich jeder Einzelne entscheiden, ob er lieber weiter an der Hochschule oder bei Max Bill studieren wollte. Von den rund 80 Studenten, die in dieser Zeit an der HfG studierten, folgten nur acht Max Bill nach Zürich, um in seinem dortigen Atelier das Studium fortzusetzen. Andere verließen die Hochschule ganz.

Vorher gab es aber noch eine Abschiedsparty. In deren Verlauf forderten die Studenten Bill auf, sein Kunstwerk – das Hochschulgebäude – zu signieren. „Er machte das in der Eingangshalle neben dem Fenster“, erinnerte sich Monika Buch. „Die Unterschrift und das Datum wurden nachher von Bertus Mulder und Edgar Decurtins ausgemeißelt. So kam die Schule zur Unterschrift von Bill.“[248]

Maldonado übernimmt

Mit dem neuen Studienjahr kamen neue Studenten. Sie wussten nichts von den dramatischen Ereignissen, die sich wenige Wochen zuvor auf dem Kuhberg abgespielt hatten. Ahnungslos fotografierte Karl-Achim Czemper einen Bentley mit Zürcher Nummer auf dem Parkplatz – „von vorne, von hinten, von der Seite, auf dem Bauch liegend, von oben von der Terrasse herab (die Aufgabe im Fotokurs lautete, einen Gegenstand von allen Seiten zu fotografieren)" – und wurde dann gefragt, ob er denn nicht wisse, wem der Wagen gehöre. „Ich wusste es nicht und erschrak, als ich es erfuhr: hatte ich mich jetzt als Bill-Anhänger geoutet?"[249]

Das Thema Max Bill war tabu an der HfG. Die Beteiligten waren froh, der bedrückenden Atmosphäre des Gegeneinanders entkommen zu sein, – und waren sich doch klar darüber, dass mit Bills Ausscheiden an der HfG eine wichtige Epoche zuende gegangen war. Nun galt es, die Lücke zu füllen, die er hinterlassen hatte, inhaltlich wie personell.

Ein wichtiger Anstoß kam dabei von Inge Aicher-Scholl. Ende Mai war sie von ihrer fünfwöchigen USA-Reise zurückgekehrt. Sie hatte viele alte Bekannte wiedergetroffen – darunter Walter Gropius, Josef Albers, John McCloy, Herbert Read, das Ehepaar Zuckmayer, Charles und Ray Eames – und neue Kontakte geknüpft, hatte Vorträge über die HfG gehalten und war wegen ihrer persönlichen und der Geschichte ihrer Geschwister gewürdigt worden. Unter anderem wurde sie von Eleanor Roosevelt zum Tee eingeladen und hielt einen Vortrag über die deutsche Jugend vor Lesern der Zeitung *Aufbau* in New York. Doch war keine der amerikanischen Stiftungen bereit, Geld für weitere Bauten der Ulmer Hochschule und ins „wirtschaftlich hochgeblühte Westdeutschland" zu geben.[250]

Dafür tat sich eine andere Möglichkeit auf: Aicher-Scholls alter Weggefährte Shepard Stone leitete inzwischen die Ford-Stiftung. Mit ihm sprach sie über ihren Besuch an der Princeton University.

Dort gab es ein *Perception Demonstrations Center*, ein Forschungslabor im Bereich der Wahrnehmungslehre. Aicher-Scholl war von dieser Einrichtung begeistert und dachte darüber nach, etwas Ähnliches in Ulm einzurichten. Stone stellte ihr die Förderung für eine Anlaufzeit von drei bis fünf Jahren in Aussicht. Ein verlockendes Angebot. Aber war es dazu geeignet, die bestehenden Schwierigkeiten zu lösen? Die Löcher im Etat durfte man mit diesem Geld jedenfalls nicht stopfen, und auch für den ersehnten Neubau weiterer Dozentenwohnungen und Studentenzimmer war es nicht vorgesehen.

In diesem Sommer 1957 hatte die HfG, den internen Schwierigkeiten zum Trotz, eine Reihe von Erfolgen zu verzeichnen: In Berlin war die Internationale Bauausstellung eröffnet worden. Dort hatte Hans Gugelot mit seinen Studenten zwei Musterwohnungen eingerichtet, unter anderem mit dem von ihm entwickelten Möbelsystem *M 125* und dem avantgardistischen Radiogerät *SK 4*. Und die Triennale in Mailand zeichnete acht Produkte mit dem Grand-Prix aus, die Gugelot und Aicher für die Firma Braun gestaltet hatten.

Nun traf sich das Rektoratskollegium, um die Schule und auch sich selbst noch einmal neu zu erfinden. Federführend waren dabei Tomás Maldonado und Otl Aicher.

Die enge Verzahnung von Unterricht und Entwicklungsarbeiten hatte sich mit der wachsenden Studentenzahl als problematisch erwiesen. Die Mitglieder der ersten Studentengenerationen hatten eng mit den Dozenten zusammengearbeitet und dabei vielerlei Erfahrungen gesammelt. Sie waren mit ihrer Diplomarbeit jetzt fertig und sollten die HfG verlassen. Doch gerade Hans Gugelot und Otl Aicher wollten auf diese erfahrenen Mitarbeiter nicht verzichten: Sie ließen sich ja nicht einfach durch die Studenten ersetzen, die nach dem Grundlehrejahr auf die Abteilungen verteilt wurden. Ein weiteres Problem war die Geheimhaltung – in einer Schule, in der die Türen für viele Leute offen standen, konnte man nicht für die Industrie arbeiten. Wenn die HfG also weiterhin entsprechende

Aufträge annehmen wollte, bedurfte es einer Trennung zwischen der Entwicklungsarbeit und dem Unterricht.

In ihrer Juli-Sitzung beschlossen die Mitglieder des Rektoratskollegiums deshalb eine neue Struktur für die HfG. Aufträge von außerhalb sollten von nun an auf drei verschiedene Institute verteilt und dort bearbeitet werden. Fest angestellte Mitarbeiter, darunter eine Reihe von HfG-Absolventen, konnten die Arbeit der Dozenten unterstützen. Das Institut für Produktgestaltung gab es ja bereits in den frühen Hochschulprogrammen. Nun wurde es aus seinem Dornröschenschlaf erweckt und die Arbeiten ihm zugeordnet, die im Bereich der Produktgestaltung entstanden. Die Arbeitsgruppen der Dozenten hießen fortan „Entwicklungsgruppen", wurden durchnummeriert – Gugelot etwa leitete die Entwicklungsgruppe 2, Zeischegg die Nummer 3. Falls aus Amerika tatsächlich das Geld dafür kommen sollte, würde es außerdem ein Institut für Kommunikation geben, zu dem Aichers Entwicklungsgruppe, die Nummer 5, gehören sollte. Ein drittes Institut sollte sich dem Industrialisierten Bauen widmen.

Wenige Tage nach der entscheidenden Sitzung des Rektoratskollegiums wandte sich Tomás Maldonado deshalb an Konrad Wachsmann. Er berichtete von den Plänen der neuen Schulleitung und bat ihn, den Aufbau einer Entwicklungsgruppe Bauen zu übernehmen.[251] Das lag nahe: Wachsmann war auch für das kommende Schuljahr als Dozent in der Bauabteilung vorgesehen. Er hatte sich seit Langem auf das Thema Industrialisierung im Bauen spezialisiert und Erfahrungen in der Zusammenarbeit mit der Industrie. Seine Reaktion auf Maldonados Angebot entsprach allerdings nicht dessen Erwartungen: Wachsmann sah die Gefahr, dass sich die HfG mit ihren vielerlei verschiedenen Projekten verzettelte und warnte vor einem „Abenteuer, das sich sehr leicht zu einem äußerst störenden Element entwickeln kann". Besser sei es, die Architekturabteilung ganz aufzulösen, sie könne gut in die „allein lebensberechtigte Abteilung Produktform" integriert werden. Mit seinem Rat, sich nicht zu viel vorzunehmen, erregte er allerdings den Zorn der Kollegen. Es kam zu einer heftigen Auseinandersetzung, Wachsmann verließ die Schule.[252] Damit war die HfG nicht nur einen wohlwollenden Kritiker, sondern auch ihren Architekturdozenten für das zwei Wochen später beginnende Studienjahr los.

Nachdem Max Bill gegangen war, stellten die Studenten mit Recht die Frage, wie es mit der Schule weitergehen sollte. Zwar hatte sie ihren Ruf vor allem im Bereich der Produktgestaltung gefestigt. Ihr Erfolg stand und fiel aber mit den Dozenten, die sie zu engagieren vermochte und um derentwillen es sich lohnte, zum Studieren nach Ulm zu kommen. Bill und nun auch Wachsmann hinterließen Lücken. Beide waren international gut vernetzt und galten in ihren jeweiligen Fachbereichen als Kapazitäten. Es war nun in erster Linie an Tomás Maldonado, das HfG-eigene Netz weiter zu knüpfen und als eine Art Außenminister der Hochschule Verbindungen in alle Welt herzustellen und zu festigen.

In der ersten Julihälfte traf er sich in Stuttgart zu einer Aussprache mit Max Bense. Der brachte bei dieser Gelegenheit seinen alten Plan, den Schriftsteller Arno Schmidt an die HfG zu berufen, wieder zur Sprache. Von Stuttgart aus reiste Maldonado weiter nach London, wo er unter anderem den Typografen Anthony Frøshaug traf.

Frøshaug hatte an der *Central School of Arts&Crafts* in London studiert und eine Zeit lang mit dem deutsch-jüdischen Schriftsteller Wolfgang Hildesheimer ein Zimmer geteilt.[253] Ähnlich wie Otl Aicher hatte Frøshaug bereits 1946 Kontakt mit Max Bill aufgenommen, dessen typografische Arbeiten er schätzte. 1953 schrieb ihm Bill von der Ulmer Schule und den Plänen, dort eine Typografiewerkstatt einzurichten.[254] Aus Geldmangel war dieses Projekt zunächst zurückgestellt worden. Nun sollte es mit Frøshaugs Hilfe in Angriff genommen werden. Bereits im August 1957 kam Frøshaug nach Deutschland, um zunächst einmal die Sprache zu lernen.

Im gleichen Monat nahm Otl Aicher Kontakt zu dem Schweizer Fotografen Christian Staub auf. Staub hatte Ende der 1930er Jahre sein heimatliches Dorf verlassen, um in Paris Kunst zu studieren, unter anderem bei Fernand Leger und André Lhote.[255] „Dann kam die große europäische Katastrophe. Der deutsche Führer überrannte Frankreich, und ich fuhr wieder in die Schweiz. Ich dachte, das sei das Ende der Welt." Da er einen Brotberuf brauchte, studierte Staub in der Folge Fotografie bei Hans Finsler an der Zürcher Kunstgewerbeschule und arbeitete danach freiberuflich für Zeitschriften und als Werbefotograf. Auch in seinem Fall stammte der erste Kontakt noch aus den Zeiten von Bill: Der hatte ihn bereits im Jahr zuvor gefragt, ob er an einer Mitarbeit in Ulm interessiert sei.[256]

Zurück in Ulm, wandte sich Maldonado sogleich wieder an Arno Schmidt. Im September 1957 schrieb er voller Euphorie an Bense, dass er mit Schmidt für die Bereiche Publizistik und Literatur in Verhandlungen stehe: „In den nächsten Tagen reise ich nach Darmstadt – die definitive Entscheidung fällt erst dann. Wir machen eine tolle Informationsabteilung!"[257]

Zum neuen Lehrpersonal, das in diesem Herbst die Hochschule bevölkerte, gehörten auch die Ingenieure Johannes Schön und Siegfried Haenle sowie der Zürcher Arbeitsphysiologe Bruno Horisberger. Ihr Unterricht beschränkte sich auf wenige Wochenstunden, ihre Fächer aber waren von nun an ein wichtiger und prägender Bestandteil der Ausbildung an der HfG. Die zukünftigen Gestalter befassten sich mit Werkstoffkunde und technischer Formgebung, mit angewandter Physiologie, und erhielten eine Einführung in das Konstruieren. Denn in der praktischen Arbeit der vergangenen Jahre hatte sich gezeigt, dass solche Kenntnisse wichtig waren – einmal für das eigene Tun, aber auch für die Zusammenarbeit mit Technikern und Ingenieuren, die nicht immer so unkompliziert verlief wie diejenige mit der Firma Braun. Die wenigsten Zeitgenossen konnten sich unter einem Designer etwas vorstellen, und wenn doch, sahen sie in ihm eine Art Künstler, der sich mit dem überflüssigen Anspruch in die Arbeit der Techniker einmischte, die Produkte nun auch noch „schön" machen zu wollen. Um in diesem Umfeld als Gestalter zu bestehen, bedurfte es zumindest eines soliden Halbwissens auf allen Gebieten, die mit der technischen Produktion zu tun hatten.

„Man kann überspitzt sagen, die ‚Ulmer Erfahrungen' waren in der Industriepraxis direkt nur anwendbar, wenn man auf gutwillige Konstrukteure, Ingenieure oder Manager traf", erinnerte sich Helmut Müller-Kühn.[258] Und Herbert Lindinger schrieb über Hans Gugelots Arbeitsweise: „Er baute sich nach und nach ein eigenständiges Konstruktionsteam auf, um nicht ständig an dem ‚das geht doch nicht' der Konstrukteure mit seinen Plänen zu scheitern, denn seine Formen waren im wesentlichen durch ihre neue innere Struktur bestimmt."[259] Diese Erkenntnis schlug sich auch auf die Auswahl der neuen Studenten nieder: Wer etwa als Abiturient direkt von der Schule kam, hatte wenig Chancen auf einen Studienplatz an der HfG. Gefragt waren vor allem Studienwillige, die eine praktische Lehre gemacht oder bereits einige Semester an einer anderen Hochschule studiert hatten, vorzugsweise im technischen Bereich.

In der Informationsabteilung nahm im Herbst der Journalist Gert Kalow seine Arbeit auf. Er war für die praktische Ausbildung der Informationsstudenten zuständig. Voller Enthusiasmus sandte er im September 1957 einen Arbeitsplan für das 1. Quartal an Maldonado.[260] Darin spielten Schreibübungen eine Rolle, aber auch Fragen wie „Wie wird man Publizist" und die Beschäftigung mit Organisationsstrukturen von Rundfunk, Presse und Verlagswesen.

Gert Kalow war 1947 aus der französischen Kriegsgefangenschaft nach Heidelberg gekommen. Obwohl er gerade erst 18 Jahre alt war, als der Krieg begann, fühlte er sich – wie viele seiner Generation – mitschuldig an der Katastrophe: „Hitler erschien vielen wie ein Heiland, weil er das zu besitzen versprach, was allen fehlte. (…) Wie gerne haben wir mitgespielt!"[261]

Kalow studierte Philosophie bei Karl Jaspers, Soziologie bei Alfred Weber sowie Musikwissenschaft und Germanistik.[262] Seit Mitte der 1950er Jahre machte er sich einen Namen als freier Publizist: Er schrieb für das Feuilleton der *Frankfurter Allgemeinen Zeitung* und anderer Blätter, war Mitarbeiter verschiedener Rundfunksender und publizierte in den *Frankfurter Heften* und Alfred Andersch' Zeitschrift *Texte und Zeichen*.

Außergewöhnlich war die Rolle, die Kalow im Heidelberger Kulturleben spielte: 1956 hatte er die Wohnung des Architekten Rudolf Steinbach im Alten Brückentor übernommen und führte seitdem dessen „offenes Haus" fort. Regelmäßig und zu allen Tag- und Nachtzeiten trafen sich dort Professoren, Studenten und Intellektuelle, darunter Karl Jaspers, Ernst Bloch, Jürgen Habermas, Hilde Domin, Heinrich Böll und Hans-Magnus Enzensberger, Reinhart Koselleck und Alexander Mitscherlich, Iring Fetscher und Erich Fried.[263] Diese Verbindungen wie auch den in Heidelberg gepflegten Geist brachte Kalow nun in das Umfeld der Ulmer Hochschule mit.

Schon in ihrer Gründungsphase hatte die HfG immer auch im Fokus der Presse gestanden. Ganz im Sinne einer „wertfreien" Information über die eigenen Ideen und Ziele und deren Ergebnisse hatten ihre Mitglieder die Möglichkeiten der Public Relations stets ausführlich genutzt. Während der vergangenen Krise hatte Max Bill mithilfe der *Studentenzeitung* in der Öffentlichkeit allerdings Stimmung für seine Sache gemacht. Auch Journalisten anderer Medien interessierten sich immer wieder und aus sehr unterschiedlichen Motiven für die Schule, die sich zwar inzwischen einen guten Ruf im Bereich des Design erarbeitet hatte, aber auch nach wie vor ein Symbol für die Überwindung des Faschismus und – in Bezug auf das Bauhaus – für das Anknüpfen an den Idealen der Vorkriegszeit war. Wie würde sie ohne ihren *spiritus rector* Max Bill diese Ideen weiterverfolgen können?

Dafür interessierte sich Helmut Heißenbüttel, Journalist und Mitglied der *Gruppe 47*. Eine Woche bevor das erste Studienjahr ohne Max Bill im Oktober 1957 begann, strahlte der *Süddeutsche Rundfunk* sein einstündiges Essay mit dem Titel „Die Zukunft des Bauhausgedankens" aus. Die Ulmer *Schwäbische Donauzeitung* druckte eine Zusammenfassung ab und bat die Hochschulleitung um eine Darstellung der eigenen Position.[264]

„Das Hauptproblem der Schule ist zur Zeit ein Organisatorisches“, erklärte Heißenbüttel. „Dies wird zwar, nachdem Bill die Schule endgültig verlassen hat, gefühlt, aber nicht eingesehen. Stattdessen wird eine Art Additionspolitik betrieben. Immer Neues wird herangezogen. Man hat den Eindruck von einem Bauwerk, nach dessen Fertigstellung sich gewisse Mängel bemerkbar machen und an das man nun, um die Mängel zu verbergen, Erkerchen um Erkerchen ansetzt.“

In seiner Erwiderung bedauerte Tomás Maldonado die Distanz, die Heißenbüttel zum Ort des Geschehens gewahrt und die eine „fruchtbare Diskussion“ verhindert habe. Hätte sich Heißenbüttel genauer informiert, so wäre „das Bild von der HfG als einer sterilen Statue aus Nichts ersetzt worden durch die Berührung mit der Realität, in der ein lebendiges Laboratorium steht mit einer Gruppe von Menschen aus verschiedenen Ländern, die versuchen, eine neue pädagogische Auffassung ohne Vorurteile und Dogmen zu erarbeiten.“

Während Hans Gugelot, Walter Zeischegg und Otl Aicher neue Wege des Entwerfens vor allem in der praktischen Anwendung erprobten, begann Maldonado nun, der Schule ein neues theoretisches Profil zu geben. Dabei grenzte er sich klar von Max Bill ab. „Vom Kaffeelöffel bis zur Stadt: einverstanden, aber ohne der Befangenheit des einheitlich gezimmerten Gesamtbildes der Wirklichkeit zu verfallen“, erklärte er in seiner Rede zur Eröffnung des neuen Studienjahres 1956/57.[265] An der HfG sollten keine Rezepte ausgegeben werden, die Studenten aber auch nicht auf sich selbst gestellt nach eigenen Wegen suchen: „Wir wollen uns bemühen, Menschen heranzubilden zu einem alle Faktoren einbeziehenden Denken, zu einem Wissen für das Tun und zu einem klaren Bewusstsein ihrer sozialen Aufgabe, – Menschen, die eine Demystifikation unserer gegenständlichen und kommunikativen Welt verwirklichen können.“

Die praktische Umsetzung dieser neuen Linie folgte dem in solchen Fällen unerlässlichen Prinzip von Versuch und Irrtum. Dabei sorgten die unklare Rollenverteilung und Unsicherheiten über die

Entscheidungsbefugnisse innerhalb des HfG-Gefüges immer wieder für Konflikte – erstaunlich an einer Hochschule, die soviel Wert auf eine distanzierte Problembewältigung und Objektivität legte.

Erich Franzen etwa war einerseits Fachdozent für Soziologie und Sozialpsychologie und wurde auch nur in dieser Funktion bezahlt, andererseits baten ihn die Beteiligten immer wieder zu Sitzungen, in denen es darum ging, die große Linie der Schule zu bestimmen – ohne ihm auch nur die Erstattung der Fahrtkosten anzubieten. Als er sich bei Inge Aicher-Scholl über eine fehlende „Koordinierung der Lehrprogramme der Abteilungen" beklagte, setzte sie ihm entgegen, dass die Stiftung – und damit sie als Stiftungsratsvorsitzende – nicht für Unterrichtsinhalte zuständig sei.[266] Das war vielleicht eine sachlich richtige Antwort, löste aber nicht das Problem: Franzen beschwerte sich zu Recht darüber, dass er unentgeltlich konzeptionelle Arbeit leisten sollte, ohne mit einem entsprechenden Status ausgestattet zu sein. Denn auf die Entscheidungen, die das Rektoratskollegium fällte, hatte er keinen Einfluss.

In den Anfängen der Schule hatte Inge Aicher-Scholl sich sehr wohl auch mit Inhalten auseinandergesetzt. Dabei hatte ihr Hauptinteresse auf jenen Gebieten gelegen, die durch Bills Engagement an Bedeutung verloren hatten – der Politik und den Gesellschaftswissenschaften. In der Volkshochschule, die sie nach wie vor leitete, war sie für das Programm verantwortlich und gestaltete es auch sehr erfolgreich in ihrem Sinn. Im Organisationsgefüge der HfG aber war sie seit Januar 1950 – seit der Zusage des Millionen-Schecks durch die Amerikaner – immer weiter in die Rolle der Geldbeschafferin geraten. Daraus war inzwischen eine Dauertätigkeit geworden, deren Ende nicht abzusehen war. Das Ergebnis ihrer Amerikareise hatte außer einem neuen Projekt – der Forschungsstelle für optische Wahrnehmung – kaum etwas gebracht. Der weitere Ausbau der Schule stand weiterhin in den Sternen.

„Ich muss unbedingt und unter allen Umständen in den nächsten zwei Monaten die fehlenden Mittel aufbringen, die sich aus der Kürzung des Landeszuschusses und der verstärkten Dozentenzahl ergeben haben", schrieb Inge Aicher-Scholl im November 1957 an ihren langjährigen Rechtsberater und Vertrauten Hellmut Becker.[267] „Es handelt sich um einige über 30 000,– Mark. Wir sind mitten in einer intensiven Spendenaktion und dürfen hoffen, dass wir die Mittel zusammenbringen. Schließlich haben wir schon schwierigere Situationen gemeistert."

Das klingt tough und routiniert, fast schon unbekümmert – oder wie ein Pfeifen im Wald. Nach sieben Jahren unermüdlichen Einsatzes für die Schule sehnte sich Aicher-Scholl nach Entlastung. Hellmut Becker stellte deshalb einen Kontakt zu dem Industriellen Thorwald Risler her, den er über das gemeinsame Engagement für die Schule auf Schloss Salem und das reformpädagogische Internat *Birklehof* im Schwarzwald kannte. Risler hatte nach dem Krieg den elterlichen Betrieb, die *Süddeutschen Isolatorenwerke* in Freiburg wieder aufgebaut. Auf Beckers Empfehlung hin lud Inge Aicher-Scholl ihn im Januar 1958 zu einem Besuch an die HfG ein.[268] All ihre Bemühungen, eine solide finanzielle Grundlage für die Hochschule zu schaffen, waren Stückwerk geblieben. Nun wollte sie diese große Verantwortung abgeben.

Auch Friedrich Vordemberge-Gildewart war nicht glücklich über die Richtung, die die HfG in dieser Zeit nahm. Allerdings befand er sich in einer ungleich komfortableren Situation als Erich Franzen: Er war fest bei der Stiftung angestellt und als Mitglied des Rektoratskollegiums zumindest scheinbar in der Lage, Einfluss zu üben. Doch war er vom Alter her – er war zu dieser Zeit 58 Jahre alt –, vor allem aber wegen seiner Herkunft aus dem Kreis des *De Stijl* und der konkreten Maler eher ein Fremder an der HfG.

„gleich zu beginn des neuen studienjahres schnitt maldonado die frage ‚kunst' an, und zwar in verbindung mit der geplanten berufung von arno schmidt. meine reaktion war, dass ich mich freue, nun endlich mal dieses problem als positiv gehört zu haben. ich forderte jedoch die ‚kunst' nicht nur in verbindung mit dem ‚wort' sondern auch in verbindung mit der farbe und der plastik, also auch in der optik!", schrieb Vordemberge im November 1957.[269]

Wahrscheinlich hatte er gehofft, nach Bills Ausscheiden und als Mitglied des Rektoratskollegiums mehr Einfluss auf die Linie der Hochschule gewinnen zu können. Darin sah er sich nun getäuscht: „es heißt immer wieder, dass der vorsitzende des rektoratskollegiums eine art geschäftsführer dieses kollegiums ist. das letzte jahr und vor allem die monate des neuen studienjahres haben vielmehr den eindruck gemacht, einen rektor zu haben. (...) und wo steht geschrieben, dass nur maldonado die feder führen kann?“[270]

Friedrich Vordemberge-Gildewart fühlte sich übergangen. Weder war er mit der Tatsache einverstanden, dass Tomás Maldonado mit seinen theoretischen Äußerungen in immer größerem Maße das Profil der Schule bestimmte, noch hieß er dieses Profil, die Personalpolitik oder den Umgang mit den Studenten gut.*

Anfang Januar 1958 sagte Erich Franzen seine weitere Mitarbeit an der HfG für das laufende Quartal ab. In einem Brief an Inge Aicher-Scholl übte er heftige Kritik an der Hochschule. Ihr fehle „eine geistige Leistung, die der organisatorischen Kleinarbeit einen Sinn geben und die Idee des Ganzen gegenüber der Öffentlichkeit und den Studenten repräsentieren könnte.“[271]

Die Verträge mit den Gastdozenten liefen jeweils über ein Quartal. Die Verhandlungen mit Franzen hatten sich wegen der zunehmenden Differenzen hingezogen. Nun wollte er seinen Vertrag nicht verlängern. Von einem Tag auf den anderen stand die Schule ohne Soziologiedozenten da. Am 13. Januar reiste Otl Aicher deshalb nach Dortmund zu Hanno Kesting. Kesting hatte in Heidelberg Soziologie, Geschichte und Philosophie studiert und war einer der regelmäßigen Besucher bei Gert Kalow im Heidelberger Alten Brückentor. Bereits ein paar Wochen zuvor hatte die HfG Kesting auf Kalows Empfehlung hin zu einem Vortrag eingeladen. Jetzt bot man ihm eine Dozentenstelle an.

Ende Januar hielt Kesting, zunächst noch als Gastdozent, erste

---

** Vordemberges Frustration über die neue Richtung der Hochschule muss bereits länger bestanden haben. In seiner Akte findet sich ein Kündigungsschreiben vom 26. 9. 1957, dem allerdings keine weiteren Konsequenzen folgten.*

Vorlesungen und Übungen über soziologische Themen. Nachdem er verschiedene Empfehlungen vorgelegt hatte – unter anderem von Alfred Weber, bei dem er in Heidelberg studiert hatte –, sandte ihm der Verwaltungsdirektor der Geschwister-Scholl-Stiftung am 24. Februar einen Dienstvertrag zu, in dem sich Kesting verpflichtete, Unterricht in Soziologie und verwandten Gebieten zu erteilen sowie weitere Aufgaben innerhalb der Hochschule nach Absprache zu übernehmen.[272] Otto Pfleiderer, Präsident der Landeszentralbank Baden-Württemberg und stellvertretender Verwaltungsratsvorsitzender der GSS, äußerte sich zwar verwundert, zeigte sich dann aber doch bereit, sich für Kesting auszusprechen: „Wenn es vom Etat her möglich erscheint, für das den eigentlichen Aufgaben der Hochschule etwas fernliegende, aber überaus wichtige Gebiet der Soziologie einen eigenen Dozenten zu berufen, könnte ich mir denken, dass Herr Dr. Kesting ein sehr geeigneter Kandidat wäre", schrieb er im März 1958 – da war Kestings Vertrag bereits unterschrieben – an Inge Aicher-Scholl.

Damit hatte die HfG also wieder einen Soziologen, und zwar einen hauptamtlichen, der bei der Gestaltung der Lehrpläne mitarbeiten konnte und auch dafür bezahlt wurde. Das war auch deshalb ungewöhnlich, weil die Soziologie in der Mitte des 20. Jahrhunderts noch eine junge Wissenschaft war und es auch an anderen Hochschulen nur sehr wenige Lehrstühle gab.

Wer aber war dieser Hanno Kesting? Welche soziologische Richtung vertrat er, was machte ihn für die HfG geeignet, abgesehen von der durch Erich Franzen ausgelösten Notlage? Immerhin hatte Kesting sein Studium bei Alfred Weber, dem Bruder Max Webers begonnen, war dann allerdings bald unter den Einfluss Carl Schmitts geraten. Schmitt hatte sich als Staatsrechtler für den NS-Staat engagiert und 1945 deshalb seine Professur an der Berliner Universität verloren. In der Nachkriegszeit unterrichtete er dennoch zahlreiche Schüler nicht nur im juristischen Bereich, die sich auf seine Arbeiten beriefen.[273] „Kesting und ich gehörten in Heidelberg zu dem weitgespannten Netz an Vertrauenspersonen, das Carl Schmitt unermüdlich knüpfte, um seiner Interpretation der deutschen Geschichte Geltung zu verschaffen", erinnerte sich einer von Kestings Freunden, der Schriftsteller Nikolaus Sombart. „Er war ein deutschnationaler Patriot, der nie resigniert hat. (…) Die Zeit, in der Carl Schmitt in Heidelberg die Rolle einer grauen Eminenz der akademischen Jugend spielte, war die Zeit, in der er seinem Tagebuch die rachedürstigen Aufzeichnungen anvertraute, die nach seinem Tode, vierzig Jahre danach, als Glossarium einem erstaunten und indignierten Publikum zur Kenntnis gebracht wurden."[274]

Nach seiner Promotion arbeitete Kesting an der Sozialforschungsstelle der Universität Münster in Dortmund. Diese Institution ist insofern interessant, als sie in ihrer Gründungsgeschichte und Thematik gewisse Parallelen zu dem Ulmer Projekt aufwies. Sie wurde im April 1946 mit der Aufgabe gegründet, das „soziale Leben in Vergangenheit und Gegenwart" zu erforschen.[275] Anders als an der Ulmer HfG gab es dabei durchaus Kontinuitäten: So übernahmen die Dortmunder nicht nur Datenbestände der NS-Sozialforschung – etwa diejenigen der Forschungsstelle für das Volkstum im Ruhrgebiet[276] –, sondern boten auch einer Reihe von Forschern ein Betätigungsfeld, die wegen ihrer nationalsozialistischen Vergangenheit an den etablierten Universitäten nach 1945 nicht mehr Fuß fassen konnten.[277]

Das Programm der Sozialforschungsstelle war stark an der praktischen Verwertbarkeit von Forschungsergebnissen ausgerichtet; so beschäftigten sich die Mitarbeiter seit Beginn der 1950er Jahre unter anderem mit Studien zur betrieblichen Mitbestimmung, zur Automatisierung und Rationalisierung oder zur Mobilität. Finanziert wurde das Institut zu einem großen Teil aus Mitteln des Landes Nordrhein-Westfalen, aber auch mit Hilfe des Deutschen Gewerkschaftsbundes und verschiedener Unternehmen und Unternehmerverbände, zu denen pikanterweise auch die Wirtschaftsvereinigung der Eisen- und Stahlindustrie zählte.

In Ulm hielt Kesting nun Vorlesungen und Seminare über die Soziologie der Industriegesellschaft.[278] Gleichzeitig arbeitete er an seinem Buch über *Geschichtsphilosophie und Weltbürgerkunde*. Eine genaue inhaltliche Untersuchung seines Ulmer Unterrichts steht noch aus. Die Umstände seiner Berufung lassen allerdings vermuten, dass sich niemand an der HfG wirklich mit seiner Haltung und seinen Thesen auseinandersetzte – egal, ob diese nun den Zielen und dem Geist der Schule entsprachen oder nicht.

Oder gab es doch einen, der nicht einverstanden war?

Am 14. März 1958 traf sich Tomás Maldonado mit Max Bense, um mit ihm über dessen weitere Mitarbeit zu verhandeln. Bense stellte verschiedene Bedingungen. Obwohl ausgemacht war, dass die Schulleitung darauf antworten und bis dahin von beiden Seiten Stillschweigen bewahrt werden sollte, gab Bense bereits tags darauf eine Erklärung an die *Schwäbische Donauzeitung,* die daraufhin meldete: „Prof. Max Bense und Dr. Elisabeth Walther von der Technischen Hochschule Stuttgart scheiden vertragsgemäß aus der Hochschule für Gestaltung in Ulm aus. Ihre Rückkehr ist abhängig von einer gewissen Neustrukturierung der Hochschulverhältnisse in Ulm, die eine hochschulmäßige Arbeit ermöglichen."

Genau an diesem Tag traf auch eine endgültige Absage von Arno Schmidt an der HfG ein.[279] Ist es nicht wahrscheinlich, dass die beiden Ereignisse miteinander zusammenhingen?

Mit Benses jähem Ausscheiden sah sich die HfG nun vor das nächste dringende Personalproblem gestellt: Wer sollte ihn ersetzen? Bis zu den Osterferien waren es noch zwei Wochen, Mitte April begann das neue Quartal. Wer sollte dann das umfangreiche, von Benses geistsprühender Persönlichkeit geprägte Programm in so höchst anspruchsvollen Fächern wie Informationstheorie, Methodologie und Philosophie ausfüllen? Wie den Studenten erklären, dass dieser ganze Bereich mangels Personal zunächst einmal gestrichen werden musste?

Die rettende Anregung kam von Hanno Kesting: Er rief seinen früheren Kollegen Horst Rittel vom Institut für Sozialforschung in Dortmund an. Der erklärte sich bereit, „zunächst gastweise, später vielleicht auch als Festdozent" an die HfG zu kommen. In einer Aktennotiz an Maldonado schrieb Kesting, Rittel könne sowohl

Elisabeth Walther als auch Max Bense ersetzen.[280] Am 12. April reiste Horst Rittel an. Zwei Tage später übernahm er die ersten Unterrichtsverpflichtungen.

Wer aber war Horst Rittel? 1930 geboren, gehörte er der Generation an, die als Kinder stark von Jungvolk und Hitlerjugend geprägt waren, aber selbst nicht mehr die Gelegenheit gehabt hatten, im nationalsozialistischen Staat aktiv zu werden. Ihnen war, wie der im selben Jahr geborene Helmut Kohl später formulierte, die „Gnade der späten Geburt" zuteil geworden. Mit seinen 28 Jahren war Rittel im gleichen Alter wie manch einer der HfG-Studenten. Er hatte Mathematik und Physik studiert und danach in der Industrie gearbeitet, ehe er 1958 an die Sozialforschungsstelle wechselte. Es spricht für Rittels lebendigen Geist und scharfen Verstand, dass er sich, mit einer Vorbereitungszeit von nur wenigen Tagen, auf seine neue Aufgabe einstellte: „Er lernte schnell und verstand Design bald als ein Denkmuster, sah, was wir brauchten, und begann Methoden in den Lehrplan einzufügen, die direkten Einfluss auf den Entwurfsprozess hatten: Kombinatorik, Mathematische Operations-Analyse, Entscheidungstheorie, Systemtheorie, Kybernetik und Planungstheorie", erinnerte sich der HfG-Student Klaus Krippendorff.[281]

Damit konnte Rittel aber natürlich weder Max Bense noch Elisabeth Walther „ersetzen". Diese beiden hatten ein geisteswissenschaftliches Hintergrundgeräusch nach Ulm gebracht, dessen Wirkung nicht zu unterschätzen ist. Es war das Vergnügen an der geistigen Auseinandersetzung, die Fähigkeit, seine Gedanken in präzise Worte zu fassen und zu äußern, die sie ihren Studenten mit auf den weiteren Lebensweg gaben, die Beschäftigung mit der Philosophie. Margit Staber, die erste Studentin der Informationsabteilung, erinnerte sich gerade an diesen Aspekt von Benses Unterricht: „In einem 1948 publizierten kleinen Band von aphoristischem Zuschnitt lese ich beim Blättern diesen Satz: ‚Die Philosophie ist immanente Lust, zu denken.' Genau das hat er in Ulm, von zündendem Feuer getrieben, seinen Studenten ans wissbegierige Herz gelegt und in die angestrengten, kleinen grauen Zellen eingepflanzt."[282]

Akademikerschwemme

Mit Hanno Kesting und Horst Rittel waren zwei Dozenten auf Dauer an die HfG berufen worden, die die Geschichte der Hochschule nur vom Hörensagen kannten. Sie waren der Schule nicht auf die Weise verbunden wie ihre Kollegen, kannten weder die Entbehrungen der Anfangszeit noch die harten, persönlichen wie inhaltlichen Auseinandersetzungen mit Max Bill. Ihre Berufung war überstürzt erfolgt, aus der Erkenntnis heraus, dass es der Schule in pädagogischer Hinsicht nicht gut tun konnte, weiterhin von der Hand in den Mund zu leben. Sie hatten bereit gestanden, als Erich Franzen und Max Bense ausfielen und erhielten dafür nun eine langfristige Perspektive an der Ulmer Hochschule. Waren sie aber auch die Richtigen für diese Positionen? Was vertraten sie für Konzepte, welchen Ehrgeiz besaßen sie? Aus welchem Umfeld kamen sie und in wiefern waren sie tatsächlich geeignet, den Idealen der Ulmer Hochschule zu entsprechen?

Hat sich überhaupt jemand an der HfG ernsthaft mit diesen Fragen beschäftigt, bevor die beiden ihre Dienstverträge unterschrieben? Während jeder Student sich einer intensiven Beschäftigung mit dem berühmt-berüchtigten Fragebogen unterziehen und nach Möglichkeit persönlich vorsprechen musste, hat man den Eindruck, dass sich für die Qualitäten dieser beiden neuen Dozenten niemand wirklich interessierte. Es reichte, wenn sie kamen und den Unterricht mit dem entsprechenden Label übernahmen.

Im Februar 1958 beriet der Stuttgarter Landtag über die Frage, wie die Design-Ausbildung in Zukunft im Land Baden-Württemberg organisiert und finanziert werden solle: Bei den Abgeordneten des baden-württembergischen Landtags hatte sich inzwischen die Erkenntnis durchgesetzt, dass die Produktgestaltung für die wirtschaftliche Entwicklung auf Dauer eine wichtige Rolle spielen werde. Die HfG war als Ausbildungsstätte akzeptiert, ihre Förderungswürdigkeit stand außer Frage. Bei der Höhe der Zuschüsse allerdings kam in der Debatte die für diesen Landstrich typische Knauserigkeit zum Ausdruck. Warum sollte man viel Geld für etwas geben, von dem doch eigentlich andere – in diesem Fall die Industrie – profitierten? Ein Abgeordneter des *Gesamtdeutschen Blocks/Block der Heimatvertriebenen und Entrechteten* wies darauf hin, dass es ja vor allem im Interesse der Wirtschaft liege, Produktgestalter auszubilden, und man ihr „die Möglichkeit und auch den Anreiz“ geben solle, „das ihre für diese Hochschule für Formgestaltung zu tun“.[283] Das Land brauche seine Zuschüsse deshalb nicht zu erhöhen.

Für die HfG war es dagegen wichtig, gerade jetzt weitere namhafte Dozenten zu engagieren: Nur so konnte sie ihren internationalen Ruf erhalten. Dafür allerdings brauchte man Geld. Der Ulmer Oberbürgermeister Theodor Pfizer war in dieser Zeit auch Verwaltungsratsvorsitzender der Geschwister-Scholl-Stiftung. Den ungewissen finanziellen Verhältnissen zum Trotz[284] regte er an, weitere Dozenten zu engagieren. Nach Hanno Kesting und Horst Rittel wurden deshalb der Produktgestalter Georg Leowald und der Fotograf Christian Staub berufen. Sie alle erhielten langfristige Verträge als Festdozenten der Hochschule und zogen nach Ulm auf den Kuhberg.*

Diese Investition in die Zukunft der Schule war auch deshalb möglich, weil Thorwald Risler sich von der Aufgabe herausfordern ließ, die Inge Aicher-Scholl ihm angetragen hatte. Bereits im Juli 1958 begann er mit seiner Arbeit für die Stiftung. Inge Aicher-Scholl berichtete an Roderich Graf Thun: „Er hat gute Verbindungen zur Industrie, vor allem zur Kunststoffbranche, kennt auch eine große Anzahl von Politikern. Ich habe den Eindruck, dass er ein Mensch von großer Kontaktfähigkeit ist und eine ganz wesentliche Seite in der Stiftung, die jetzt brach lag, aktivieren wird.“[285] Sie war glücklich, auf diese Weise ein großes Stück Verantwortung abgeben zu können. Sie blieb zwar Mitglied des Stiftungsvorstandes, dem neben ihr jetzt auch der Architekt Max Guther und eben Thorwald

---

* *Mit Ausnahme von Georg Leowald, der sein Architekturbüro in Düsseldorf beibehielt.*

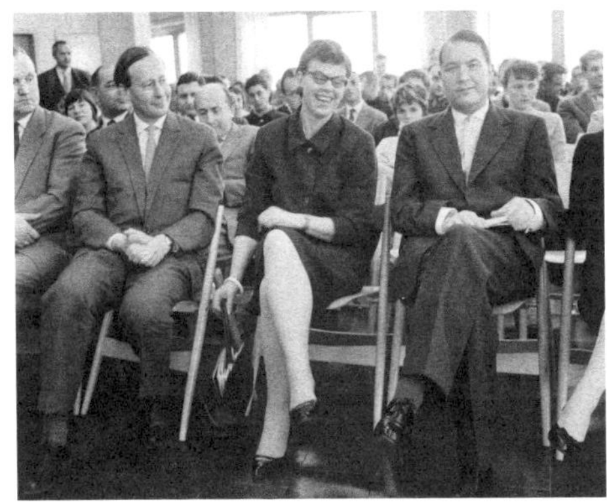

Feierstunde zur Einsetzung des neuen Stiftungsvorstandes, von links nach rechts: Max Guther, Inge Aicher-Scholl, Thorwald Risler. Aula der HfG, 1959. Foto: Wolfgang Siol

Risler als Vorsitzender angehörten, widmete sich in den nun kommenden Jahren aber vor allem ihrer wachsenden Familie und der Ulmer Volkshochschule.

1958 feierte die HfG ihr fünfjähriges Bestehen. Aus diesem Anlass entstand nach den Entwürfen von Anthony Frøshaug eine Ausstellung, die im Juni 1958 in der Mensa gezeigt wurde.[286] Texte und Abbildungen waren hier gemäß dem Ideal einer möglichst neutralen, „objektiven" Information zueinander in Beziehung gesetzt und teilweise großzügig auf der vorhandenen Fläche verteilt. Auch im Bereich der Sachfotografie hatte die HfG eine ganz eigene, eben diesem Ideal einer reinen, möglichst störungsfreien Information geschuldete Ästhetik entwickelt.[287] Die Objekte wurden fast schattenlos vor einem neutralen Hintergrund fotografiert. Menschen, die diese Dinge benutzten oder auch nur in einer Beziehung zu ihnen standen, waren selten auf den Fotografien zu sehen.

Die Formulierung der Ausstellungstexte übernahmen Mitglieder der Informationsabteilung. Auch hier standen die Aussagen fest gefügt nebeneinander, zurückhaltend bis spärlich in ihrem Gehalt, ohne Erklärungen, ohne Hintergrundinformationen. Das Dargestellte hatte keine Geschichte, sondern war einfach nur da; es erhob den Anspruch auf Zeitlosigkeit und Perfektion.

Bei den meisten Besuchern führte das zu einer gewissen Ratlosigkeit: Sollte so die zukünftige, von Designern gestaltete Umwelt aussehen, in der sie nach Vorstellung der HfG-Angehörigen zu leben hatten? Wie sollten sie diese Leere aushalten?

Für die Hochschule selbst und ihre Mitglieder war die Ausstellung vom Juni 1958 zugleich Rückschau auf das bisher Erreichte wie auch Verheißung auf das Kommende. Aus der Vielzahl der vorgestellten Projekte sollen hier zwei beispielhaft erwähnt werden: Der Student Hans Roericht hatte bei Hans Gugelot im vergangenen – seinem dritten – Studienjahr ein Schreibgerät entworfen. Mit der Unterstützung von Gui Bonsiepe aus der Informationsabteilung hatte er dafür ein Vorgehen entwickelt und systematisch dargestellt, das nun als exemplarisch für die Entwurfsarbeit an der HfG gezeigt wurde. Eine gründliche Funktionsanalyse, die Untersuchung vorhandener Geräte, die präzisierte Aufgabenstellung und ein Entwicklungsplan gingen dem eigentlichen Entwurf voraus. In der September-Ausgabe der italienischen Zeitschrfit *stile industria* veröffentlichte Bonsiepe die Ergebnisse dieser Studie.[288]

Ebenfalls auf der Ausstellung präsentiert wurde das Schema eines Rundfunkprogramms. Bernhard Rübenach, Redakteur beim *Südwest-Rundfunk,* hatte es mit den Studenten der Informationsabteilung in diesem Jahr erarbeitet. Auch hier zeigten sich die Stärken der HfG-Systematik: Die Studenten entwickelten das Profil von zwei Radioprogrammen und stellten die Schemata in einer Informationsgrafik auf einer der Tafeln dar. Neben der Fähigkeit zum systematischen Vorgehen und zur Visualisierung von Konzepten drückte sich hier auch das gesellschaftliche Sendungsbewusstsein aus, das das Wesen der Hochschule bestimmte: An den Wochentagen war zwischen 14:30 und 15:30 Uhr jeweils eine Sendepause eingeplant – Den Hörern wurde eine Stunde Stille zugemutet, ein „einschnitt, um einen möglichen passiven sendungskonsum zu unterbrechen".[289]

Das Studienjahr 1957/58 war für die HfG-Verantwortlichen ein Parforceritt gewesen. Bills Abgang von der Schule hatte ihnen nicht nur die Möglichkeit gebracht, selbst konzeptionell die Dinge in die

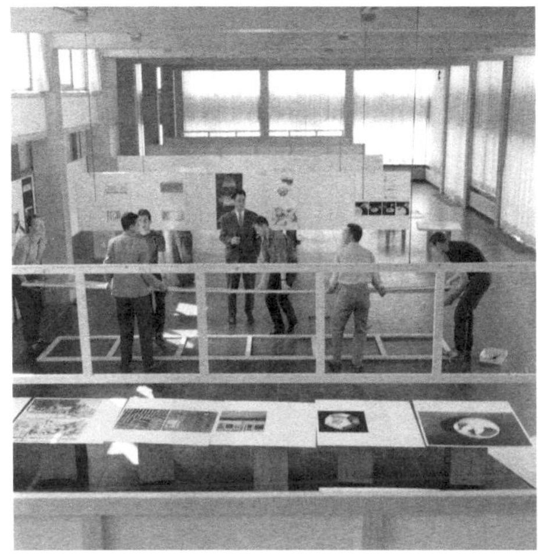

Aufbau der HfG-Ausstellung in der Mensa, Juni 1958. Foto: Claus Wille

Hand zu nehmen; er hatte auch zahlreiche ungeplante Änderungen mit sich gezogen – das Ausscheiden von Wachsmann, Franzen und Bense, die Ankunft neuer Gesichter auf dem Kuhberg, von Menschen höchst unterschiedlicher Herkunft und Persönlichkeit, die es in die Gemeinschaft auf dem Kuhberg zu integrieren galt.

Anfang 1958 war zudem ein engagierter Chronist auf den Kuhberg gekommen: Bernhard Rübenach richtete seinen Blick nicht auf die äußeren Querelen, sondern auf das Innere der Hochschule. In seinem Radio-Feature „Der rechte Winkel von Ulm" zeichnete er ein Bild von dieser Welt, wie sie sich ihm als zunächst Außenstehendem erschloss.*

Rübenachs erster Eindruck war Befremden: „der vw-bus hielt, der berichter war angekommen. er wurde in einen betonklirrenden arkadengang geführt. eine tür, stufen, eine zweite tür. grelles licht. der berichter stellt fest: ein rechteckiger raum. 7 × 3 meter, 3,50 meter hoch. weiß, zweistöckig. (…) die wände kalkweiß. die betondecke

---

* *Die Sendung* Der rechte Winkel von Ulm *wurde im Juni 1959 im Nachtstudio des* Südwestrundfunks Baden-Baden *in drei Teilen ausgestrahlt. 1987 erschien der Text in einer ungekürzten gedruckten Fassung.*

kalkweiß. eine weiße glasschale an der wand: die hauptleuchte." Rübenach war irritiert – von der Kargheit, den fehlenden Bildern, Blumen, Tapeten. Von der Stille. „isolation? gefängnis? wie lange dauert das?" fragte er sich. „architektur, die in ordnung bringt. die einsam macht. die zu ständigem anfang zwingt."[290]

Am nächsten Tag entdeckte er dann doch die ein oder andere Alltäglichkeit. Im Hof der nahegelegenen Festung sah er einen Reitclub trainieren, alte Männer waren in Schrebergärten beschäftigt.[291] In den kargen Hochschulräumen fielen ihm „bunte, schweifige glasascher" auf und in der Mensa ein „klotziger, edelgemaserter, brauner fernsehapparat, fremd wie ein ausstellungsstück im kitschmuseum".[292] Und hier in der Mensa, an der Kaffeebar, belebte sich am Morgen nach der Ankunft schnell das Bild, das Rübenach von der Hochschule zeichnete. „Das menschliche Zentrum, die Agora der Hochschule", nannte er die Bar. „wenn Sie an der kaffeebar auf beobachtungsposten gehen, werden Sie entdecken: es gibt nur junge menschen hier. auch die dozenten sind fast überraschend jung. es gibt deutlich erkennbare gruppen, voneinander unterschieden in kleidung, auftreten, gehabe, vokabular. da sind die blue-jeans und die groben pullover, ein bisschen unsicher und ungeschliffen noch, aber bemüht, und das neue, das fremde, die freiheit noch genießend, voll ideen – die studenten der grundlehre. dann kommen die grauen hosen, anthrazitfarbenen pullover, dunkelleuchtenden röcke, die apart getönten pullover und hemden, ein wenig exotisch, elangedämpft, selbstbewusst, arbeitsam, gereift – die mittlere generation. schließlich die alten: enge röhrenhosen, raffiniert schmucklose bekleidungen, auffallend unauffällig, ansonsten sehr selbstbewusst, sehr überlegen, sehr verhalten."[293] Auch die Art, miteinander umzugehen, fiel dem Zeitgenossen Bernd Rübenach auf: Man duzte sich und nannte sich beim Vornamen, begrüßte sich mit „Hallo" oder „Ciao" oder „Grüezi" und ohne Händeschütteln. „es herrscht ein sehr undeutscher umgangston, romanisch lebhaft und zugleich angelsächsisch dezent."[294]

Die Art der Unterhaltung erschien dem Berichter zumindest gewöhnungsbedürftig: „es wird auf dem kuhberg meist sehr schnell und ziemlich leise und in allen möglichen sprachen geredet, aber vor allem sehr schnell, von unerhörten dingen: sandwich-platten, rasterdeformierung, zeichenprozessen, stimulus, synchronische methoden, designatum und denotatum und significatum, von plurisituationalen zeichen und von piktogrammen. Es wird nie konversation an der kaffeebar getrieben, nie wird geschwafelt, nie hochtrabend philosophiert. Es wird immer und ununterbrochen mit eleganter spiritualität zur sache gesprochen: pausenlose intelligenz an der kaffeebar."[295]

Rübenach kam noch einige Male nach Ulm und auf den Kuhberg. Nach dem ersten Staunen schärfte sich sein Blick. Kritisch sah er vor allem die Entfernung – die räumliche wie die geistige – von der Stadt und der Gesellschaft. „aber noch immer lassen die durch die stadt gehenden hochschüler, obgleich die existentialistische bartperiode überwunden ist, wie ein schiff ein klaffendes kielwasser staunender, befremdeter hinter sich. (…) und ebenso isoliert wie von der gegenwärtigen gesellschaft, arbeitet und lebt und denkt man isoliert von historischen kategorien. man lebt und wirkt scheinbar ohne historisches und gesellschaftliches bewusstsein wie in einem luftleeren raum, in einer atmosphäre puristischer lucidité und gefährlicher rationalistischer hybris."

Das führte zu politischer Indifferenz, „wie sie schlecht zum leitbild der geschwister scholl passt. zwar kokettiert man mit ideologien. zwar betont jeder gern seine soziale verpflichtung. aber es wirkt wie eine private verbrämung, wie ein dekoratives gelüst."[296]

Bei der Abreise zeigte sich, dass der Berichter von der Welt auf dem Kuhberg nicht unberührt geblieben war. „er nahm viel mit: fotos, programme, zeitungsausschnitte, notizen, viel zu viele notizen, unentwickelte filme, sorgen, was er berichten solle, misstrauen gegen kunst, misstrauen gegen natur, die angewohnheit, nur noch klein zu schreiben, einen funktionellen haarschnitt." Mit dem VW-Bus ging es wieder zurück zum Bahnhof: „welch eine unordnung. diese menschen. dieser mief. dieser staub und schmutz. welch ein wirrwarr. das auf dem kuhberg war doch kein traum. das hier ist ein alb. das ist ja gar nicht wirklich. (…) aber der berichter fragte sich,

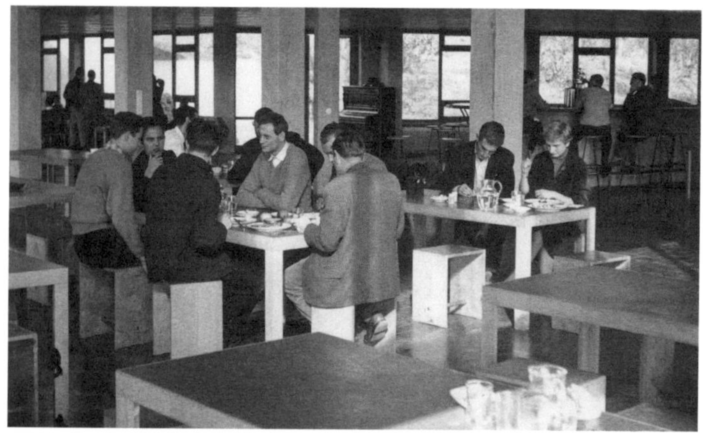

Blick in die Mensa mit Bar (rechts) und Leseecke (links), um 1958. Foto: Ulrich Burandt

ob das stück zukunft aus vernunft und aus freundlichkeit, das er sah und darüber er berichten würde, ein stück glück sei."[297]

Derweil begann die Schule unter Maldonados Federführung, sich mit Gleichgesinnten auszutauschen und als Zentrum und Ausbildungsstätte des *Industrial Design* in Deutschland und in der Welt zu positionieren. Im September 1958 hielt Tomás Maldonado einen Vortrag auf der Brüsseler Weltausstellung. Dabei stellte er ein neues Konzept vom Berufsbild des Industriedesigners vor, das sich grundlegend vom Bill'schen Ansatz unterschied.[298] Der Produktgestalter der Zukunft solle vor allem Koordinator sein, erklärte Maldonado: „Es wird seine Sache sein, in enger Zusammenarbeit mit einer Reihe von Fachleuten die verschiedensten Erfordernisse der Herstellung und des Gebrauchs zu koordinieren."

Wichtig erschien es ihm auch, sich mit Markt- und Konsumforschung zu beschäftigen. Allerdings sei dieses Gebiet noch zu wenig erforscht, stellte Maldonado fest: „Wir wollen jedoch hoffen, dass sich in Zukunft die empirische Soziologie, die kulturelle Anthropologie, die deskriptive Semiotik, die genetische Psychologie des individuellen und sozialen Verhaltens, die Wahrnehmungstheorie etc. zu einem systematischen Studium der subtilsten Aspekte des Konsums vereinen werden."

Dass sich die HfG auf all diesen Gebieten zu betätigen gedachte, zeigte sich in der Berufung von Hanno Kesting, in Maldonados eigenen semiotischen Studien sowie den Planungen für das Institut für optische Wahrnehmung an der Ulmer Hochschule, mit dessen Aufbau im Oktober 1958 der amerikanische Psychologe Mervyn W. Perrine begann. Vieles, was in den letzten Jahren eher beiläufig angeregt worden oder einfach hinzugekommen war, fügte sich in Maldonados Zusammenfassung zu der Gestalt einer Schule, die sich aktuellen gesellschaftlichen Bedürfnissen widmete. Ihre Stärke war ihre praktische Ausrichtung und die damit verbundene Experimentierlust ihrer Mitglieder, aber auch die Fähigkeit, Konzepte zu entwickeln, Methoden zu erproben und die eigenen Vorgehensweisen immer wieder auf den Prüfstand zu stellen, kurzum: Das Potenzial einer geballten Kreativität, des Miteinanders von ausgeprägten Individualisten, die um die Idee ihrer gemeinsamen Sache kreisten wie die Kugeln um die Mitte des Atomiums, das in Brüssel als Symbol für die friedliche Nutzung der Kernenergie im Zuge eben jener Weltausstellung errichtet worden war, in deren Verlauf Maldonado seine Rede hielt.

In einer Sache allerdings waren sich Bill und Maldonado immer einig gewesen: Beide gingen davon aus, dass der Designer wusste, was für den Verbraucher richtig und gut war. Dieses Sendungsbewusstsein war nicht nur an der HfG, sondern unter den meisten deutschen Gestaltern verbreitet, vor allem bei den Vertretern des Werkbundes. „Die Erzeugung von Waren sollte eine Erzeugung von Werten sein", schrieb etwa Jupp Ernst, führendes Werkbundmitglied und Leiter der Werkkunstschule in Wuppertal 1952. „Im anderen Falle sind Unzulänglichkeit oder Rücksichtnahme auf den Geschmack von Lieschen Müller im Spiel. Die kulturelle Entwicklung von der Meinung Lieschen Müllers abhängig zu machen, heißt die Weltordnung auf den Kopf stellen, wenn wir nicht in Zweifel ziehen wollen, dass der schöpferische Mensch den Willen der Schöpfung vollzieht. Dem wird sich auch Lieschen Müller beugen, wenn auch manchmal mit einiger Verzögerung."[299] Verbraucherwünsche, emotionale Bedürfnisse oder gar modische Aspekte in ihre Arbeit einfließen zu lassen, passte nicht zum Selbstbild der Gestalter.

Als 1953 der amerikanische Industriedesigner Raymond Loewy seine Autobiographie unter dem deutschen Titel *Hässlichkeit verkauft sich schlecht* veröffentlichte, sorgte er damit denn auch für große Empörung unter diesen Moralaposteln des deutschen Design. Der Titel von Loewys Buches stand für alles, was sie verachteten und was nichtsdestoweniger im wirtschaftlich erstarkenden Deutschland die Wohnungen zierte: für Tütenlampen, Nierentische und Plüschsofas. Dabei übersahen seine Kritiker, dass Loewy in vielen Dingen durchaus auf ihrer Linie lag: wenn es beispielsweise um Benutzerfreundlichkeit und Funktion von Gebrauchsgegenständen ging. Die Beschäftigung mit Herstellungskosten, der Preisgestaltung oder gar den Verbraucherwünschen aber sah die deutsche Design-Elite nicht als ihre Aufgabe an. „Ein Rüstzeug für den Umgang mit der großen Mehrheit wurde an der HfG nicht vermittelt", erinnerte sich denn auch Helmut Müller-Kühn, HfG-Student und Mitarbeiter Hans Gugelots. „Mir fällt ein, dass ich einmal anregte, ein Seminar über Verkaufspsychologie zu veranstalten. Gugelot hat mich angesehen, als ob ich vom Mond käme. Und ich habe mich geschämt, etwas so Ketzerisches gesagt zu haben."[300]

Um die gute Botschaft vom Kuhberg auch in die Welt hinaustragen zu können, bedurfte es eines Mediums. Bereits im März 1958 hatte es erste Vorgespräche gegeben: Dank der neuen Dozenten hatte die HfG nun neue Ressourcen. So konnte der Plan einer eigenen Zeitschrift in Angriff genommen werden. Die Gestaltung und die Organisation des Druckes sollte Anthony Frøshaug übernehmen, die redaktionelle Verantwortung übertrug das Rektoratskollegium an Hanno Kesting.[301]

Doch die Ausführung gestaltete sich zäh: Ursprünglich sollten die Hefte zum Beginn des neuen Studienjahres 1958/59 erscheinen. Die ersten drei Ausgaben sind auch auf den Oktober 1958 datiert, gedruckt wurden sie allerdings erst im Februar 1959.* Hanno Kesting habe sich monatelang überhaupt nicht mit der Redaktion beschäftigt, auch nicht für Übersetzungen und Korrekturen gesorgt, stellte Maldonado später fest.[302] Die Gestaltung blieb ebenfalls liegen: Schließlich hätten Aicher und Maldonado in einer Nacht das gesamte Layout gestaltet, berichtete Tomás Maldonado. Im März 1959 endlich konnte das Bulletin erscheinen und in die Welt verschickt werden. Im ersten Heft stellte sich die Hochschule vor, mit ihren Abteilungen, ihren Werkstätten, den Dozenten, Gastdozenten und Werkstattleitern. Sie alle sind darin ausführlich und mit Foto porträtiert. In drei Spalten erschienen die Texte jeweils auf deutsch, englisch und französisch: Die HfG präsentierte sich als weltoffene, international bedeutende Hochschule.

Es gab in dieser Zeit wenige Publikationen, die sich mit dem Thema Design beschäftigten. Neben der deutschen *form* waren es die italienische *stile industria,* die englische Zeitschrift *design* sowie die amerikanische *Industrial Design*, die alle ihren Weg in die wohlsortierte HfG-Bibliothek fanden und dort auch häufig gelesen wurden.[303] Mit den *ulm*-Heften begann die Ulmer Hochschule, sich in diesen Reigen einzureihen und sich vor allem in der theoretischen Diskussion einen Namen zu machen. Dazu passte es, dass die HfG immer wieder als Gastgeberin für Veranstaltungen in ihrem Bereich fungierte und nun die Gelegenheit auch nutzen konnte, darüber in der hauseigenen Zeitschrift zu berichten.

Im Sommer 1958 war also tatsächlich so etwas wie ein „Stück Glück" auf dem Ulmer Kuhberg eingekehrt. Die Unruhen der letzten Jahre hatten sich gelegt. Neue Dozenten waren dauerhaft engagiert und auf den Kuhberg gezogen. Thorwald Risler hatte damit begonnen, ein tragfähiges Finanzierungskonzept für die Schule zu entwickeln, und Tomás Maldonado war es in den vergangenen beiden Jahren gelungen, eine Vision von den Wirkmöglichkeiten der

---

* *Einige der darin enthaltenen Fotos entstanden offensichtlich erst im Winter 1958/59.*

Schule zu entwickeln. Dabei hatte er sich stark von den Bill'schen Vorstellungen abgegrenzt, ohne dabei von den ursprünglichen Inhalten abzuweichen.

Das Profil der Abteilung Produktgestaltung war geschärft. Während deren praktische Erfolge vor allem auf die Arbeit von Hans Gugelot zurückzuführen waren, hatte Tomás Maldonado ihr auch konzeptionell zu einer eigenständigen Haltung verholfen. Die Architekturabteilung spezialisierte sich unter der Leitung von Herbert Ohl auf das hochaktuelle Thema Industrialisiertes Bauen, und für die Visuelle Kommunikation hatte Maldonado, basierend auf der Arbeit der amerikanischen Zeichentheoretiker Charles S. Peirce und Charles W. Morris, ebenfalls eigene, designspezifische Ansätze entwickelt.

Gleichzeitig wuchs die Hochschule. Das anfänglich so weit gefasste Konzept erlaubte es, immer wieder neue Aspekte und Konzepte von Umweltgestaltung in das Programm der HfG zu integrieren, sich auf Neues einzulassen und es – im besten Sinne einer offenen Neugierde – zu erforschen. „Wir sind hier alle Parvenüs, die sich mit Design beschäftigen, aber keine Vorbildung haben", stellte Maldonado selbstironisch fest.[304] Damit meinte er natürlich, dass es eine solche Vorbildung gar nicht geben konnte – die Ulmer Hochschule war ja gerade erst dabei, entsprechende Lehrpläne und Vorgehensweisen zu erarbeiten. Aus dieser Bemerkung spricht Stolz auf das gemeinsam Geleistete. Nun sollten die neuen Dozenten im Bereich der Theorie der Schule einen wissenschaftlichen Schliff geben.

Zu ihnen zählte neben Hanno Kesting, Horst Rittel und Mervyn W. Perrine auch der Schweizer Kulturwissenschaftler Lucius Burckhardt, ein ehemaliger Kollege Kestings und Rittels von der Dortmunder Sozialforschungsstelle. Sie alle stammten aus einem Umfeld, in dem Autodidakten wenig galten, gar als Emporkömmlinge – eben Parvenüs – angesehen wurden. Die kurze Zeitspanne nach dem Zweiten Weltkrieg, in der die altehrwürdigen Universitäten sich mit der nationalsozialistischen Vergangenheit ihrer Mitglieder hatten auseinandersetzen müssen, war längst vergessen, ebenso die Mär vom totalen Neubeginn der *Stunde Null.* Zahlreiche Professoren waren auf ihre Lehrstühle zurückgekehrt, der akademische Betrieb lief weiter wie gewohnt.

Der Akademikeranteil an der deutschen Bevölkerung betrug in diesen Jahren ungefähr fünf Prozent.[305] Wer ein Hochschulstudium absolviert hatte, genoss hohes Ansehen und durfte sich einer besonderen Gesellschaft zugehörig fühlen – das förderte Dünkel und Vorurteile gegenüber dem Rest der Bevölkerung und in Ulm eben auch gegenüber Kollegen mit anderen Bildungswegen. Aicher hatte sich selbstständig weitergebildet, Tomás Maldonado, Max Bill, Walter Zeischegg, Hans Gugelot, Friedrich Vordemberge-Gildewart und Herbert Ohl ihre akademische Ausbildung im Bereich der angewandten Künste erhalten. Sie waren mit den Gepflogenheiten und Umgangsformen geisteswissenschaftlicher Institute und wissenschaftlichen Arbeitens nicht vertraut. Sie kamen aus verschiedenen Bereichen und Weltgegenden und besaßen nicht den Stallgeruch, der einem an einer mitteleuropäischen Universität erzogenen Akademiker anhaftete.

Nun standen diese so unterschiedlich geprägten Persönlichkeiten also vor der Aufgabe, gemeinsam die neue Schule weiter zu entwickeln und den Raum, den sie sich mit deren Gründung in der Welt geschaffen hatten, auszufüllen.

Dabei konzentrierten sich die „Gestalter“ unter den Dozenten in dieser Zeit auf die Arbeit in ihren Entwicklungsgruppen. Sie pflegten intensive Kontakte mit der Industrie und verdienten auf diese Weise Geld für die Hochschule; gleichzeitig hatten sie so die Möglichkeit, ihr eigenes Gehalt aufzubessern, das deutlich unter demjenigen der Professoren an staatlichen Hochschulen lag.[306] Aus dem Unterrichtsgeschehen zogen sie sich eher zurück.

Das galt vor allem für den Bereich der Grundlehre – hier sorgten die neuen Kollegen als erstes für Veränderungen. In der Grundlehre wie im Bereich der Allgemeinbildung lagen ja ihre Kompetenzen – und dort hatten sie auch insofern freie Hand, als außer Tomás Mal-

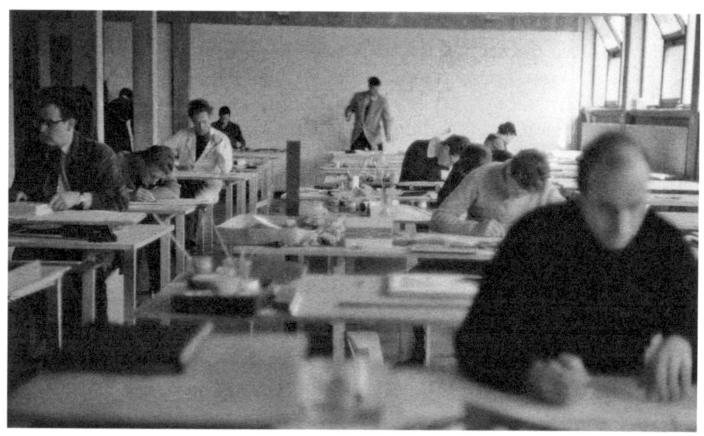

Arbeit in der Grundlehre der HfG. Foto: HfG-Archiv

donado sich keiner der bisherigen Dozenten in der Lehre engagierte. Das hatten in der Vergangenheit auch die Studenten zu spüren bekommen. „Ein zusammenhängendes pädagogisches Lehrkonzept – wenn es je existierte – war schwer zu erkennen", erinnerte sich der Student Reinhart Butter.[307] „Nicht nur für mich sah es vielmehr aus wie: zwei Wochen dieses, zwei Wochen das."

Äußerer Anlass für die Umgestaltung des Grundlehre-Unterrichts war wieder einmal, dass ein wichtiger Lehrer ausgefallen war. Hermann von Baravalle, dessen Unterricht für die Grundlehre-Frischlinge im ersten Quartal nach vier Jahren schon zur Tradition geworden war, sagte kurzfristig ab und Anthony Frøshaug wurde gebeten, für ihn einzuspringen, zwei Tage vor Beginn der Unterrichts-Veranstaltung.

Wie Rittel vor ihm, sah sich Frøshaug – der ja vor allem seiner typografischen und drucktechnischen Kenntnisse wegen nach Ulm berufen worden war – nun vor der Herausforderung, innerhalb kürzester Zeit einen auf die Bedürfnisse der neuen Studenten ausgerichteten Unterricht zu konzipieren. Und wie Rittel bestand er mit Bravour. Dass auch seine Dozenten-Kollegen die Innovation erkannten und schätzten, zeigt sich in Frøshaugs Bericht über seine

Unterrichtsergebnisse: Das gesamte vierte Heft der Zeitschrift *ulm* stand ihm dafür zur Verfügung.[308]

Bei seiner Arbeit in Ulm kamen Frøshaug seine weit gespannten Interessen im Bereich von Technik, Wissenschaften, Mathematik und Geschichte zugute.[309] Er stellte den Studenten die Aufgabe, sich systematisch mit der „Darstellung von Kommunikationsverhältnissen durch zwei- oder dreidimensionale Graphe" zu befassen. Sie beschäftigten sich mit Rastern und Typen von Gittern, aufbauend auf Dreiecken, Sechsecken oder Quadraten, in zwei und drei Dimensionen – und benutzten sie dann für eine bildhafte Darstellung von komplexen Kommunikationssystemen, etwa das Liniennetz der Pariser Untergrundbahn. Oder sie zeigten Möglichkeiten auf, solch systematisch dargestellte Untersuchungen für die Planungsarbeit von Architekten einzusetzen: „Im Jahre 1954 baute Le Corbusier in La Plata (Argentinien) ein viergeschossiges Wohnhaus mit Arztpraxis. Nach Fertigstellung des Baus stellte sich heraus, dass die getroffene Anordnung der Räume unzweckmäßig war; das Haus musste daraufhin umgebaut werden. Hätte man sich die Zirkulationsverhältnisse vorher sinnvoll veranschaulicht, wäre der Umbau leicht zu vermeiden gewesen", heißt es im Bericht in *ulm 4*.

„Die Ergebnisse waren erstaunlich gut", stellte Frøshaug selbst voller Stolz fest. „Die vielleicht interessanteste Arbeit stammte von einem polnischen Studenten, Wiktor Guirard, der Polnisch, wenig Französisch und ein unverständliches Deutsch sprach, und dem ich Englisch, wenig Französisch und ein *highly individualized Ulm-brand of anti-grammatical German* entgegenbrachte."[310]

Die Studentin Gerda Krauspe wollte es Anfang 1959 dennoch genauer wissen: „Nach drei Monaten und die erste Hürde der Grundlehre hinter mir, entschloss ich mich zu einer tour d'horizon und besuchte drei deutsche Werkkunstschulen bzw. Akademien: überall flotte oder auch weniger gelungene Freihandzeichnungen an den Wänden, jede Menge Perspektivzeichnungen ebendort und hin und wieder das Foto eines zeitgemäßen Möbelstücks. Und dann natürlich dominierend: Die Leistungsbilanz der Anwärter im

Kunstschaffen. Ganz plötzlich empfand ich das alles als ungeheuer abgestanden und miefig. Ich kehrte nach Ulm zurück – als Bekehrte. Auf einmal war ich frei für die nicht ganz durchschaubaren Angebote der ulmer Grundlehre und vor allem für die Leere im Kopf, die die Aufgaben der visuellen Methodik bewirkten."[311]

Zu den Pluspunkten gegenüber Akademien und Werkkunstschulen zählte an der Ulmer Hochschule die ausgezeichnete Bibliothek. Seit Andrea Schmitz' Konfrontation mit Walter Zeischegg war sie stetig angewachsen und zu einem Herzstück der Schule geworden. Hier fanden sich Bücher aus allen Wissensgebieten, die Andrea Schmitz auf Anregung von Dozenten und Studenten zusammengetragen hatte, die aktuellen Ausgaben der wichtigsten Architektur- und Designzeitschriften, eine Sammlung zeitgenössischer Literatur sowie zahlreiche Lexika. Vor allem Tomás Maldonado habe einen unfehlbaren Sinn dafür gehabt, was in intellektuellen Kreisen „in" war, berichtete Dolf Zillmann.[312]

Tomás Maldonado war in dieser Zeit nicht nur als Vorsitzender des Rektoratskollegiums so etwas wie der inoffizielle Leiter der Schule, er repräsentierte sie auch in großem Maße nach außen – und holte immer wieder ein Stück Welt auf den Kuhberg. Im März 1959 kam der englische Designtheoretiker Reyner Banham für ein paar Tage zu Besuch und diskutierte intensiv mit Tomás Maldonado und anderen HfG-Mitgliedern. Banhams Haltung zum Produktdesign unterschied sich grundlegend von der der Ulmer wie auch generell der deutschen Designkultur, wie sie etwa der Werkbund vertrat. Seine Theorie der „expendability" – der Vergänglichkeit* – stand in krassem Gegensatz zu den Ideen der *Guten Form.* Banhams Ansicht nach sollten Güter nicht für die Ewigkeit oder das Museum, sondern für den Verbrauch hergestellt werden. Er plädierte für eine „Kunst der breiten Massen", eine „popular-art", deren Gegenstände Verbrauchsgüter seien, „die der Mode und dem

---

* *In aktuellen Lexika finden sich unter dem Begriff „expandability" die Bedeutungen „Überflüssigkeit, Entbehrlichkeit". In* ulm 5 *wird der Begriff dagegen mit „Vergänglichkeit" gleichgesetzt.*

kurzfristigen Massengeschmack unterworfen sind."[313] Der Geschmack der Massen sollte zum Standard und zum Maßstab dessen werden, was die Industriegesellschaft produzierte. Das erregte Aufsehen an der Hochschule und provozierte. „Gut oder besser schlecht im Gedächtnis ist mir noch Reyner Banham und seine befremdliche Botschaft einer Pop Art, der sich auch Teile des Produkt-Designs einverleiben lassen sollten", erinnerte sich Gerda Müller-Krauspe an seinen Besuch.[314]

Nichtsdestotrotz zeigte sich Banham von der HfG, besonders aber von Tomás Maldonado, tief beeindruckt. In einem Artikel in der Zeitschrift *The Listener* berichtete er von seinem Besuch: „Aber die Hochschule blüht. Sie ist eine der fortschrittlichsten Design-Schulen der Welt, und die meistdiskutierte in Europa (...) Maldonado ist ohne Frage die größte Figur in der heutigen Design-Erziehung. Sein Vortrag auf der Brüsseler Weltausstellung im letzten Jahr hat für einen Skandal im Establishment der Design-Welt gesorgt, die entsetzt von der Verweigerung ist, Problemen von ‚Kunst' und ‚Geschmack' einen Platz einzuräumen."[315]

Bemerkenswert an Banhams Artikel ist die Häufigkeit, mit der der Begriff *cool* darin vorkommt, angefangen mit der Überschrift *Cool on the Kuhberg*: „Die bevorzugte Entspannung war wirklich cooler, moderner Jazz. Tatsächlich, *cool jazz* war der ständige Hin-

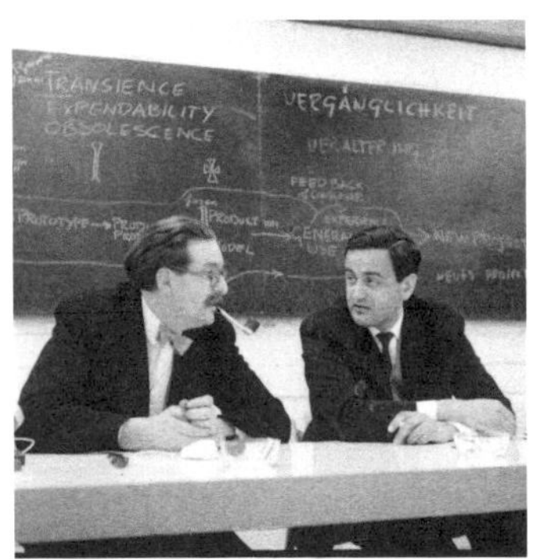

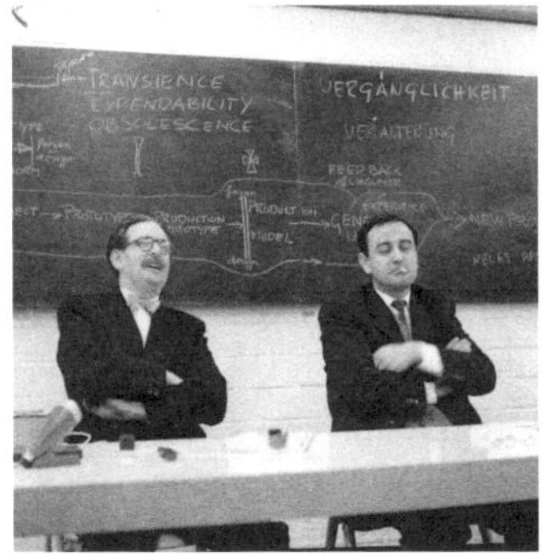

Diskussion mit Reyner Banham und Tomás Maldonado, 1959. Fotos: Claus Wille

tergrund, wie es schien, zu jeder Arbeitsstunde bis drei Uhr am Morgen. In meiner Erinnerung fasst das die Schule zusammen – etwas Neues, sehr Technisches, Esoterisches, eher Abstraktes, sehr gut ausgeführt, weder üppig noch aufdringlich. (…) Auf der anderen Seite scheinen sie total unberührt von solchen Phänomenen wie der *Bildzeitung* zu sein, der fantastisch erfolgreichen deutschen Boulevard-Zeitung, die einen so wunderbaren Kommunikations-Job macht."[316] Dass Banham mit derartigen Thesen die ernsthaft und manchmal etwas humorlos arbeitenden HfG-Mitglieder befremdete, ist nicht verwunderlich. Den Fotos von diesem Ereignis ist aber anzusehen, dass sowohl er als auch Maldonado großen Spaß an der Diskussion hatten.

Tatsächlich aber begann der Zusammenhalt zwischen den HfG-Dozenten in diesen Tagen zu bröckeln. Lucius Burckhardt hatte im Studienjahr 1958/59 in allen Abteilungen der HfG Fachgeschichte unterrichtet und machte sich Hoffnungen darauf, wie seine ehemaligen Dortmunder Kollegen Hanno Kesting und Horst Rittel, ebenfalls auf Dauer an die HfG übernommen zu werden. Im Juli 1959 beschloss das Rektoratskollegium allerdings, seinen Vertrag nicht zu verlängern. Vermutlich geschah dies nicht einstimmig: Hanno Kesting, der diesem Gremium neben Tomás Maldonado und Otl Aicher angehörte, dürfte sich ebenso entschieden wie vergeblich gegen diese Entlassung gesträubt haben.[317] Gert Kalow äußerte später die Vermutung, Burckhardt habe allein deshalb gehen müssen, weil er „die falsche Politik" betrieben habe.[318] Auf jeden Fall gehörte Burckhardt der Riege der Akademiker unter den Dozenten an. Zwischen ihnen und den „alten" HfG-Gründern hatten sich inzwischen gravierende Meinungsverschiedenheiten aufgetan.

Denn die Neuankömmlinge, in ihrem Denken geprägt durch den traditionellen, universitären Wissenschaftsbetrieb, taten sich schwer damit, sich in die unkonventionellen Strukturen der Ulmer Hochschule einzufügen. Vor allem aber genügte es ihnen auf Dauer nicht, als Hilfswissenschaftler ihren Gestalter-Kollegen zuzuarbeiten: Dazu waren sie zu jung und zu ehrgeizig.

Ausbruch des Vulkans

Die neuen Dozenten, allen voran Horst Rittel, wollten ihre eigenen Fachgebiete und Fähigkeiten in die Hochschule einbringen. Gemeinsam mit Hanno Kesting legte Rittel dem kleinen Konvent der Hochschule deshalb im Juni 1959 ein Konzept für eine weitere Abteilung der HfG vor. Sie sollte sich dem Bereich von Planung und Organisation widmen und eine Reihe von Fächern zusammenfassen, die bisher fachübergreifend oder begleitend in den einzelnen Abteilungen unterrichtet worden waren.[319]

Die etablierten Dozenten sprachen sich gegen einen solchen neuen Schwerpunkt aus. „Heute kommen nun die inzwischen neu engagierten Dozenten mit dem Projekt, eine neue Abteilung zu gründen. Wenn wir mal einen Maschinenbauingenieur engagieren, so wird der auch eine Maschinenbauabteilung aufbauen wollen", befand Tomás Maldonado.[320] Diese Argumentation war von den Bedenken geprägt, die neuen Kollegen könnten zu viel der noch immer knappen Ressourcen der Hochschule für sich beanspruchen und ihren Einfluss auf den Lehrplan in eine Richtung ausweiten, die sich vom ursprünglichen Konzept der Schule entfernte – eine Gefahr, die offensichtlich bestand.

Kesting und Rittel wurden gebeten, ihr Vorhaben zunächst einmal zu konkretisieren. Damit war zwar Zeit gewonnen, doch weder das Projekt vom Tisch noch der sich anbahnende Konflikt.

Wenig später trafen sich die HfG-Dozenten zu den alljährlich im Juli fälligen „pädagogischen Konferenzen". Während dieser mehrtägigen Sitzungen wurde das Lehrprogramm der Schule für das neue Jahr festgelegt. Bei diesen Treffen offenbarte sich immer wieder der experimentelle Charakter der Hochschule, ihre Innovationskraft, aber auch das mitunter zerstörerische Konfliktpotenzial, das ihre basisdemokratische Organisationsform mit sich brachte.

An den Planungen für die Grundlehre nahm Tomás Maldonado

in diesem Jahr nicht teil. Wahrscheinlich ging er davon aus, dass sein inzwischen etablierter Kurs wie gewohnt im zweiten Studienquartal stattfinden werde. Beflügelt von seinen Erfolgen im vergangenen Jahr, hatte Anthony Frøshaug allerdings andere Vorstellungen.[321] Er wollte die Grundlehre neu konzipieren und tat sich dafür mit Horst Rittel zusammen.[322] Nach der Sitzung musste Maldonado feststellen, dass sein Name ohne weitere Rücksprache von der Liste der Grundlehre-Dozenten verschwunden war.

Dass er sich nicht stärker dagegen sträubte,[323] mag mit einem Auftrag zusammenhängen, den er in dieser Zeit von der Firma Olivetti erhalten hatte: Er sollte für sie eine Studie über Beschriftung, Lesbarkeit, Sichtbarkeit und die Identifizierbarkeit von Zeichen erstellen.[324] Dieses Thema war Maldonado aus seiner Beschäftigung mit der Semiotik zugewachsen. Nun konnte er seine Erkenntnisse in der Praxis umsetzen. Dazu gründete er eine neue, eigene Entwicklungsgruppe – und dürfte damit erst recht den Zorn der „Neuen" angefacht haben: Was ihnen verwehrt wurde, der Aufbau eines eigenen Bereiches, nahm Maldonado selbstverständlich für sich in Anspruch.

Bestätigt wurde er dabei durch den Erfolg, der der Schule zunehmend beschieden war. Gerade das Interesse italienischer Gestalter an der Ulmer Hochschule war in dieser Zeit besonders groß. Wie die meisten ihrer deutschen Kollegen waren auch sie von der Ausbildung her Künstler oder Architekten. Eigene Ausbildungsstätten für Produktgestaltung gab es in Italien nicht, genauso wenig wie ein Bewusstsein für die Anforderungen industrieller Gestaltung. Ausnahmen bildeten Firmen wie Artemide, Flos oder eben Olivetti – und natürlich die Arbeit der Mailänder Triennale mit ihren Ausstellungen und Auszeichnungen zu diesem Thema. Maldonado vermittelte die beiden HfG-Absolventen Andries van Onck und Hans von Klier an Ettore Sottsass. Die zogen wenige Monate später nach Mailand um, um in dessen Büro an der Gestaltung von Olivetti-Schreibmaschinen und der ersten Computer mitzuarbeiten.[325]

Für den August 1959 waren Tomás Maldonado und Otl Aicher außerdem nach Südamerika eingeladen. Auch dort gab es inzwischen eine Art HfG-Dependance: Der Brasilianer Alexandre Wollner hatte im Jahr zuvor sein Diplom an der HfG abgeschlossen, genauso wie sein deutscher Freund Karl-Heinz Bergmiller. Zusammen eröffneten sie das erste Designbüro Brasiliens, „vorbildlich installiert in der vierzehnten Etage eines Neubaus im Zentrum von Sao Paulo. Ich erinnere mich, man konnte auf dem Balkon das Wachsen und Pulsieren der Stadt spüren", schrieb Bergmiller.[326] Aicher und Maldonado brachten Anschauungsmaterial aus Ulm mit, hielten Seminare und Vorträge im Museum für moderne Kunst, und schafften es tatsächlich, die brasilianische Öffentlichkeit für die Gründung einer der HfG ähnlichen Schule zu interessieren.[327]

Allen fachlichen und persönlichen Differenzen zum Trotz schienen die HfG-Dozenten in diesem Herbst doch guten Mutes gewesen zu sein, sich wieder zusammenzuraufen. Um sich gegenseitig – wie auch allen anderen Hochschulangehörigen – einen Einblick in die jeweiligen Fachgebiete und Arbeitsweisen zu geben, nutzten sie zu Beginn des Studienjahres 1959/60 die bereits etablierte Institution der *Mittwochseminare*.

Jeweils Mittwoch nachmittags hielten Persönlichkeiten aus den verschiedensten Bereichen in der HfG-Aula Vorträge über ein Thema ihrer Wahl. Die Veranstaltungen waren Pflicht für alle Studenten. „Auch hier habe ich über so viele Felder des Wissens erfahren, wie ich mir nicht vorstellen kann, dass es woanders möglich wäre. Und das alles wurde uns in unserem eigenen Haus geliefert!" erinnerte sich Renate Pfromm.[328] Zu den Gästen zählten Menschen wie der Architekt Frei Otto, der Soziologe Harry Pross, der Ökonom Fritz Sternberg und der Schriftsteller Nicolaus Sombart, der Rhetoriker Walter Jens oder der Psychoanalytiker Alexander Mitscherlich.

Im Winterquartal 1959 nun wurden sämtliche zur Verfügung stehenden Termine von Mitgliedern des HfG-Lehrkörpers belegt, die die Gelegenheit nutzten, ihre Arbeit vor- und zur Diskussion zu stellen. Hanno Kesting machte den Anfang und sprach bereits im Oktober über „Produkt und Markt“, Hans Gugelot folgte mit dem Thema „Hypothese zur Berücksichtigung des Marktes bei der Produktgestaltung“, dann kamen Otl Aicher mit „Visuelle Zeichen und Zeichensysteme innerhalb der Stadtkommunikation“ und Tomás Maldonado mit „Städtebau und Stadtkommunikation“. Horst Rittel beendete die Serie im Dezember 1959 mit einem weiteren Vortrag.[329]

Zeit ihres Bestehens florierte das gesellschaftliche Leben der HfG vor allem in der Mensa und der davon abtrennbaren Aula. Die Mittwochsvorträge und regelmäßigen Filmabende, die spontanen wie geplanten Feste prägten das Zusammensein der Menschen auf dem Kuhberg ebenso wie die regelmäßigen gemeinsamen Mahlzeiten.

„Bei dem äußerst dürftigen Küchenetat war Essensqualität nur schwer aufrechtzuerhalten und nur durch viele (unvergütete) Überstunden und Idealismus bei der Arbeit zu erreichen“, erinnerte sich die Köchin Doris Schmitz-Karle.[330]

Damit war es im Herbst 1959 vorbei: Die Hauswirtschaftsleiterin Barbara von Wedel verließ die Ulmer Hochschule. Ihrer soliden Verköstigung, die William Huff so gelobt hatte, folgte eine wesentlich weniger befriedigende Alternative: der Küchenbetrieb unter der Leitung des Ehepaars Walther.[331] „Es beherzigte sofort die ‚Mengen-Lehre‘, jedoch spürbar zu Lasten eines qualitativen Anspruchs“, schrieb Gerda Müller-Krauspe.[332]

Die Beschwerden kamen prompt: „Noch heute muss ich lachen, wenn ich an den Mensastreik denke, den Claude Schnaidt anzettelte, nachdem einmal die Qualität des Essens des längeren zu wünschen übrig ließ“, erinnerte sich Leonhard Fünfschilling.[333]

Mit dem Wechsel der Küchenleitung zog auch ein Coca-Cola-Automat in den hinteren Eingangsbereich ein. „Er störte optisch und nervte akustisch“, stellte Gerda Müller-Krauspe fest. Sie schildert die herausragende Alternative, die es zu solcher Alltagskost gab: Einen Ausflug in den Gasthof *Zum Hirschen* im nahegelegenen Dorf Grimmelfingen, einen Fußweg von dreißig Minuten von der HfG entfernt. Dort standen an den Abenden Gerichte wie *Russische Eier* und *Bauernfrühstück* auf der Karte.[334] Es gab noch einen weiteren Gasthof im selben Ort, dessen Besitzer den Gerüchten nach allerdings eine „nationalsozialistische Vergangenheit" besaß und der deshalb gemieden wurde.

Eine weitere Alternative bestand natürlich in der Möglichkeit, selbst zu kochen. Doch schon die Vorratshaltung entpuppte sich als ebenso schwierig wie ästhetisch inakzeptabel: „Die Studenten in unserem Studentenwohnheim bewahren ihre Essensvorräte größtenteils in Plastikbeuteln auf, die sie vor das Fenster hängen, um sie frisch zu erhalten", schrieb Inge Aicher-Scholl an Robert Bosch – und erhielt von ihm eine Spende von vier Kühlschränken.[335] Als Anfang der 1960er Jahre die Mensa sonntags nicht mehr geöffnet war, schaffte die Stiftung außerdem für jedes Stockwerk mit seinen zehn Bewohnern einen Zweiplattenherd an.

Mit Beginn des zweiten Studienjahres konnten die meisten Studenten ihre oft ungeliebten möblierten Zimmer in der Stadt aufgeben und einen Raum im Wohnturm beziehen. „Und nun auf nicht viel mehr als 10 qm alles, was das Herz begehrt", erinnerte sich Gerda Müller-Krauspe an den Luxus, als der ihr die neue Wohnsituation erschien: „Eine Platte mit Böcken; der Schreib-

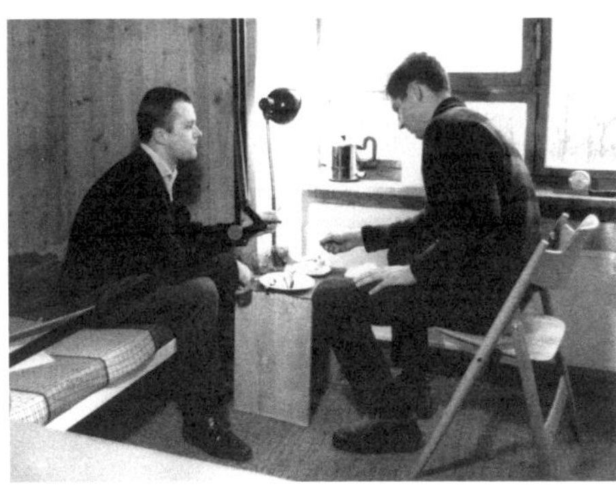

Improvisierte Mahlzeit in einem Studentenzimmer im Wohnturm. Foto: unbekannt

tisch, samt Bill-Hocker, eine Leuchte, ein eingebautes Bett, Schrank und Stauräume ebenfalls eingebaut, ein Waschtisch mit Spiegelschränkchen und ein geflochtener Kartoffelkorb als Abfallbehälter, was wollte man mehr."[336] Gerda Krauspe sah sich zum ersten Mal in ihrem Leben als Teil einer Gemeinschaft, „die, weit außerhalb der Stadt Ulm behaust, miteinander auszukommen hatte". Für sie funktionierte dieses „soziale Experiment" gut. Ihr gefiel die Mischung aus straffem Reglement – mit Präsenzpflicht und Pünktlichkeit – bei gleichzeitiger liberaler Freizügigkeit (keine Hausordnung im Wohnturm) und einem „gewahrten höflichen Mindestabstand zwischen allen Akteuren". Vor allem aber genoss sie die Gleichstellung der Geschlechter: „Als Frau hat man diese Gleichbehandlung nach vorangegangenen, oft hässlichen Erfahrungen gleichsam als Befreiungsakt empfunden."[337]

Zu den überraschenden Freizeitangeboten für weibliche HfG-Angehörige gehörte auch der wöchentliche Gymnastikabend von Ilse Leda, der Frau von Vordemberge-Gildewart. Leda war eine Schülerin der Ausdruckstänzerin Mary Wigman.[338] Im übrigen stand das Haus der Vordemberge-Gildewarts allen Interessierten offen: Wer wollte, konnte sich bei einer Tasse Tee mit ihm über Kunst unterhalten, seine eigenen Werke bewundern oder diejenigen von Künstlerkollegen: „Erinnerlich sind mir außer den schönsten VGs einige Arbeiten von El Lissitzky, van Doesburg, mehrere Schwitters, Giacometti, Lohse und Baumeister", schrieb Gerda Müller-Krauspe.[339] Noch in der Nachschau freute sie sich an diesem auf dem HfG-Gelände wahrhaft unerwarteten Ort und an der Unbeirrtheit, mit der Friedrich Vordemberge-Gildewart seiner Malerei treu blieb, ohne sich von der „ideologisch besetzten Kunstfeindlichkeit" an der HfG berühren zu lassen.

Doch die persönlichen Konflikte unter den Dozenten schwelten weiter und machten sich im Alltag immer stärker bemerkbar. Vor allem Hanno Kesting ließ seinem Ärger über seine Kollegen immer wieder – gerne auch öffentlich – freien Lauf. Anfang Dezember schrieb der argentinische Student Horacio Denot an Tomás Maldonado. Er war entsetzt über Kestings Verhalten während eines Besuchs des kolumbianischen Architekturprofessors Dr. Castro: „Dr. Kesting äußerte sich gegen die Arbeit der diplomierten Studenten in den Instituten der Schule. Er argumentierte, dass sie sofort in die Praxis gehen sollten. Er sagte, der Fall Aicher wäre besonders störend, da er seine Lehrtätigkeit völlig vernachlässige, um in den Instituten zu arbeiten und sich persönlich zu bereichern.“[340]

Was bewog Hanno Kesting, sich selbst derart in Misskredit zu bringen und außerdem der Schule zu schaden? Sein Studienfreund aus Heidelberger Tagen, Nicolaus Sombart, schildert ihn folgendermaßen: „Hochgewachsen, etwas hager, gebeugt, sah er eigentlich nie jugendlich aus; er war mit schweren gesundheitlichen Schäden aus dem Krieg gekommen, laborierte immer an irgendwelchen Gallen- und Magenleiden. (…) Die Grunddisposition Hannos war das Misstrauen: die bis an Verfolgungswahn grenzende Überzeugung, von der nichts ihn abbringen konnte, hinters Licht geführt, betrogen, düpiert zu werden. Die Welt war ein konspiratives Zusammenwirken feindlicher Mächte – eine große Intrige, deren geheimen Akteuren man auf die Spur kommen musste.“[341]

Während sich die Kluft zwischen den Dozenten der ersten Stunde und ihren dazugekommenen Kollegen an der HfG weiter vertiefte, verfolgte der Fotografiedozent Christian Staub ein ganz eigenes Projekt. Er war der Überzeugung, dass die illustrierten Zeitschriften wegen des Fernsehens an Bedeutung verlieren würden.[342] Zukünftige visuelle Gestalter brauchten seiner Ansicht nach eine filmische Ausbildung, denn im Film sah Staub das Medium der Zukunft.

Schon in den ersten HfG-Konzepten war der Filmunterricht ein wichtiges Thema gewesen. Bereits die Verfasser der HfG-Broschüre von 1952 hatten eine Erweiterung der Abteilung Information „in Richtung Rundfunk und Fernsehen“ in Aussicht gestellt.[343] Seitdem hatte es weitere Anläufe gegeben, eine entsprechende Abteilung an der HfG zu etablieren.*[344] Im Herbst 1959 begann Christian Staub, diese Bemühungen erneut voranzutreiben.

Zusammen mit einigen Studenten gründete er *Das Filmdokument e. V.* Wöchentlich waren nun in der Aula Filmklassiker zu sehen, als erstes der Film *Früchte des Zorns* von John Ford, außerdem russische Filme von Sergei Eisenstein und Wsewolod Pudowkin sowie eine Reihe von englischen Dokumentarfilmen.[345] „Damals war die Zeit der ‚Neuen Welle' in Frankreich, und ‚Papas Kino' wurde als tot erklärt. Es wurde viel über die jungen Cinéasten geschrieben: Sie hätten ohne praktische Studioerfahrung Meisterwerke gedreht. Die filmische Sprache hätten sie nur in Filmclubs, in der Pariser Cinématheque und in der Redaktion der *Cahiers du Cinéma* gelernt. Warum nicht etwas Ähnliches in Deutschland probieren?", fragte sich Christian Staub.[346]

Auch die Informationsabteilung befand sich Ende der 1950er Jahre in einer Phase der Umgestaltung. Die erste Studentengeneration war stark von Max Bense und dessen philosophischen Interessen geprägt worden. Ihre Diplome, an denen sie gerade in dieser Zeit schrieben, waren anspruchsvolle Abhandlungen in den Bereichen von Kunsttheorie, Sprachanalyse oder Theorie der Werbung. Konkrete Vorstellungen, was für einen Beruf sie mit dieser Art von Bildung später ausüben könnten, wurde den Informationsstudenten nicht mit auf den Weg gegeben. Das entsprach durchaus den Gepflogenheiten an Hochschulen mit einem traditionell geisteswissenschaftlichen Schwerpunkt: Wer etwa Philosophie, Mathematik oder Literaturgeschichte studierte, verband damit nicht unbedingt ein festes Berufsbild. Im Kontext der HfG dagegen war das ungewöhnlich.

---

* *Im April 1954 verhandelten Bill und Aicher-Scholl vergeblich über die Einrichtung eines entsprechenden Versuchsstudios des* Süddeutschen Rundfunks *in Ulm. Die beiden Studenten Martin Krampen und Detten Schleiermacher hatten außerdem 1957 gemeinsam mit dem Filmjournalisten Enno Patalas ein Programm für eine Filmabteilung entwickelt, das aber nicht weiter verfolgt wurde.*

Nun sprach Tomás Maldonado Gert Kalow an: Ob er sich vorstellen könne, die Informationsabteilung zu übernehmen? Kalow sagte zu. Im Januar 1960 zog er gemeinsam mit seiner Frau in eines der Ateliers an der HfG, ohne freilich sein Heidelberger Domizil im Alten Brückentor und die damit verbundenen gesellschaftlichen Verpflichtungen aufzugeben. Kalow hatte ja selbst ein geisteswissenschaftliches Studium absolviert, bevor er in den Journalismus gegangen war. Er sah nun eine Chance, an der Ulmer Hochschule in diesem Bereich neue Wege zu gehen und einen in Deutschland bis dahin fast einzigartigen Studiengang aufzubauen: eine Ausbildungsstätte für Journalisten.* In seinem Unterricht orientierte Kalow sich an dem angelsächsischen Vorbild des *creative writing,* das in jener Zeit in Deutschland noch weitgehend unbekannt war: Schreiben sei ein Handwerk, so Kalows Auffassung, das man genauso lernen könne wie „Aktzeichnen oder Komponieren".

Ihm war es besonders wichtig, dass die Studenten im Bereich des Hörfunks an der Schule praktische Erfahrungen machen konnten. So begann er schon bald nach seinem Amtsantritt, bei verschiedenen westdeutschen Rundfunksendern um Unterstützung für die Einrichtung eines Tonstudios zu werben. In Ergänzung zu den anderen HfG-Werkstätten sollte es möglichst bald auch eine „Wortwerkstatt" geben.[347]

Anders als Horst Rittel mit seiner Planungsabteilung knüpften Staub und Kalow mit ihren Konzepten an Überlegungen an, die bereits in den frühen Programmen der Hochschule eine Rolle gespielt hatten. Ihre Pläne wurden deshalb auch nicht in Frage gestellt. Dennoch gehörten die beiden nicht zu der verschworenen Gemeinschaft der Dozenten der ersten Stunde – und das sollte in den nun kommenden Auseinandersetzungen eine weit größere Rolle spielen als ihre fachliche Kompetenz.

---

* *Die einzige Institution, die in diesem Sinne arbeitete, war die 1949 in München gegründete* Deutsche Journalistenschule, *die nach dem Vorbild der* Graduate School of Journalism *der Columbia University in New York City organisiert war und deren Studenten in „Lehrredaktionen" ausgebildet wurden.*

Unter anderen Umständen hätte die Hochschule mit Beginn des Jahres 1960 zur Ruhe kommen und sich zu einer kontinuierlich weiterbestehenden Institution entwickeln können. Die letzten Verwerfungen der Bill-Krise schienen überwunden, dank Maldonados Überlegungen hatte die Schule zu einem eigenen Profil gefunden. Sie war international anerkannt und gehörte vor allem auf dem Gebiet der Produktgestaltung zur Avantgarde.

Doch der Konflikt innerhalb der Dozentenschaft schwelte weiter. Vor allem Horst Rittel war nicht bereit, sich mit einem Platz in der zweiten Reihe zufriedenzugeben. Da er auf direktem Wege nichts erreichen konnte – in den kommenden Jahren blieben die alteingesessenen Dozenten bei der Auffassung, dass das Thema „Planung" außerhalb des Lehrgebietes der Schule bleiben solle[348] – ging Rittel zu einer Art Guerillataktik über.

Am 19. Februar 1960 traf sich das amtierende Rektoratskollegium, bestehend aus seinem Vorsitzenden Tomás Maldonado sowie Horst Rittel und Herbert Ohl zu einer der üblichen 14-tägigen Besprechungen. Zur Sprache kam als dritter und letzter Tagesordnungspunkt „Dr. Kesting": Hanno Kestings unsolidarische Äußerungen in Gegenwart von Beteiligten wie Außenstehenden über die Hochschule nahmen inzwischen rufschädigende Ausmaße an; es war dringend notwendig, etwas dagegen zu unternehmen.

Horst Rittel aber nahm seinen Freund in Schutz: Er habe diese Äußerungen „im Suff" von sich gegeben, sie seien deshalb entschuldbar.[349]

Zwei Wochen später erhielt Hanno Kesting Gelegenheit, seine persönliche Sicht vor dem Rektoratskollegium darzulegen und sich zu den Vorwürfen zu äußern.[350] Er tat dies in Gegenwart von Tomás Maldonado, Horst Rittel und Herbert Ohl sowie dem Stiftungsratsvorsitzenden Thorwald Risler, der als Gast zu der Sitzung eingeladen war – wahrscheinlich in der Annahme, er könne als neutraler Beobachter fungieren und im Notfall eingreifen.

Was bei dieser Besprechung herauskam, war eine Generalabrechnung Hanno Kestings mit Tomás Maldonado. Kesting brachte eine 14-seitige Abhandlung mit, die er in der Runde zu verlesen begann.

Dabei drehte er kurzerhand den Spieß um und machte Maldonado zum Sündenbock. Nach einer Weile wollte Thorwald Risler sich die Fülle der persönlichen Beleidigungen, die Kestings Pamphlet enthielt, nicht weiter anhören und drohte, den Raum zu verlassen.

Bemerkenswert aber war die Reaktion von Horst Rittel: Statt diese ebenso überzogenen wie beleidigenden Anschuldigungen gegen Maldonado zurückzuweisen oder wenigstens zu ignorieren, machte er sich Kestings Auffassung zu eigen. Das kam einer Kriegserklärung an Tomás Maldonado gleich.

Rittels Waffen waren dabei seine Worte, seine oft sarkastische und pointierte Art, mit der er seine Gegner angriff. Ihm muss klar gewesen sein, wie sehr Kestings Verhalten der HfG schadete. Aber er nahm das in Kauf, taktierte nach dem zweifelhaften Motto: der Zweck heiligt die Mittel. Geschickt benutzte er die Vorlage, die Kesting ihm gegeben hatte. Aus dem „Fall Kesting", so argumentierte er, sei nun ein „Fall Maldonado" geworden.

Am Ende der Sitzung konstatierte ein erschütterter Tomás Maldonado einen vollkommenen Vertrauensverlust innerhalb des Rektoratskollegiums.

In der Schule liefen derweil – wieder einmal – die Faschingsvorbereitungen auf Hochtouren. Am Rosenmontag sollte das große Fest steigen, diesmal unter dem Motto „latente talente".[351] Noch ahnte kaum jemand etwas von dem Zerwürfnis hinter der Tür des Rektorats. Doch die Gerüchteküche brodelte bereits: Kestings illoyale Äußerungen hatten ihre Wirkung getan. Rittels Machtkalkül ging auf.

Und Thorwald Risler ging es nun wie Inge Aicher-Scholl während der Bill-Krise: Während er im Begriff war, der HfG endlich eine sichere finanzielle Grundlage zu geben, stellte die Hochschule sich wieder einmal selbst in Frage. Angesichts der drohenden Eskalation des Konfliktes entschloss sich Risler, ein Zeichen zu setzen: Im Namen der Stiftung kündigte er Hanno Kesting zum 30. Mai 1960.

Der Vorstand werde auch in Zukunft „Verstöße gegen den ihm unbedingt notwendig scheinenden einwandfreien Stil des gemeinsamen Lebens und Wirkens im Schulbereich, in den Beziehungen zwischen Dozenten untereinander und zwischen Dozenten und Studierenden nicht dulden", notierte Risler dazu.[352]

Horst Rittel setzte sich unverfroren über diese Mahnung hinweg. Auch nach dem Ende der „Affäre Kesting" verfolgte er dessen Taktik weiter – jede Äußerung, jede Handlung Maldonados ließ sich dafür verwenden, indem sie aus dem Zusammenhang gerissen, polemisiert und weitergetragen wurde. Während der regelmäßigen Sitzungen des Rektoratskollegiums kamen Rittel und Maldonado ja zwangsläufig und auf kleinem Raum zusammen – dort ließen sich diese Angriffe besonders gut anbringen.

Mitte Mai 1960 fuhren Otl Aicher, Hans Gugelot und Tomás Maldonado zur *World Design Conference* nach Tokio, um dort jeweils einen Vortrag zu halten – ein weiteres Zeichen dafür, wie die Anerkennung der Hochschule nach außen hin wuchs. Die Veranstaltung wurde von dem japanischen Architekten Kenzo Tange geleitet und war der erste internationale Kongress, der im Japan der Nachkriegszeit von staatlicher Seite aus organisiert wurde.[353]

Zu den organisatorischen Helfern gehörte auch die Designstudentin Shizuko Yoshikawa. Ihr Landsmann Shutaro Mukai hatte ein Jahr lang in Ulm studiert und ihr bereits von der HfG erzählt. Nun lernte sie die Protagonisten der Ulmer Schule persönlich kennen.

Japan war in dieser Nachkriegszeit in einer ähnlichen Situation wie Deutschland. Yoshikawa berichtete: „Ich betrachtete die japanische Kultur als ‚altmodisch' und für die Jugend belastet. Besonders vermisste ich eine formale Kraft, die ich als aufbauendes, konstruktives Gerüst aus der Europäischen Musik, dem tonalen Aufbau, der Harmonik und polyphonen Schönheit kannte."

Sie war beeindruckt von der „gestalteten Schönheit und Klarheit", die sich ihr in den Vorträgen der Ulmer HfG-Dozenten offenbarte,[354] und entschloss sich, ihr Studium in Europa fortzusetzen.

Die Teilnahme an der japanischen Konferenz war ein großer Erfolg für die HfG. Ihre Vertreter erhielten dort Anerkennung und knüpften zahlreiche wichtige Kontakte. Zurück in Ulm, sah sich Tomás Maldonado allerdings erneut mit Rittels Zermürbungstaktik konfrontiert. Er hatte nun die Nase voll: Am 31. Mai 1960 legte er sein Amt als Mitglied und Vorsitzender des Rektoratskollegiums nieder. Als sein Nachfolger wurde Gert Kalow gewählt.

Wenige Tage später wählte der Kleine Konvent die Mitglieder des Rektoratskollegiums für das Studienjahr 1960/61.[355] Nun kam es darauf an: Würden sich die Dozenten der ersten Stunde, die sogenannten „Gestalter" durchsetzen? Oder die „Wissenschaftler" unter der Führung von Horst Rittel? Oder würde es im dreiköpfigen Rektoratskollegium wieder eine ähnlich ungute Situation geben wie im zurückliegenden Schuljahr? Statt sich einer Auseinandersetzung zu stellen, entschied sich die Gestalterfraktion, in den Streik zu treten: Otl Aicher, Hans Gugelot und Walter Zeischegg erklärten, sie wollten nicht mehr für das Rektoratskollegium kandidieren; sechs der Wahlberechtigten gaben leere Stimmzettel ab. Als besonders wirk-

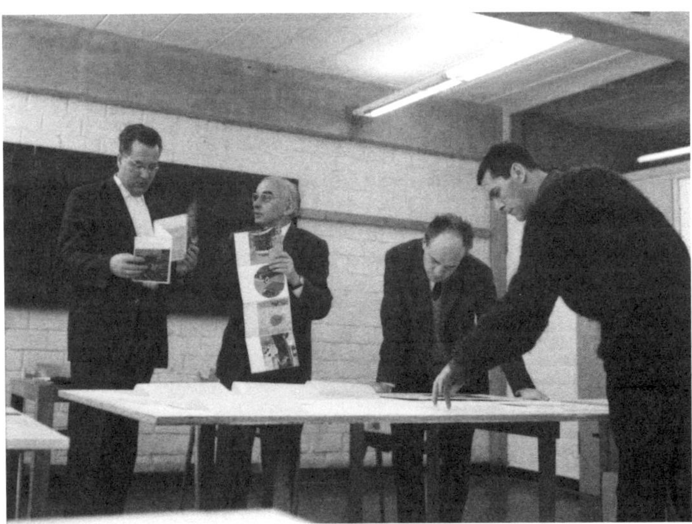

Von links nach rechts: Gert Kalow, Friedrich Vordemberge-Gildewart und Horst Rittel im Unterricht, um 1960. Foto: Alfred Jungraithmayr

sam entpuppte sich dieser stumme Protest nicht: Die Wahl galt trotzdem, nur dass jetzt erst recht niemand aus der Reihe der Verweigerer an der Regierung der Hochschule mehr beteiligt war.

Mitglieder des Rektoratskollegiums waren nun der um Ausgleich bemühte Gert Kalow, Horst Rittel, der mit seinem aggressiven Vorgehen nicht nur Maldonado, sondern gleich der ganzen Riege der alteingesessenen Dozenten den Krieg erklärt hatte, und Friedrich Vordemberge-Gildewart. Vordemberge-Gildewart hatte sich während der letzten beiden Jahre weitgehend aus der Führung der Schule herausgehalten. Nun also übernahm er noch einmal Verantwortung – sei es, weil sein alter Kontrahent Maldonado aus dem Rektoratskollegium ausgeschieden war, sei es wegen der Tatsache, dass sonst die Reihe der Kandidaten noch weiter geschrumpft wäre.

Thorwald Risler mahnte am Ende dieser Wahl zur Zusammenarbeit: Die Anwesenden sollten sich vergegenwärtigen, dass „man hier etwas gemeinsam tut".

Dieser Auffassung schlossen sich auch sechs ehemalige HfG-Studenten an, darunter Gui Bonsiepe, Herbert Lindinger, Hans Roericht und Claude Schnaidt. Sie hatten als Mitglieder der ersten Studentengenerationen den Aufbau der Schule mitgetragen, waren Teil der verschworenen Gemeinschaft, die dieses Werk in die Welt gebracht hatte. Inzwischen waren sie Mitarbeiter der Entwicklungsgruppen oder arbeiteten als Assistenten. Nun mahnten sie eine sachliche Auseinandersetzung an: „Die pädagogische Diskussion wird zu einer politischen Diskussion; die Designprobleme verwandeln sich in Felder politischen Kleinkampfes; und ein Fest wird zu einer möglichen Verschwörung. Eine Atmosphäre gegenseitigen Misstrauens füllt die Schule. Das allgemeine Gefühl der Unsicherheit überträgt sich auf die Studenten."[356] Um die „latente, wenn nicht offen demonstrierte Spaltung der Dozentenschaft" zu überwinden, forderten die Autoren eine neue, diesmal endgültige Verfassung für die Hochschule. Mit ihrer Hilfe würde jemand – ein Rektor etwa, der an die Stelle des uneinigen Rektoratskollegiums trat – dazu autorisiert werden, im Konfliktfall endgültige Entscheidungen zu treffen.

Der Kampf um die Macht

Das waren die Bedingungen, unter denen Gert Kalow im Oktober 1960 sein Amt als Vorsitzender des Rektoratskollegiums für das kommende Schuljahr antrat. Für ihn war das Erbe der Geschwister Scholl gleichbedeutend mit dem Auftrag, ein demokratisches Gemeinwesen zu organisieren: „Geschwister Scholl … Denn diese Schule ist überdies ein Stück Demokratie oder sie will es werden“, diese Notiz findet sich in seinem Nachlass.[357]

Kalow war von ausgleichendem Temperament und fest entschlossen, die Parteien miteinander zu versöhnen. Die neutrale Position, derer es für einen solchen Ausgleich bedurft hätte, besaß er allerdings nicht: In den Augen der alteingesessenen Dozenten gehörte auch er zu den sogenannten „Wissenschaftlern“, zu den an traditionellen Universitäten gebildeten und später hinzu gekommenen Dozenten, die das „wahre“ Wesen der Ulmer Hochschule nicht kannten und denen man deshalb nur bedingt vertrauen konnte.

Indessen hatte Thorwald Risler sein Konzept für die zukünftige Finanzierung der HfG ausgearbeitet und die entscheidenden Vorgespräche geführt. Im Oktober 1960 stellte er es dem Rektoratskollegium vor.[358] Die Schule selbst sollte demnach aus Zuschüssen der Bundesregierung und des Landes Baden-Württemberg finanziert werden sowie aus eigenen Einnahmen wie Studiengeldern und Mieten. Firmenaufträge der Entwicklungsgruppen sollten unabhängig davon laufen. In den vergangenen beiden Jahren hatten sich die fünf Entwicklungsgruppen zu eigenständigen Einheiten innerhalb der Schule entwickelt. Sie nutzten die Schulwerkstätten und deren Personal. Ihre Mitarbeiter – Sekretärinnen, technische Zeichner, Gestalter – waren bei der Stiftung angestellt und wurden von ihr bezahlt. Die Leiter der Entwicklungsgruppen erhielten ihre Dozentengehälter und konnten darüber hinaus durch die Arbeit ihrer Gruppen dazu verdienen. Die Einnahmen aus solchen Industrieaufträgen teilten sie mit der Stiftung.

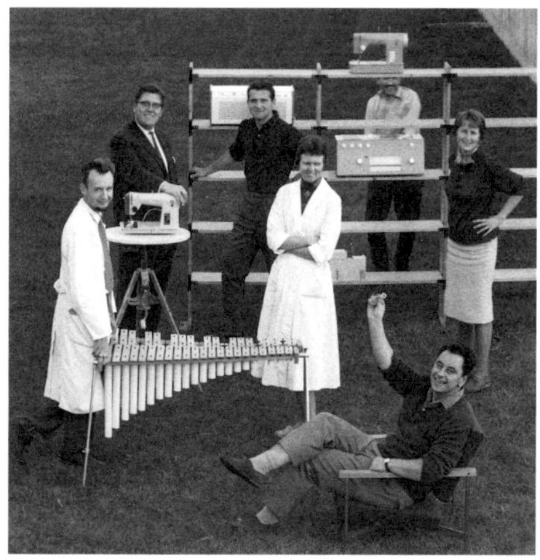

Hans Gugelot und die Mitglieder seiner Entwicklungsgruppe, um 1960. Von links nach rechts: Helmut Müller-Kühn, Hans Sukopp, Josef Mundel, Annemarie Bach, Herbert Lindinger (verdeckt), Hans Gugelot (im Sessel), Anneliese Müller (?)

Zahlreiche Industrieaufträge belegten in dieser Zeit den Erfolg der Entwicklungsgruppen, allen voran diejenigen von Hans Gugelot. Die Firma Braun gehörte nach wie vor zu den wichtigsten Auftraggebern der Schule. Für sie entwickelte Gugelot neben weiteren Radios unter anderem Küchengeräte sowie einen Rasierer. Seine Entwicklungsgruppe entwarf außerdem Nähmaschinen, ein Möbel- und ein „Element-Musik-System", ein Fotokopiergerät und Diaprojektoren. 1959 erhielt Hans Gugelot den Auftrag für die Gestaltung neuer Triebwagen für die Hamburger Hochbahn. Bei dieser wie auch anderen Gelegenheiten arbeitete er eng mit Otl Aicher zusammen. So trugen die Leiter der Entwicklungsgruppen durch die Zusammenarbeit mit der Industrie einen Teil zur Finanzierung der Schule bei.

Im Unterricht des neuen Studienjahres entfaltete nun Horst Rittel ein Feuerwerk an Aktivitäten. Auch in den Jahren zuvor hatte er sich hier stark engagiert, nun baute er seine Fächer weiter aus.

Rittel unterrichtete in den Bereichen Methodologie, Mathematik, Physik und Technische Physik, Allgemeine Mechanik, Farbe, Informationstheorie, Planungstechniken und Mathematische Operationsanalyse. Für die neuen Studenten in der Grundlehre entwickelte er gemeinsam mit Anthony Frøshaug Aufgaben für den Bereich Graphische Darstellung. Eine dieser Aufgaben bestand darin, Gegenstände zu klassifizieren. „Wir sammelten also kleine Gegenstände: Büroklammer, Kieselstein, Schraube, Schneckenhaus, Bleistiftspitzermesserchen … und waren bestrebt, möglichst Gegenstände unterschiedlicher Morphologie zu finden", erinnerte sich Winfried Jokisch.[359]

Stets schaffte es Rittel, die Brücke zum Konkreten zu schlagen. „Wo sonst gab es so einen jugendlich mitreißenden Mathematiker wie einen Horst Rittel, der mit Witz und in schönstem Berliner Jargon uns nicht nur mathematisches Wissen vermittelte, sondern plastisch nahebrachte. Er verlebendigte trockenen Stoff wie Mathematische Operationsanalyse oder Strukturtheorie, so dass wir sie im Designprozess anzuwenden wussten. Er brachte uns mit Stricknadeln und mit Locher gestanzten Spielkarten die Grundlagen für das Dualsystem bei", erinnerte sich Irene Beltzig-Bornhausen.[360] Horst Rittel verstand es, den Studenten sein ureigenes Interesse an Systematik und methodischer Planung zu vermitteln. „Anders als ihm manchmal unterstellt wurde, wollte er nicht den Designprozess in ein mathematisches Kalkül, in einen Algorithmus, verwandeln, um Design sozusagen zur Rechenaufgabe zu machen. (…) Im Gegenteil wurde er nicht müde, auf die Vertracktheit, ja Bösartigkeit (wickedness) von Planungs- und Designproblemen hinzuweisen, was sie der mathematischen Formalisierung entziehe", schrieb Karl-Achim Czemper.*[361]

Rittel setzte mit seinen Aufgabenstellungen und der Erziehung zu methodischem Vorgehen genau an der Stelle an, die Maldonado in seinem Entwurf für das Berufsbild des Produktgestalters vorgesehen hatte. Der Produktgestalter sollte vor allem ein Planer sein, ein Koordinator. Und anders als seinem Vorgänger Max Bense gelang es Rittel tatsächlich, abstrakte Überlegungen und ihre praktische Anwendung in Einklang zu bringen. Er führte die Studenten in

---

** Horst Rittel prägte für Aufgabenstellungen, die durch unvollständige, widersprüchliche oder sich ändernde Anforderungen schwer oder gar nicht zu lösen sind, den Ausdruck „wicked problems", der inzwischen zum Allgemeingut geworden ist.*

dieser Phase der Ulmer Hochschule an ein systematisches Denken heran und gab ihnen wichtige Werkzeuge mit auf ihren Berufsweg.

Wie fruchtbar diese Verbindung zwischen Wissenschaft und Gestaltung sein konnte, zeigte sich in der Zusammenarbeit Horst Rittels mit dem Designer Bruce Archer.

Archer war ein englischer Ingenieur, der sich früh mit dem Thema Design auseinandergesetzt hatte und seit 1957 dieses Fach an der *Central School of Art and Design* in London unterrichtete. Tomás Maldonado hatte ihn während einer Party in London kennengelernt und an die HfG eingeladen.[362] Archer zog mit seiner Familie nach Ulm und übernahm im Oktober 1960 die dritte Dozentenstelle in der Abteilung Produktgestaltung.*[363] Unbelastet von den schwelenden Machtkämpfen konzentrierte sich Archer auf die Erfordernisse des Unterrichts. Karl-Achim Czemper beschrieb ihn als einen „Engländer, wie er im Buche steht. Pragmatisch, fair, voller Humor. Immer präzise vorbereitet. Immer klare Argumente. Systematische Designmethoden waren sein Hauptgebiet".[364]

Per Rollenwechsel vermochte Archer, Probleme von ganz verschiedenen Standpunkten aus anzugehen. Gerda Krauspe entwarf unter seiner Anleitung einen Campinganhänger: „Das Ganze wickelte sich als Rollenspiel zwischen Auftraggeber und Auftragnehmer ab mit Archer als schottischem Mittelständler, der in einem solchen Produkt lukrative Anwendungen für seine Abkantbänke und Schweißmaschinen zu sehen glaubte. Dieses Rollenspiel, bei dem z. B. Besprechungsnotizen und Protokolle auszutauschen wa-

---

* *Georg Leowald war bereits im Juni 1960 aus gesundheitlichen Gründen ausgeschieden. Zuvor hatte es eine intensive Diskussion darüber gegeben, ob er sein Architekturbüro nicht als Entwicklungsgruppe in die HfG integrieren könne. Dagegen wehrte er sich allerdings entschieden: Warum sollte er plötzlich einen Teil seiner Einnahmen an die Stiftung abgegeben? Hier zeigt sich das Problematische dieser Konstruktion von der anderen Seite her: Während etwa für Horst Rittel – mangels eines eigenen Forschungsbereiches – die Dozententätigkeit im Mittelpunkt seiner Arbeit stand, sahen die Gestalter die eigene praktische Arbeit – neben dem zusätzlichen Gelderwerb – als einen Teil ihrer Qualifikation für ihre Tätigkeit als Lehrer.*

ren und natürlich die gesamte Archer'sche systematische Entwurfsmethodik zum Einsatz kam, fand ich ebenso lehrreich wie vergnüglich."[365]

In Rittel und Archer hatten sich zwei gefunden, die perfekt und zum Wohle der Studenten zusammenzuarbeiten vermochten, ein „kongeniales Gespann", wie Gerda Müller-Krauspe im Nachhinein vermerkte. Unter ihrer Anleitung konnten die Studenten auch Erkenntnisgewinn aus scheinbar banalen Fragestellungen ziehen: „Unvergesslich die Klärung der Frage, ob sich so etwas wie ein genuiner Krawatten-Typus an der hfg an Hand von rund 200 leihweise eingesammelten Schlipsen nachweisen ließe. Aufgabenstellung und Durchführung versetzten nahezu die gesamte Studentenschaft über Stunden und in mehreren Räumlichkeiten in Rotation – als Protokollanten- oder Bewertungsteams und schließlich als Evaluationsgruppen –, um am Ende ein eher enttäuschendes, weil nicht signifikantes Resultat zu erhalten. Indessen, der Umgang mit widerlegten Annahmen ist ja auch bedeutsam", schrieb Gerda Müller-Krauspe.[366]

Rittels Auseinandersetzung mit Planungstechniken, sein Wirken in allen Abteilungen und Studienjahren der Ulmer Hochschule, dazu Archers systematisches Vorgehen, seine umfassende Beschäftigung mit der Bedeutung von Industriedesign in all seinen Aspekten, prägten die Schule über den eigentlichen Unterricht heraus.

Tomás Maldonado aber, der durch seine gedankliche Vorarbeit diese Entwicklung erst möglich gemacht hatte, der bei der Berufung Rittels wie Archers federführend gewesen war, beschränkte sich in diesem Jahr auf den Unterricht im Fach Semiotik und konzentrierte sich im Übrigen auf seine neue Aufgabe als Leiter der Entwicklungsgruppe 6.

Auch der Unterricht bei den anderen alteingesessenen Dozenten gestaltete sich für die Studenten der Abteilung Produktgestaltung Ende der 1950er Jahre eher enttäuschend. Selbst Hans Gugelot, der den Ruf der Schule mit seinen Entwürfen noch immer entscheidend bestimmte und damit auch einen Anziehungspunkt für

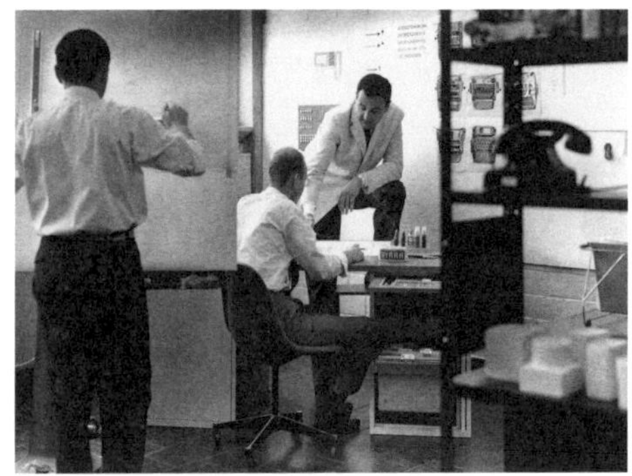

Entwicklungsgruppe Maldonado. In der Mitte: Gui Bonsiepe und Tomás Maldonado (stehend), ca. 1962. Foto: Claus Wille

Studienwillige bildete, war vor allem mit dem weiteren Ausbau seiner Entwicklungsgruppe beschäftigt. Reinhart Butter beschrieb den Unterricht in der Zeit vor Bruce Archers Engagement: „Erklärt wurde kaum mal etwas. Anleitungen gab es keine. (...) So erforderten Abteilungsprojekte zumindest anfänglich ein stetes Herum- und Herantasten an Vorgehensweise und mögliche Lösungen. Unser Studienjahr z. B. bekam von Gugelot eine Sartoriuswaage auf den Tisch gestellt, mit nicht viel mehr als der Bemerkung: Jetzt macht was draus! (...) Alles war irgendwie mysteriös in diesen Tagen und erforderte häufig so etwas wie einen sechsten Sinn zur Erahnung der pädagogischen Zusammenhänge."[367]

Und Heinz Wäger berichtete: „Gugelot begleitete einige von uns Studenten beim Re-Design einer Kaffeemühle, darauffolgend beim Entwurf eines Transistor-Radios. In beiden Fällen fühlten wir uns oft sträflich allein gelassen. Die Resultate trugen zu einer höchst ‚ungesicherten' Beurteilung mit geringem Lerneffekt bei."[368]

Walter Zeischegg wiederum zeigte sich zwar engagiert, besaß aber nicht unbedingt die persönlichen Qualitäten für einen zielführenden Unterricht. Damit hatten sich ausgerechnet diejenigen auseinanderzusetzen, denen seine besondere Wertschätzung galt, etwa Gerda Krauspe: „Walter Zeischegg als erster Betreuer ließ sich zwar oft mehrstündig täglich an meinem Arbeitsplatz nieder, beschäftigte sich allerdings kaum mit dem Projekt als vielmehr mit Kinetik, Bionik und Gott und der Welt in Form seiner endlosen Monologe. Die strapaziöse Bevorzugung, die Zeischegg mir schenkte, verhalf den männlichen Kommilitonen zu unbetreutem, aber auch ungestörtem Fortschritt, mir hingegen zu einem aufgestockten abendlichen Arbeitspensum."[369]

Zeischeggs umfassende Herangehensweise führte denn auch zu massiven Zeitüberschreitungen, etwa bei der Aufgabe, ein Porzellanwaschbecken zu entwerfen. Heinz Wäger berichtete: „Die vier darauffolgenden Monate im 2. und drei ganze Quartale im 3. Studienjahr verwickelte uns Zeischegg tief in die Hygienegeschichte der vergangenen 2000 Jahre und begleitete uns in die formalen und herstellungsrelevanten Probleme neuzeitlicher Sanitär-Objekte."[370]

Ansätze für eine wissenschaftliche Begleitung der Designarbeit fanden sich in diesem Jahr auch bei Mervyn W. Perrine. Nachdem das Ford-Stipendium ausgelaufen und er als Dozent angestellt worden war, brachte Perrine sich mehr als bisher in den Unterricht ein, wandte sich aber auch konkreten Forschungen auf seinem Gebiet zu. Der HfG-Absolvent Klaus Krippendorff arbeitete nach seinem Diplom als Forschungsassistent bei Perrine. Er beschrieb die Atmosphäre des gegenseitigen Misstrauens und der Ablehnung, die sich inzwischen – wieder – an der HfG breit gemacht hatte. Vor allem Aicher habe keinen Respekt vor einer wissenschaftlichen Arbeitsweise gehabt, so Krippendorff. Er wollte Ergebnisse nicht hinnehmen, die etwa seiner eigenen Auffassung von Farbe widersprachen. „Er war ohne Zweifel ein herausragender Grafik-Designer, aber wir forschten über die Wahrnehmung normaler Leute, die seine Zielgruppe hätten sein können."[371]

Eine ähnliche Erfahrung beschrieb Erika Fortner: „Eine weitere Aufgabe von Prof. Perrine ging um den Einfluss der in Ulm üblichen Kleinschreibung auf die Lesbarkeit eines Textes. Wie eigentlich nicht anders erwartet zeigte sich, dass die Kleinschreibung die Lesegeschwindigkeit signifikant verringerte."[372] Konsequenzen daraus wurden, soweit bekannt, nicht gezogen.

In der Bauabteilung hatte Herbert Ohl sich inzwischen als federführend etabliert. Der Student Leonhard Fünfschilling schilderte ihn als „die verkörperte Corporate Identity" der Bauabteilung: „Alles was von ihm zu sehen war, schien irgendwie zusammenzupassen: seine Erscheinung (grauer Anzug mit abfallenden Schultern, weißes Hemd, Krawatte), seine schnelle, etwas schnoddrige Sprache ebenso wie die in seinem Atelier herumstehenden Modelle von komplizierten Entwürfen in Leichtbauweise (z. B. sein Kugelkino) und von metallen schimmernden Sandwichbauteilen mit ausgeklügelten Verbindungen. Alles deutete auf einen attraktiven Lebens- und Arbeitsstil hin, einen Stil, der Leichtigkeit und zugleich eine durch komplizierte Lösungen ermöglichte Einfachheit versprach."[373]

Ohl arbeitete in dieser Zeit unter anderem mit der Firma Hoechst zusammen, für die er ein Poly-Faltplatten-Bausystem entwickelte, eine Anwendung für einen neuen Kunststoff.[374] Allerdings bewegten er und seine Studenten sich damit allzu sehr auf theoretischem Gebiet, entwarfen mit „dem hypothetischen Ziel einer Massenproduktion für einen mystischen Abnehmermarkt", urteilte der Student Rupert Urban nachträglich.[375] Städtebauliche Aspekte oder die Bedürfnisse der Bewohner wurden kaum beachtet – obwohl die entsprechenden Experten zumindest zeitweise als Gastdozenten zur Hand waren.

Als Schlüsselerlebnis in Bezug auf die Möglichkeiten des Industrialisierten Bauens bezeichnete der Student Klaus Pfromm den Besuch der französischen Beton-Bauelementfabrik *Camus* in Forbach. Dort erfuhren die HfG-Studenten, dass die durch die Rationalisierung gesenkten Baukosten keineswegs an die späteren Bewohner weitergegeben wurden, sondern allein dem Hersteller zugute kamen. Nach heftiger Diskussion auf der Heimfahrt im Bus kamen Pfromm und eine Reihe seiner Kommilitonen zu dem Schluss: „Das soll nicht unsere Zukunft werden, Rationalisierungsexperten für ein profithungriges Kapital."[376]

Innerhalb der Bauabteilung bildete sich bald eine starke Opposition gegen Herbert Ohl, die sich vor allem an Horst Rittel orientierte. Um diese „unruhige Gruppe zu befrieden", wurde im Studienjahr 1961/62 Rudolf Doernach als weiterer Dozent für die Bauabteilung an die HfG berufen. „Von Rudolf Doernach – der eine Zeit lang bei Buckminster Fuller gearbeitet hatte – haben wir eine lustbetonte Herangehensweise gelernt, die auch für Spontaneität offen war. Er war einer der ersten der in ökologischen Zusammenhängen denkenden Lehrer (…) Ihm waren Funktion und Nachhaltigkeit wichtiger als die äußere Ästhetik eines Gebäudes", erinnerte sich Gerhard Curdes.[377]

Derweil trieb Christian Staub die Entwicklung der Filmabteilung voran. Im Juni 1960 legte er ein „Memorandum zur Gründung einer Film- und Fernsehabteilung an der HfG" vor.[378] In der Bundesrepublik gab es bis zu dieser Zeit keine Ausbildungsstätte in diesem Bereich.* Mit der Gründung einer Entwicklungsgruppe Film und der Anstellung eines Regisseurs als Gastdozent und Leiter des Büros könne die HfG diese Aufgabe übernehmen, erklärte Staub. Ein Teil des Unterrichts in der Visuellen Kommunikation und der Informationsabteilung solle dem Medium Film gewidmet, weitere Gastdozenten dafür eingestellt werden. Für die Finanzierung orientierte sich Staub am bewährten HfG-Modell: Dafür sollten die Einnahmen einer entsprechenden, neu eingerichteten Entwicklungsgruppe garantieren.

Erste filmbezogene Seminare und Übungen fanden an der HfG ab Oktober 1960 in der Abteilung Visuelle Kommunikation statt. Unter anderem gab Christian Staub einen Überblick über die Geschichte des englischen Dokumentarfilms und machte mit Studenten aus den Abteilungen Information und Visuelle Kommunikation praktische Übungen mit einer 16-mm-Kamera – wobei er selbst wohl genauso den Umgang damit lernen musste wie die Studenten.

** Allerdings gab es auch andernorts Bestrebungen, entsprechende Ausbildungsstätten einzurichten, etwa durch das Land Nordrhein-Westfalen oder die Stadt München.*

Im März 1961 erschien die erste Ausgabe der HfG-Studentenzeitschrift *output*. „Stiftung und Rektorat wollten ihre Vorstellungen von einer privaten Hochschule unbeeinflusst von staatlichen Einflüssen beibehalten. Die Studenten sahen ihre Interessen in dieser Lösung nicht genügend berücksichtigt. Sie vermissten eine ernsthafte Diskussion über den Status der Schule und ihre Entwicklung. Aus dieser Unzufriedenheit heraus fand sich eine Gruppe von Studenten zusammen und gründete die Zeitschrift ‚output'", erinnerte sich Susanne Eppinger Curdes.[379]

Im ersten Heft fragten die Herausgeber denn auch nach *Wirklichkeit und Zielen der Hochschule für Gestaltung*. Sie stellten eine Reihe von Textausschnitten zusammen, darunter Zitate aus der Stiftungsurkunde der Geschwister-Scholl-Stiftung, Äußerungen von Max Bill, Walter Gropius, Gert Kalow sowie aus Veröffentlichungen über die HfG, und druckten eine Rede von Horst Rittel ab. Damit stellten die Autoren dieser ersten *output*-Ausgabe erstmals historische Zusammenhänge her, gaben ihrem Dasein an der Hochschule eine zeitliche Dimension. Das unterschied diese Publikation von den offiziellen Verlautbarungen, in denen entweder der Status Quo als dauerhafter Zustand angenommen wurde – etwa in der Ausstellung von 1958 oder den *ulm*-Heften –, oder, wie in Maldonados oder Rittels Vorträgen, die Vergangenheit als etwas Überwundenes dargestellt und die Zukunft in leuchtenden Farben ausgemalt wurde. Indem die *output*-Redakteure auch ältere Quellen befragten, stellten sie zugleich das Handeln derjenigen in Frage, die die Geschicke der HfG bis dahin geleitet hatten. Sie beanspruchten eine eigene Position, die nicht unbedingt der offiziellen Linie der Hochschule entsprach.

Während der Auseinandersetzungen des Jahres 1960 hatte Thorwald Risler als eine Art väterlicher Berater die Geschicke der HfG begleitet: Er hatte Wahlen geleitet, mahnende Worte gesprochen und immer wieder für einen fairen Umgang miteinander plädiert. Gleichzeitig hatte er daran gearbeitet, die Finanzierung der Hochschule auf ein solides Fundament zu stellen. Die stetige Geldnot und die Ungewissheit, wie es im nächsten Schuljahr weitergehen sollte, hatten die Hochschule geprägt und sicher auch manchen Konflikt verschärft.

Die HfG stand im Ruf, eine für den Staat teure Institution zu sein und gegenüber den staatlichen Hochschulen bevorzugt zu werden:[380] Nie kam sie mit dem veranschlagten Etat aus, immer wieder gab es Nachforderungen und Hilferufe. Dem ging nun Günter von Alberti nach, der das baden-württembergische Kultusministerium im Verwaltungsrat der Geschwister-Scholl-Stiftung vertrat. Er stellte fest, dass etwa die Karlsruher Kunstakademie ein Vielfaches an Zuschüssen erhielt und bestärkte Thorwald Risler darin, mit seinen Forderungen gegenüber den öffentlichen Geldgebern nicht zu bescheiden zu sein.

Risler orientierte sich bei seinem Finanzierungsplan an Tomás Maldonados *ulmer modell.* Er plante, die HfG bis zum Jahr 1962 mit einem Gesamtetat von 1,8 Millionen Mark auszustatten. So würden genügend – insgesamt 15 – Festdozentenstellen geschaffen[381] und neue Dozentenwohnungen wie die restlichen Wohntürme für die Studenten gebaut werden können. Die Zeichen für einen derart ehrgeizigen Plan standen günstig: Der Staat hatte inzwischen generell mehr Geld zur Verfügung, und Bildungspolitik gewann in der jungen Bundesrepublik an Bedeutung.[382] Tatsächlich gelang es Risler im Lauf des Jahres 1961, bei den zuständigen Ministerien die

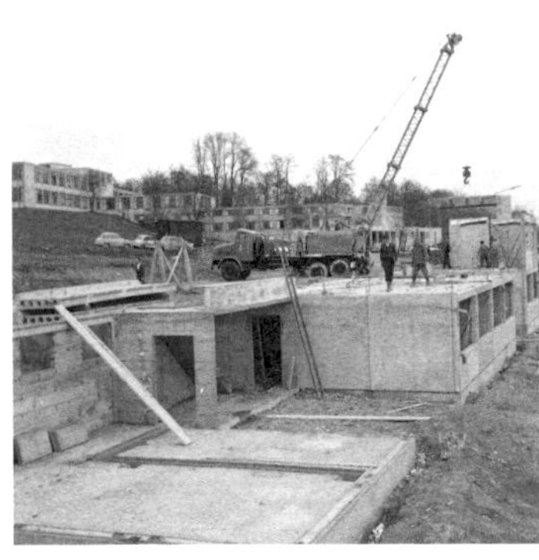

Bau der neuen Dozentenhäuser aus Beton-Fertigteilen. Architekten: Hans Gugelot und Hans Friedrich Eychmüller, 1961. Foto: Wolfgang Siol

entsprechenden Zuschüsse zu bekommen. Dabei argumentierte er mit der Einzigartigkeit und dem bisherigen Erfolg der HfG wie auch des Instituts für Produktgestaltung, mit den zahlreichen internationalen Verbindungen und der Tatsache, dass in einer Reihe von Ländern bereits neue Gestaltungshochschulen nach dem Vorbild der HfG entstanden seien.[383]

Im Februar 1961 war dieser Erfolg allerdings noch nicht gesichert – und in diesem kritischen Moment geriet Risler nun selbst ins Kreuzfeuer. Anlass war der auslaufende Vertrag von Mervy W. Perrine. Bis zum Ende des vergangenen Schuljahres hatte die Ford-Foundation seine Stelle im Zuge des Aufbaus des Instituts für optische Wahrnehmung bezahlt. Nun wurde Perrines Gehalt aus dem Etat für Gastdozenten bestritten, wo der entsprechende Betrag deshalb fehlte. Thorwald Risler ging davon aus, dass Perrines Vertrag nicht über den Juni 1961 hinaus verlängert werden würde.

Dagegen sträubte sich allerdings Perrine: Er argumentierte, die Ford-Stiftung habe sein Stipendium als Anschubfinanzierung gedacht; es ginge deshalb nicht an, nach dem Auslaufen der Förderung seine Stelle zu streichen. In den nun folgenden Wochen gelang es Perrine, die in allen Dingen zerstrittene Dozentenschaft in dieser Sache zu einen und gegen Thorwald Risler aufzubringen: In seiner Sitzung am 18. April entschied der kleine Konvent, dass Risler mit der Entscheidung, Perrine nicht weiter zu beschäftigen, in den pädagogischen Betrieb eingegriffen und damit seine Kompetenzen überschritten habe.[384] Die Studenten, die über ihre Vertreter im Konvent über die Streitigkeiten informiert waren, beriefen für den 20. April eine Vollversammlung ein und drohten mit Streiks und der Unterrichtung der Öffentlichkeit, falls die Forschungsstelle nicht erhalten werde. Der Student Peter Beck berichtete darüber an seine Mutter: „Dazu kommt noch, dass wir gestern keinen Lehrbetrieb hatten. Dies lässt sich eher rechtfertigen – sogar vorzüglich. Wir haben es gerade jetzt getan, um uns Gehör zu verschaffen. Auch Studenten können stark sein, wenn sie zusammenhalten."

15 Jahre nach dem Ende des Faschismus war es für die jungen

Bürger der Bundesrepublik durchaus nicht selbstverständlich, in einen Streik zu treten und sich dadurch Gehör zu verschaffen.

Gert Kalow versuchte nun händeringend, zu vermitteln. Am 3. und am 4. Mai meldete er jeweils ein Telefongespräch ins ferne Italien an und telefonierte mit Risler, der inzwischen im Urlaub auf Ischia weilte.[385] Er hätte sich die Mühe sparen können: Am 7. Mai erklärte Perrine, er werde seinen Aufenthalt in Ulm beenden und zum Ende des Studienjahres in die USA zurückkehren.

Für weitere Aufregung in dieser unguten Lage sorgte Anthony Frøshaug: Er reiste nach London – allerdings nicht allein. In seiner Begleitung befand sich die minderjährige Tochter eines Ulmer Taxifahrers.[386]

„Er war schön", schreibt der Schriftsteller Wolfgang Hildesheimer über den Freund, „und seine Schönheit, deren Nutzwert er zu verwerfen schien, diente ihm dennoch gut. Eines einzigen Werkzeugs nämlich bediente er sich mit niemals nachlassendem Genuss: des männlichen, auf dieses konnte er sich verlassen, und hier zu verzichten, hätte ihm den endgültigen Bruch mit dem Leben bedeutet. Anthony betrieb die Verführung nicht als Kunst, sie war ihm notwendig. In aller Unschuld holte er sich, was ihm zukam, und da er auf soviel anderes verzichtete, holte er sich reichlich. Widerstand hätte ihn erstaunt, vor Versprechen hütete er sich, Kinder nahm er in Kauf und beobachtete sie, nicht lieblos aber untätig, aus der Ferne."[387]

Was nach Frøshaugs Abreise aus Ulm folgte, war ein Kleinstadtskandal, die fristlose Kündigung, und wieder einmal eine Leerstelle in der Riege der Dozenten: Anthony Frøshaug blieb in London und übernahm fortan einen Grundkurs am *Royal College of Art*.[388] Dabei hatte er sich in Ulm durchaus am richtigen Platz gefühlt. Den vernichtenden Konflikten, „allen freundlichen und unmenschlichen Tendenzen" zum Trotz sei dort ein „unglaublich hoher Standard des Denkens und der Präsentation, sowohl bei Mitarbeitern als auch bei Studenten entstanden", schrieb er im Rückblick.[389] Die Unversöhnlichkeit und Härte, mit der die Verantwortlichen der

HfG auf seine Verfehlung reagierten, war für ihn nicht zu verstehen.[390]

Im Juni trat, wie in jedem Sommer, der kleine Konvent erneut zusammen, um das Rektoratskollegium für das kommende Studienjahr zu wählen. Die Wahl war eine Variation derjenigen vom vergangenen Jahr: Sieben der elf wählbaren Dozenten stellten sich nicht zur Verfügung, gewählt wurden Horst Rittel, Gert Kalow und Friedrich Vordemberge-Gildewart. Die HfG steckte noch immer in derselben Führungskrise fest wie vor einem Jahr.

Otl Aicher übernahm nun den Vorsitz der Verfassungskommission, zu deren Mitgliedern allerdings auch Horst Rittel zählte: bis Ende des Jahres, so das Ziel, sollte die neue Verfassung ratifiziert werden und damit endlich wieder Ruhe in die Hochschule eintreten[391] – ein angesichts der verfahrenen Situation höchst unrealistischer Plan.

Nach wie vor taten die Beteiligten so, als gebe es zwar eine Verfassungskrise und sachliche Meinungsverschiedenheiten, aber keine persönlichen Aversionen und Verletzungen. Das hatte sicherlich damit zu tun, dass es im Deutschland der 1960er Jahre keine Kultur der Mediation gab, auf die man notfalls zurückgreifen konnte, keine Kommunikationsmodelle und Coachings, die es einsichtigen Beteiligten ermöglicht hätten, zunächst einmal die eigenen Bedürfnisse zu klären und sich dann auf einen Kompromiss zu einigen – falls man überhaupt zu Kompromissen bereit war.* Dieses Ignorieren der eigentlichen Konflikte mag aber auch daran gelegen haben, dass allen Verwerfungen zum Trotz der Zauber des Anfangs noch immer weiterwirkte: Das Bild der verschworenen Gruppe, die gegen alle äußeren Widerstände an einem gemeinsamen Projekt

---

* *Diese Kompromisslosigkeit hat durchaus ihre Tradition in Deutschland. Schon in der Weimarer Republik, erst recht aber während des Faschismus, wurde ein Nachgeben gerne als ein Zeichen von Schwäche angesehen und war deshalb verpönt. Kurt Tucholsky brachte diese Haltung 1919 in seinem* Lied vom Kompromiss *zum Ausdruck: „Seit November tanzt man Menuettchen, wo man schlagen, brennen, stürzen sollt. Heiter liegt der Bürger in dem Bettchen, die Regierung säuselt gar zu hold."*

arbeitet. Die HfG, so stellte Kalow denn auch im Rückblick fest, habe an einer „idealistischen Selbstüberforderung“ gelitten: Ihr habe die Vorstellung zugrunde gelegen, dass sie „ohne den Zwang irgendwelcher Regeln, eigentlich auf einem engen Freundschaftsbund funktionieren müsse.“[392]

Kurz nach der Rektoratswahl ließ sich Gert Kalow für ein Jahr von seiner Dozententätigkeit beurlauben. Die Philosophin Hannah Arendt hatte ihm ein Stipendium der Rockefeller Foundation vermittelt, das ihn in die Lage versetzen sollte, „Forschungen über die Voraussetzungen einer dauerhaften Demokratie in Deutschland anzustellen.“ Kalow erhielt dieses Stipendium ausdrücklich in seiner Eigenschaft als Dozent der Hochschule für Gestaltung.*[393] Damit würdigten die Amerikaner ein weiteres Mal die Anstrengungen der HfG-Gründer – und entzogen der Hochschule zugleich eine wichtige ausgleichende Kraft.

Zunächst nahm Kalow seine Aufgaben im Rektoratskollegium allerdings noch wahr. Anfang Oktober hielt er die nun schon traditionelle Rede des Rektoratsvorsitzenden zur Eröffnung des neuen Studienjahres. In diesem Jahr studierten 130 Studenten an der HfG, 48 waren neu hinzugekommen. An diese richtete Kalow – vordergründig – eine Reihe mahnender Worte, mit denen er sich in Wirklichkeit an seine Dozentenkollegen wandte: „Wir müssen uns bemühen, vollkommen unfruchtbare Binnenreibungen, wie sie in einer exponierten Gemeinschaft wie der unseren nur zu leicht auftreten, bewusst zu unterbinden. Wir müssen ferner davor auf der Hut sein, dass unsere Arbeit jemals irgendwelche Züge von Sektiererei annimmt.“[394]

Kalow berichtete des Weiteren über die Entscheidungen des Sommers: Die Grundlehre wurde aufgelöst, die neuen Studenten begannen ihr Studium direkt in den Abteilungen. Begründet wurde diese Änderung damit, dass die Studenten so mehr Zeit hätten, sich

* *Kalows Buch* Hitler – Das gesamtdeutsche Trauma *erschien 1967 als Ergebnis seines Rockefeller-Stipendiums.*

auf ihr eigentliches Fachgebiet zu konzentrieren. Eine Rolle dürfte aber auch Anthony Frøshaugs plötzliches Ausscheiden gespielt haben: Abgesehen von allen persönlichen Unzulänglichkeiten hatte er in seiner Zeit an der HfG ein durchaus tragfähiges und schlüssiges Konzept für die Grundlehre entwickelt. Deren Neukonzeption erlaubte es, sich erst gar nicht auf die mühsame Suche nach einem Nachfolger machen zu müssen – verhinderte aber auch, dass dieser Ansatz weiter verfolgt werden konnte. Als zweiter Dozent der Bauabteilung wurde in diesem Jahr der Architekt Rudolf Doernach berufen, der bisher als Gastdozent unterrichtet hatte, und Tomás Maldonado übernahm die dritte Dozentur der Produktabteilung in der Nachfolge von Bruce Archer – ein Vorgang, der von heftigen Protesten begleitet war. Auch Archer war nicht freiwillig gegangen, sondern sein Vertrag nicht verlängert worden.

Ende Oktober legte Gert Kalow sein Amt im Rektoratskollegium nieder. Vielleicht hatte er gehofft, bis zu seinem Rücktritt werde endlich die neue Verfassung vorliegen und für die Lösung aller Probleme sorgen. Das war aber nicht der Fall. Nun war es Hans Gugelot, der noch einmal eine Stelle im Rektoratskollegium einnahm. Allerdings stellte er sich nur für eine begrenzte Zeit zur Verfügung, nämlich so lange, bis tatsächlich die Verfassung in Kraft treten konnte, längstens bis Ende Januar 1962.

Aicher gewinnt

Seit dem Sommer 1959, also seit gut zwei Jahren, hatten sich die „Gestalter“, wie die Dozenten der ersten Stunde nicht ganz zutreffend genannt wurden, weitgehend aus der Leitung der Schule herausgehalten. Hans Gugelot, Otl Aicher und Tomás Maldonado hatten sich auf ihre zunehmend erfolgreiche Arbeit in den Entwicklungsgruppen konzentriert und im Unterricht wenig Engagement gezeigt.

Otl Aicher trat in dieser Zeit mit seiner Gruppe aus dem Schatten des überaus erfolgreichen Hans Gugelot heraus. Hans G. Conrad, Aichers Mitarbeiter und Student aus den HfG-Gründungstagen, war inzwischen Leiter der Werbeabteilung der Deutschen Lufthansa.[395] Auf seine Initiative hin bekam Aicher den Auftrag, das Erscheinungsbild des Konzerns zu überarbeiten. Thorwald Risler vermittelte ihm außerdem einen Auftrag der BASF. Für sie gestaltete Aicher nun einen Messestand für die Hannovermesse.

Dennoch hatte er das Geschehen an der HfG nicht aus dem Blick verloren. Noch immer hoffte er auf eine neue Verfassung, die ihm seinen Einfluss zurückgeben sollte. Doch Horst Rittel, wiewohl Mitglied der Verfassungskommission, hatte kein Interesse an einer solchen Veränderung. So war es nicht verwunderlich, dass sich ihre Mitglieder auf keinen gemeinsamen Text einigen konnten.[396]

Mit ihrer Zeitschrift *output* hatten sich die HfG-Studenten inzwischen ein wirksames Instrument geschaffen, um aktiv in die Hochschulpolitik einzugreifen. „Wir stellten an uns selbst jene Anforderungen der ‚Zivilcourage‘, die John F. Kennedy und der progressive innerdeutsche Dialog der neuen Generation abforderte: Meinungen zu entwickeln und diese auch öffentlich zu vertreten.“[397] Das zeigte sich spätestens im Dezember 1961, als es im Heft *output 6 + 7* um „Die pädagogischen Ziele der Grundlehre“ ging. Darin wurde das Programm der letzten gemeinsamen Grundlehre ausführlich dargestellt. Zugleich kritisierten die Redakteure deren Ab-

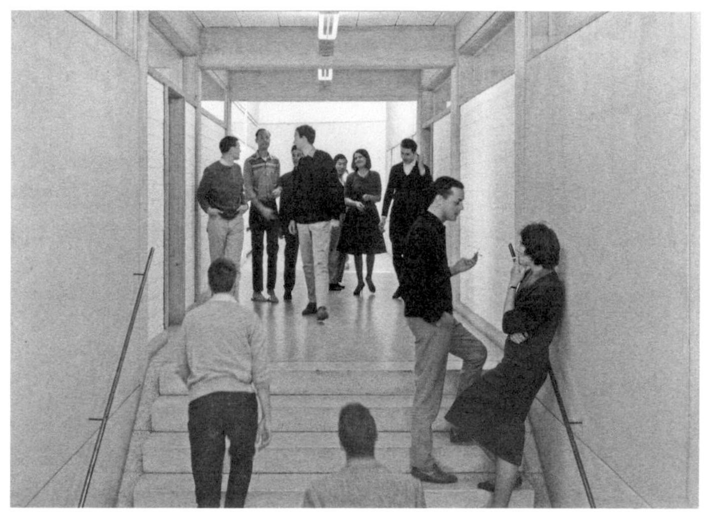

Studenten im Durchgang zwischen Mensa und Unterrichtstrakt, 1960. Foto: Claus Wille

schaffung. Zündstoff bot auch der unter „Personaler Output" veröffentlichte Kommentar zum Weggang von Bruce Archer – Archer wurde mit seiner Aussage zitiert, die HfG fasse ihre Beschlüsse „durch korrupte Eckenmanöver". Für die *output*-Redakteure blieb so viel Zivilcourage nicht ohne Folgen: Im Januar 1962 erhielten sie von dem damaligen Rektoratskollegiumsvorsitzenden Hans Gugelot eine mündliche Verwarnung.[398]

Susanne Eppinger Curdes sah in diesen Konflikten dennoch einen Sinn: „Ich lernte politisch zu denken. Im Ganzen waren die Auseinandersetzungen zwischen den Gremien der Schule für uns Studenten überhaupt eine Übung in politischer Aktivität – ironischerweise anders, als Inge Aicher-Scholl sich das gedacht haben mag."[399]

Während die Mitglieder der *output*-Redaktion deutlich auf der Seite der Rittel-Anhänger Stellung bezogen, kamen eine Reihe von Studenten des 1. Studienjahres zur gegenteiligen Auffassung. In einer „Denkschrift" machten sie Anfang Februar 1962 ihrer Frustration Luft. „Auslöser für diese Denkschrift war die zusätzliche Belastung mit theoretischen Fächern, die im Sinne eines Kenntnisausgleichs nach dem Abendessen besucht werden mussten“, erinnerte sich Hans Oscar Thehos.“[400] Sie seien nach Ulm gekommen, um an einer gemeinsamen Aufgabe mitzuwirken, schrieben die Studenten – im gestalterischen Bereich: „Wir wollen keine Soziologen werden, keine Physiologen, keine Psychologen und schon gar keine Strukturtheoretiker, Statistiker, Analytiker oder Mathematiker, sondern *Gestalter.*“

Otl Aicher griff diese Initiative nur allzu gerne auf. Er verfasste einen Brief an alle Beteiligten: den Vorstand der GSS und Thorwald Risler als dessen Vorsitzenden, an das Rektoratskollegium sowie die fest angestellten Dozenten der HfG. Darin schrieb er, es sei mit der HfG in den letzten beiden Jahren ständig bergab gegangen. „Wir, die wir diese Schule begründet und aufgebaut haben, mussten aus Gründen der Solidarität mit ansehen, wie aus Unvermögen und Eitelkeit Stück für Stück des Werkes auseinanderfiel.“ Er forderte den Rücktritt des Rektoratskollegiums, darunter auch seines alten Mitstreiters Hans Gugelots: „Die Zeit des Zusehens ist vorbei.“[401] Damit brüskierte Aicher nicht nur Gugelot, er vernachlässigte auch geflissentlich die Tatsache, dass er und seine „Gestalter“-Kollegen durch ihre Weigerung, in der Leitung der Hochschule mitzuarbeiten, ihren Teil zu der Misere beigetragen hatten.

Drei Tage später trafen sich Thorwald Risler und die Mitglieder des Rektoratskollegiums, Hans Gugelot, Horst Rittel und Friedrich Vordemberge-Gildewart. Risler wollte ein weiteres Mal zwischen den Konfliktparteien vermitteln. Im Verlauf dieser Sitzung erschienen die beiden Studentenvertreter Karlheinz Allgayer und Klaus Pfromm im Rektorat, um den Anwesenden die druckfrische Ausgabe von *output 9* zu überreichen.[402] Deren einziges Thema war die Verfassung beziehungsweise die Verfassungen von GSS und HfG. Die Studentenvertreter fühlten sich berechtigt, ja geradezu verpflichtet, am Entwurf der neuen Verfassung mitzuwirken[403] und plädierten für eine öffentliche Diskussion.

Auf zumindest einen der Anwesenden wirkte diese Aktion als Affront: Im Lauf der nun folgenden Diskussion erklärte Hans Gugelot seinen Rücktritt aus dem Rektoratskollegium, den Thorwald Risler allerdings nicht annahm. Horst Rittel gab zu, dass er seit zwei Tagen von der *output*-Nummer wisse: Er habe aber nur Vordemberge-Gildewart davon erzählt, den anderen habe er es mitzuteilen „vergessen".

Was sollte nun geschehen? Konnte der Beirat der Geschwister-Scholl-Stiftung helfen? Seine Mitglieder waren seit März 1959 nicht mehr zusammengekommen.[404] Dabei war es doch ihre Aufgabe, die neue Verfassung in Kraft zu setzen – und nicht die einer HfG-eigenen Verfassungskommission. Ende Februar 1962 trafen sich Inge Aicher-Scholl und die Beiratsmitglieder Hans-Friedrich Eychmüller, Otl Aicher, Walter Zeischegg, Max Guther, Günther Grzimek und Thorwald Risler. Sie beschlossen einen Entwurf für eine neue Verfassung, der in seinem Kern Otl Aichers Vorstellungen entsprach. Als Ziel der HfG definierten sie die Ausbildung von Designern in den verschiedenen Abteilungen. Die Lehre „angrenzender Wissenschaftsgebiete" diente nurmehr der Unterstützung. Geleitet werden sollte die HfG von einem Rektor, der nun nicht mehr von allen Gruppierungen der HfG gewählt wurde, sondern allein von „ordentlichen Dozenten". Werkstattleiter und Studenten sollten an der Wahl des Rektors nicht mehr beteiligt sein. Offen blieb die Frage, wer denn diese „ordentlichen Dozenten" sein sollten. Konnte man Horst Rittel und seine Unterstützer aus diesem Kreis ausschließen, wie es Aicher gerne gesehen hätte? Würde das den Unfrieden nicht noch befördern und dazu führen, dass die Hälfte der Dozentenschaft die Schule im Zorn verließ? Konnte sich die HfG das leisten? Obwohl dieses Problem am Ende der Sitzung nicht gelöst war, wurde Thorwald Risler dazu bevollmächtigt, die Verfassung „zu einem ihm geeignet erscheinenden Zeitpunkt" zu erlassen.

Christian Staub hatte indessen mit seinen Bemühungen um den weiteren Ausbau der Filmabteilung Ernst gemacht und war mit sieben Studenten der Abteilung Visuelle Kommunikation in die praktische Filmarbeit eingestiegen. Im Oktober 1961 war eine Reihe von Filmemachern an die Hochschule gekommen, um sie dabei zu unterstützen.[405] Sie gehörten zu einer Gruppe Münchner Filmer, die in heftigen Diskussionen in ihrem Münchner Stammlokal – dem Chinarestaurant *Hongkong* in Schwabing – um die Zukunft des Deutschen Films stritten. Einig waren sie sich nur darüber, dass es „so nicht weitergehen konnte".[406]

„Ich erinnere mich, dass ich mindestens fünfmal die Woche, an manchen Tagen auch zweimal, im Kino war. Man sah italienische Filme, französische Filme, man sah amerikanische Filme. Man sah niemals deutsche Filme. Alle Filme, die aus dem eigenen Lande kamen, erfüllten uns mit einer gewissen Scham, denn sie waren in ihrer Ästhetik, in ihrer Sprache nichts anderes als die Ufa, die wir als Erbe des Dritten Reiches ansahen, eben nur mit anderen Vorzeichen. Die deutschen Altproduzenten machten dasselbe Kino wie damals, nur ohne Goebbels", erinnerte sich der Regisseur Edgar Reitz, der in dieser Gruppe heftig mitdiskutierte, an diese Zeit.[407]

Christian Staub drehte nun mit seinen Studenten einen ersten HfG-Kurzfilm. Sein Titel lautete: *Thema Fotografie*. Ende Februar 1962 fuhren alle gemeinsam zu den Kurzfilmtagen nach Oberhausen. „Eine Woche lang Kurzfilme schauen, von morgens bis in die Nacht. Wunderbar", erinnerte sich Erika Fortner.[408] Auch ihre Münchner Lehrer waren in diesen Tagen dort anwesend. Sie beschränkten sich nicht aufs Filme Schauen und Zeigen, sondern veröffentlichten die Ergebnisse ihrer nächtelangen Diskussionen und Streitigkeiten in einem Manifest.[409] Unter dem Motto „Papas Kino ist tot" forderten die Unterzeichner dieses *Oberhausener Manifests* die Erneuerung des Deutschen Films.

Im April 1962 übernahm Edgar Reitz in Ulm einen ersten Lehrauftrag mit dem Thema *Filmdramaturgie*. Zusammen mit ihm kam der Kameramann Thomas Mauch nach Ulm. Auch ihm fiel, wie zuvor Bernhard Rübenach, die Distanz zwischen der HfG und der Stadt auf: „Die Menschen auf dem Kuhberg redeten nicht mit den

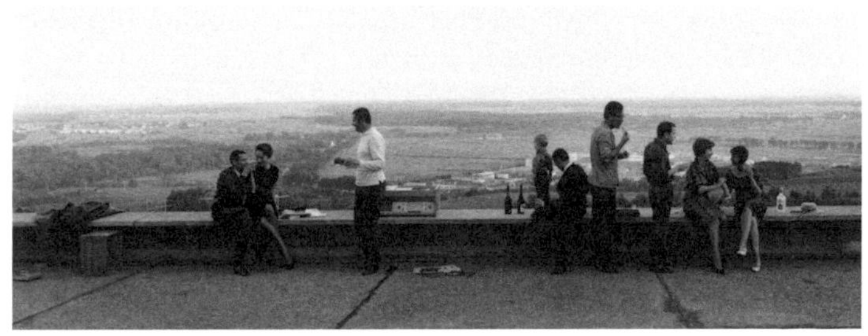

Terrasse der HfG mit Blick über die Donauebene und – bei schönem Wetter – auf die Kette der Alpen. Um 1960. Foto: Claus Wille

Menschen in Ulm, in der Stadt. Man redete mit den Menschen in Bologna, oder in Rom, aber man redete nicht mit den Menschen in Ulm, aber die Ulmer redeten auch nicht mit den Menschen auf dem Kuhberg."[410]

Die ehemalige Studentin Irene Beltzig-Bornhausen berichtete von der „Skepsis" der Ulmer Bürger den HfG-Studenten gegenüber: „Wir nahmen diese Ausgrenzung relativ gelassen, da wir uns als normal empfanden. Wir trafen uns in unserem Lieblingscafé unterhalb des Ulmer Münsters, kauften die für den Unterricht notwendigen Zeichenutensilien im Fachgeschäft Berger oder trödelten durch die Gassen im Fischerviertel. Das Ulmer Stadttheater war in den 60ern ein Vorreiter in Sachen ‚happenings', die hfgler mischten mit. Wir besuchten dramatische Lesungen des Schauspielers Klaus Kinski in der Donauhalle oder teilten uns tellergroße Pizzen der ersten italienischen Pizzalokale in Ulm."[411]

Die Japanerin Shizuko Yoshikawa brauchte mehr Gelassenheit als ihre Kommilitonin. Sie war eine der ersten Asiatinnen in der Stadt und bekam das zu spüren. „Auf den Straßen hielten die Passanten sofort inne, wenn sie mich bemerkten und starrten mich mit ihren blaustrahlenden Augen an, als ob ich ein seltenes unbekanntes Lebewesen wäre."[412]

In dieser Zeit gab es in Ulm ein reges kulturelles Leben. Im Museum zeigte Direktor Herbert Pée wegweisende Ausstellungen moderner Kunst. Das Theater leitete Kurt Hübner, unter dessen

Intendanz brachte Peter Palitzsch Stücke des in Westdeutschland verpönten Bertolt Brecht auf die Bühne. Peter Zadek erlebte hier seinen Durchbruch als Regisseur. Kurt Fried, Kulturredakteur der *Schwäbischen Donauzeitung*, zeigte in seinem Wohnzimmer unter dem Namen *studio f* die Kunst zahlreicher, noch unbekannter Künstler. Ein tolles Klima habe in dieser Zeit in Ulm geherrscht, berichtete seine Frau Inge Fried: „Eine ganz offene Atmosphäre, eine allgemeine, ungeheure Neugier. Die Gemeinderäte und Oberbürgermeister Pfizer kamen in unser Haus, wir haben die Menschen manchmal kaum fassen können. In einem Artikel der Münchner Abendzeitung stand damals, München sei kulturell ein Vorort von Ulm. Auch die Geburt des modernen Theaters hat hier angefangen."[413]

Während des sommerlichen Ferienquartals bot die HfG den Beteiligten der „Ulmer Konzerte" Unterkunft: Musiker wurden im Wohnturm einquartiert, sie probten in den Räumen der Hochschule. Im Rathaus wurden Strawinsky und Bartok gespielt. In einem Jahr war Benjamin Britten zu Gast, später gehörte Pierre Boulez zu den Mitwirkenden.

Die Distanz zwischen Stadt und Hochschule aber blieb. Beigetragen zu der gegenseitigen Fremdheit hat sicher auch das Elitedenken der HfG-Angehörigen: „Meine Prägung erhielt ich vor allem durch die elitäre Atmosphäre, die an dieser Schule herrschte – diesem Gefühl und Anspruch, wegweisend zu wirken durch den Mix aus Gestaltungstheorien und deren Anwendung", schrieb Reinhart Butter.[414]

Hinzu kam, dass die gemeinsamen Kontakte sich auf den Kreis der Ulmer Kulturschaffenden beschränkten. Wie es in den Köpfen anderer Mitbürger aussah, kann man aus Inge Frieds Bericht über ihre Ehe mit dem „Israeliten" Kurt Fried erahnen (Frieds Vater war Jude): Schon vor der Heirat wurde Inge Fried vor den Gefahren einer „solchen Ehe" gewarnt, immer wieder erhielt die Familie anonyme Briefe und Anrufe.[415] Es war nicht nur das „schleichende Gift des schlechten Gewissens", dass es Juden schwer machte, in Deutschland wieder Fuß zu fassen. Die Überzeugungen aus dem

Dritten Reich waren ja nicht verschwunden, sie wurden nur nicht mehr so offen zum Ausdruck gebracht.

Einen wichtigen Beitrag für den Wandel der Gesellschaft leisteten hier die Bürger, die sich seit Anfang der 1960er Jahre jedes Jahr zu den Ostermärschen trafen und dort für eine friedliche Welt demonstrierten. Einer der Ulmer Initiatoren war Fritz Hartnagel, Inge Aicher-Scholls Schwager und Mitglied der „Scholl-Bande" vor dem Krieg.

Im April 1962 hatte Thorwald Risler die neue Verfassung für die HfG noch immer nicht erlassen. Das lag an Otl Aicher: Der sträubte sich gegen das Ansinnen Rislers, alle Dozenten für die Wahl zuzulassen. Aicher suchte nach einer Lösung, die seine Widersacher – allen voran Horst Rittel – mit sofortiger Wirkung von der Leitung der Hochschule ausschloss. Das allerdings widersprach den Regeln der Demokratie und damit auch den Prinzipien, mit denen die Hochschulgründer selbst einst angetreten waren.

Thorwald Rislers Verständnis für Aicher und die Gruppe der „Gestalter" begann zu schwinden: In einer Notiz schrieb er von den „doktrinären Bestrebungen von Herrn Aicher und Herrn Maldonado".[416] Die Nerven der Beteiligten lagen blank. Ende April trat das Rektoratskollegium – Hans Gugelot, Horst Rittel und Friedrich Vordemberge-Gildewart – geschlossen zurück. Einen Monat lang hatte die Hochschule gar keine Leitung mehr.

War das nicht die passende Gelegenheit, die neue Verfassung zu erlassen? Sowohl Otl Aicher als auch Thorwald Risler beharrten auf ihren Standpunkten. Schließlich rief der Stiftungsvorstand den kleinen Konvent zusammen, um für den Rest des Studienjahres ein neues Rektoratskollegium zu wählen. Gewählt wurden – Otl Aicher, Tomás Maldonado und Herbert Ohl: Sie waren diesmal nicht in Streik getreten und hatten nun die Chance, die Weichen für das neue Studienjahr zu stellen.[417]

Derweil verschärfte sich der Ton zwischen Thorwald Risler und Otl Aicher. Die Abwicklung des Auftrags für den BASF-Messestand, den Risler an Aicher vermittelt hatte, gestaltete sich einigermaßen krisenhaft. Die BASF äußerte Kritik an der Zusammenarbeit mit Aicher. Das bewog Risler dazu, am ersten Messetag Anfang Juli 1962, in Gegenwart von Otl Aicher und dem BASF-Vorstand Carl Wurster, die fehlende Professionalität Aichers und seiner Mitarbeiter anzusprechen. Mit Recht empfand Aicher diese öffentlich geäußerte Kritik als Vertrauensbruch.[418] Er erklärte, nunmehr sein Institut, die Entwicklungsgruppe 5, ganz aus der HfG herauslösen zu wollen, um sich damit unabhängig von Risler zu machen.[419] Gleichzeitig übte er weiterhin massiven Druck aus, um die neue Verfassung in seinem Sinne durchzusetzen.

Spätestens an dieser Stelle dürfte Thorwald Risler begonnen haben, sich innerlich von der Ulmer Hochschule zurückzuziehen. „Ich habe das einzige Kapital, das ich tatsächlich hatte, nämlich meine Industrieverbindungen und den in diesem Bereich erworbenen Namen, sowie meine politischen Beziehungen ohne jeden Abstrich voll in meine Tätigkeit hier investiert", schrieb er an seinen Stiftungsratskollegen Max Guther. Sämtliche Abgeordnete im Land und im Bund, mit denen er über die Etaterhöhungen gesprochen habe, hätten übereinstimmend betont, „dass die Mittel *trotz* der Familie Aicher gegeben würden."[420] Wenn Risler sich weiter von Otl Aicher mit seinen widersprüchlichen Forderungen unter Druck setzen ließe, hätte er sich unglaubwürdig gemacht.

In diesem Sommer fiel auch die Entscheidung, die Filmabteilung weiter auszubauen – ohne Christian Staub. Dank Rislers Bemühungen um eine solide Finanzierung der HfG konnten drei neue Dozentenstellen eingerichtet werden. So kamen die drei Filmer Detten Schleiermacher, Edgar Reitz und Alexander Kluge nach Ulm. Alle drei zählten zu den Unterzeichnern des *Oberhausener Manifestes*. Detten Schleiermacher war derjenige, der der HfG am engsten verbunden war, hatte er doch 1955/56 selbst ein Jahr an der Schule studiert und in dieser Zeit mit zwei Kommilitonen ein erstes Konzept für eine Filmabteilung entwickelt. Nun begann er mit den Vorbereitungen für den zukünftigen Filmunterricht an der HfG.

„Bei meiner letzten Anwesenheit in Ulm stand ich ziemlich verlassen in weitläufigen Fluren herum, und wusste nicht recht, mit wem ich die sehr dringenden Raumfragen klären sollte“, notierte er.[421] Neben den drei fest angestellten Dozenten sollten auch andere Mitglieder der *Oberhausener Gruppe* die insgesamt zwölf Studenten der Filmabteilung unterrichten. Sieben der Studenten hatten bereits das erste Studienjahr in der Visuellen Kommunikation absolviert, fünf neue waren hinzugekommen. Wohin also mit ihnen?

Die Informationsabteilung war nahezu verwaist. Das Tonstudio, dessen Einrichtung Gert Kalow in den vergangenen Jahren bei den verschiedenen Sendern zusammengebettelt hatte, stand in ihren Räumen bereit und wartete auf seine offizielle Einweihung, die Kalow für den Januar 1963 plante. Kalow selbst war in Heidelberg: Er hatte sein Stipendium noch einmal um drei Monate verlängern können. Für die Zeit danach plante er den weiteren Ausbau seiner Abteilung.[422]

Nun zog erst einmal die neue Filmabteilung in diese Räume ein. Diejenigen Studenten, die zusammen mit Christian Staub die Aufbauarbeit geleistet hatten, waren bereits mit ihrer Diplomarbeit beschäftigt: „Der praktische Teil sollte ein Kurzfilm sein. Der hätte schon zu damaligen Zeiten mindestens 100 000 Mark gekostet. Geld hatten wir keines. Auch kaum Filmmaterial. Für uns Studenten ein Ding der Unmöglichkeit“, berichtete Erika Fortner.[423] Sie selbst begann nicht einmal mit dieser Diplomarbeit. Ihre Pläne, als Kamerafrau zu arbeiten, hatte sie bereits zwei Jahre zuvor begraben: „Dann habe ich noch versucht, einen Kameramann zu finden, der mich als Assistentin eingestellt hätte. Als Kindermädchen gerne, bekam ich einmal zur Antwort, aber eine Frau als Kameraassistentin? Nein, das ginge nicht. Wer solle denn die ganze Ausrüstung auf den Berg schleppen.“[424] Während ihr späterer Mann Hatto Kurtenbach und ihr gemeinsamer Kommilitone Erich Rufer wenigstens mit ihren Diplomarbeiten anfingen, verdiente sie den Lebensunterhalt für alle drei mit Adressenschreiben und sorgte dafür, dass sie einmal am Tag eine warme Mahlzeit hatten. Von der Gleichberechtigung, die manche Frau an der HfG gefunden hatte, war in der Welt außerhalb der Schule nicht viel zu merken.

Im Oktober 1962 erschien eine neue Ausgabe der Zeitschrift *ulm*. Drei Jahre waren seit dem letzten Heft vergangen. Gui Bonsiepe, der neue Redakteur, hatte von 1955 bis 1959 in der HfG-Abteilung Information studiert. Er war Mitarbeiter in Tomás Maldonados Entwicklungsgruppe und nun auch für die Herausgabe der neuen Generation der *ulm*-Hefte zuständig. Die *ulm*-Hefte sollten „die offizielle Position der Institution widerspiegeln", schrieb Bonsiepe rückblickend[425] – und sie begannen die zweite Phase ihrer Existenz just in einem Moment, in dem diese offizielle Position umstrittener war denn je. Davon erzählt das Heft *ulm 6* nur unterschwellig, in Form eines Artikels des französischen Kybernetikers Abraham A. Moles. Er nahm viel Raum im Heft ein und vermittelte die Botschaft, dass eine intellektuell-theoretische Auseinandersetzung mit Planung an der HfG keineswegs unerwünscht war – nur eben nicht durch Horst Rittel.

Zugleich meldete sich Tomás Maldonado auf der Bühne der HfG-Akteure zurück. Hatte er sich in den vergangenen Jahren weitgehend von der Hochschulleitung und auch von inhaltlicher Einflussnahme auf die HfG zurückgezogen, so eröffnete sich ihm mit der Neuauflage von *ulm* nun ein Feld, auf dem er konstruktiv und seinen intellektuellen Interessen folgend die Geschicke der Hochschule mitbestimmen konnte.

Während sich Maldonado mit der ihm eigenen Leichtigkeit der vielversprechenden Aufgabe zuwandte, die Haltung der HfG in die Welt der Designinteressierten zu tragen, hatte sich sein alter Mitstreiter im Stellungskrieg der HfG-Kontrahenten, Otl Aicher, immer weiter eingegraben. Mit Beginn des neuen Studienjahres sah er sich einer ganz neuen Front gegenüber.

Dabei standen die Zeichen für ihn zunächst günstig: Horst Rittel war zu einer mehrwöchigen Reise im Auftrag des Atomministeriums in die USA aufgebrochen, Gert Kalows Stipendium ließ ihn in Heidelberg verweilen, und Aicher bildete zusammen mit dem Architekten Rudolf Doernach und dem Fotografen Christian Staub das bereits im Sommer gewählte Rektoratskollegium des Studienjahres 1961/62. Wenige Tage vor Beginn des neuen Studienjahres trafen sich die drei zu einer konstituierenden Sitzung. Aicher ging davon aus, dass er als Mitbegründer der Schule den Vorsitz übernehmen werde. Staub und Doernach einigten sich aber darauf, dass Rudolf Doernach dieses Amt bekommen solle. Der erzürnte Aicher trat daraufhin von seinem Amt zurück.

Thorwald Risler akzeptierte diesen Rücktritt nicht. Aufgebracht durch das Debakel mit dem neuen Rektoratskollegium und auch durch Doernachs Antrittsrede, sandte Aicher zu Beginn des neuen Studienjahres eine Art Ultimatum an seinen alten Mitstreiter Max Guther. Er werde nach Inkrafttreten der neuen Verfassung in die Schulleitung eintreten „nicht nur als Rektor, sondern als derjenige, der die Idee zu dieser Schule hatte, der ihr erstes Programm machte, der über Jahre seine persönliche berufliche Arbeit zurückgestellt hat, um an der Realisierung mitzuwirken." Außerdem wollte er das Verhältnis zwischen Schulleitung und Stiftung anders geregelt haben: Stiftung und Schule seien zwei Seiten ein und derselben Institution. Sie sollten gleichberechtigt nebeneinander stehen und miteinander die Schule regieren.[426] Keinesfalls sollte die Schule und mit ihr ihr Rektor der Stiftung untergeordnet sein. Das richtete sich gegen Thorwald Risler: Solange Inge Aicher-Scholl alleiniger Vorstand der Stiftung gewesen war, hatte die Macht innerhalb der Familie Aicher gelegen. Seit dem Zerwürfnis mit Risler konnte Aicher nicht mehr sicher sein, dass die Entscheidungen des Vorstandes in seinem Sinne ausfielen – und er war unter den gegebenen Umständen nicht bereit, das zu akzeptieren. In seiner Antwort wies Guther Aicher darauf hin, dass eine Verfassung nicht auf seine Person zugeschnitten werden dürfe. Es bedurfte der festen Regeln, die auch dann noch funktionierten, wenn Aicher der Hochschule einmal nicht mehr zur Verfügung stehen würde.

Doch Aicher war nicht zum Nachgeben bereit. Einen Tag vor der nächsten Beiratssitzung Mitte November legte er dessen Mitgliedern einen Verfassungsentwurf vor, der in einem entscheidenden Punkt von der im Februar bereits beschlossenen Verfassung abwich: Die Zuständigkeiten zwischen Stiftung und HfG-Leitung wurden nun ganz im Unklaren gelassen. In friedlicher Koexistenz sollten sie die Geschicke der Schule miteinander bestimmen, wobei die Stiftung allein für die finanzielle Komponente zuständig war, während die Schulleitung die Inhalte festlegte.

Außerdem sollten die Lehrinhalte an der HfG in Zukunft beschränkt werden: Eine Freiheit der Lehre durfte es Aichers Auffassung nach an der Ulmer Hochschule in Zukunft nicht mehr geben.[427]

Auch Inge Aicher-Scholl konnte sich die Hochschule nur als eine Gesamtheit vorstellen, in der sich alle Teile zu einem makellosen Ganzen zusammenfügen. Sie hatte sich in den letzten Jahren zwar nicht mehr aktiv an der Leitung der HfG beteiligt, blieb ihr als Mitbegründerin und Vorstandsmitglied der Stiftung aber nach wie vor stark verbunden – zumal die meisten der Beteiligten ja in enger Nachbarschaft auf dem Ulmer Kuhberg zusammenlebten. An Hellmut Becker schrieb sie: „Damit komme ich zu einem Punkt, der mich am meisten erschüttert hat, nämlich dem deutlich geäußerten und von verschiedenen Verwaltungsräten mit Zustimmung aufgenommene Wunsch, dass in dieser Hochschule verschiedene Lehrmeinungen und Auffassungen über den Gegenstand der Lehre nebeneinander zu existieren hätten. Nichts ist dieser Hochschule so gefährlich wie eine solche Einstellung. Sie würde ihr die Strahlkraft und die stilbildende Potenz nehmen, die sie bisher immer noch hatte. (…) Hier ist mit dem Begriff Toleranz nicht beizukommen."[428]

Die Mitglieder des Beirats waren allesamt gute Freunde und Mitstreiter der Aichers aus der Gründungsphase der Hochschule. Mancher von ihnen sah das Problematische dieser Regelungen, insbesondere der Gleichberechtigung zwischen Hochschule und Stiftung: Was würde im Streitfall geschehen? Wer würde sich durchsetzen und wie, wenn Meinungen und Interessen innerhalb der beiden Institutionen auseinandergingen? Dennoch stimmten die

Beiratsmitglieder – zu ihnen gehörten auch die Aichers selbst und Walter Zeischegg – für Otl Aichers neuen Verfassungsentwurf.

Die fortwährende Auseinandersetzung um die Macht an der HfG machte Aicher auch körperlich zu schaffen. Anfang Dezember erkrankte er schwer, seit Mitte Dezember befand er sich in einer Kur in Bad Gastein.[429]

Am 15. Dezember, eine Woche vor Beginn der Weihnachtsferien, erhielten alle künftigen Mitglieder des großen Senats – das waren die fest angestellten Dozenten, die Vertreter der Assistenten und Werkstattleiter sowie der Studenten – den Wortlaut der neuen Verfassung und die Übergangsbestimmungen zugesandt.

Als Aufgabe der Ulmer Hochschule war nun „die Heranbildung von Gestaltern in den Bereichen der industriellen Produktion und der Kommunikation" definiert. Geleitet wurde die Hochschule von einem Rektor und einem Prorektor. Rektor konnten nur „ordentliche Dozenten" werden und das waren nach dieser Verfassung allein diejenigen Festdozenten, „die am 2. Oktober 1955 bereits eine Lehrtätigkeit ausübten, und zwar die Herren Aicher, Maldonado, Vordemberge-Gildewart und Zeischegg."[430] Christian Staub, Horst Rittel, Gert Kalow, Rudolf Doernach und auch Herbert Ohl waren damit zu „außerordentlichen Dozenten" degradiert.

Am 19. Dezember 1962 starb Friedrich Vordemberge-Gildewart nach langer Krankheit.

Am Donnerstag, den 20. Dezember traf sich der kleine Senat der HfG der neuen Verfassung gemäß zur Wahl des neuen Rektors. Obwohl Anwesenheitspflicht bestand, erschienen nur sechs der elf Mitglieder. Gert Kalow, Rudolf Doernach, Horst Rittel und Christian Staub fehlten ebenso wie die Studentenvertreterin Gudrun Otto. Otl Aicher wurde einstimmig zum Rektor, Tomás Maldonado zum Prorektor gewählt.

„Die Hochschule für Gestaltung muss wieder eine Schule für Gestaltung werden. Die Doktrin und Pädagogik der Gestaltung orientiert sich in erster Linie am Design-Vorgang und am Design-Resultat“, erklärte Aicher nach seiner Wahl. „Das klingt wie eine Binsenweisheit, aber ich glaube, wir haben diese Tatsache aus den Augen verloren. Es war ein großes Missverständnis, Gestaltung mit Wissenschaft zu verwechseln. (...) Aus einer Krise herauszukommen, schließt von Vorneherein aus, es jedem Recht zu machen.“[431]

Exodus

Am Tag nach der Wahl des neuen Rektors begannen die Weihnachtsferien. Die Studenten fuhren nach Hause, auf dem Kuhberg wurde es still. Otl Aicher kehrte schon bald in die Klinik zurück und blieb dort über den Beginn des neuen Studienquartals hinaus. Die Amtsgeschäfte übernahm sein Stellvertreter Tomás Maldonado.

Gert Kalow schrieb aus Heidelberg einen sechs Seiten langen Brief an Thorwald Risler, dem anzumerken ist, wie sehr er um Fassung rang: „Etwas Ungeheuerlicheres ist mir – abgesehen von der Gefängnishaft während der Nazizeit – in meinem ganzen Leben nicht passiert."[432] Er hatte als Rektoratsvorsitzender anderthalb Jahre lang die Geschicke der HfG geleitet; nun wurde er von der Hochschulleitung ausgeschlossen. Aichers Erklärung, die Schule sei bis zu seinem eigenen Amtsantritt vollkommen falsch geleitet worden, sei eine Beleidigung aller seiner Vorgänger, schrieb Kalow an Aicher.[433]

Auch Kalows Arbeit in der Informationsabteilung war nun in Frage gestellt. Er sehe eigentlich keine Chance, seine Mitarbeit sinnvoll fortzusetzen, schrieb er im Februar 1963 an seinen alten Mitstreiter Harry Pross: „Um aus unserer Abteilung wirklich etwas machen zu können, dürften wir nicht Dozenten zweiter Güte sein und müssten das Interesse der Schulleitung haben. Die haben aber nur für sich selbst Interesse."[434]

Das Faschingsfest Ende Februar fiel aus.

Horst Rittel ermöglichten die Kontakte, die er in den USA geknüpft hatte, den Sprung auf die andere Seite des Ozeans: Für den Herbst 1963 erhielt er das Angebot, eine Professur für Designwissenschaften an der *University of California* in Berkeley zu übernehmen. Er ließ sich für ein Jahr beurlauben.

Besonders getroffen war Christian Staub. In einem Gespräch mit Thorwald Risler stellte Aicher Anfang März 1963 fest, die HfG habe im Bereich der Fotografie wenig hervorgebracht. „Für eine Reaktivierung der Fotografie wird eine Lösung gesucht, die Herrn Staub nur zu einem geringen Teil mit einbezieht.“[435] Staub beschwerte sich daraufhin bei Thorwald Risler: „Seit ich im Sommer 1960 die ‚falschen Kandidaten‘ in der Wahl für das Rektoratskollegium unterstützte, nahm man mir alle Aufträge für Entwicklungsarbeiten im Foto-Sektor weg; (…) man drängte mich auf intrigante Art und Weise aus der von mir auftragsgemäß aufgebauten Filmabteilung hinaus.“[436]

In Ulm auf dem Kuhberg war richtig was los, und das rief nun die Vertreter der größeren Medien, allen voran einen Reporter des Hamburger *Spiegel* auf den Plan. Dessen Artikel veröffentlichte das Magazin Ende März 1963 – einen polemischen und mit der Lust an hämischer Überspitzung verfassten Bericht, der von einer entsprechenden Bildauswahl in dieser Tendenz unterstützt wurde. Neben Mervyn W. Perrine, Max Bill und der Studentenvertreterin Gudrun Otto wurde darin Gert Kalow mehrfach zitiert, unter anderem mit den Worten: „Der ‚Ulmer Stil‘, der das Klima inner-

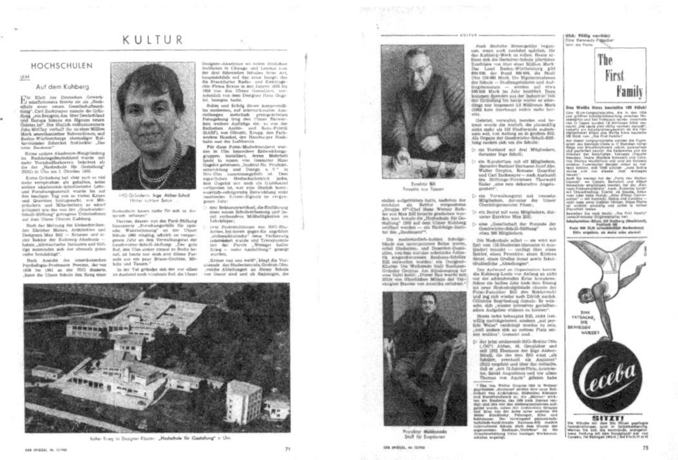

KULTUR

HOCHSCHULEN

ULM

Auf dem Kuhberg

HfG-Gründerin Inge Aicher-Scholl
Hinter kühlem Beton …

Artikel über die HfG in der Zeitschrift Der Spiegel, *20. März 1963*

halb der Hochschule charakterisiert, besteht aus Unfreundlichkeit, Missgunst, Kälte, gegenseitigem Hass, Unfähigkeit miteinander zu reden."[437] Gert Kalow erschien hier in der Rolle des Anklägers, der sich in seiner Ohnmacht an die Öffentlichkeit wandte. Aicher schrieb ihm postwendend, unter diesen Umständen sei es wohl angebracht, wenn Gert Kalow die Schule verließe.[438]

Tatsächlich stammten die Zitate im *Spiegel*-Artikel aus einem Schreiben vom Dezember 1962, das Kalow an den GSS-Stiftungsvorsitzenden Thorwald Risler, die Mitglieder des GSS-Vorstandes sowie den Vorsitzenden des GSS Verwaltungsrates geschickt hatte. Die Äußerungen, mit denen Kalow zitiert wurde, waren dem *Spiegel*-Journalisten durch eine offensichtliche Indiskretion eines der Beteiligten zugänglich gemacht worden.[439]

Kalow, der sich nach dem Ablauf seines Stipendiums gerade auf die Rückkehr nach Ulm und den Neuaufbau der Informationsabteilung vorbereitete, ließ sich mit der Antwort auf Aichers Brief einige Tage Zeit – um dann umso heftiger zu reagieren. So leicht wollte er sich nicht abschütteln lassen. „Gerade jetzt, nach der Ulmer Spiegel-Affaire, kann die Konsequenz, die ich zu ziehen habe, auf gar keinen Fall darin bestehen, dass ich mich lautlos zurückziehe, sondern einzig darin, dass ich mit aller Kraft daran mitwirke, die Fehler, die ich sehe, zu beseitigen", antwortete er Otl Aicher. „Sind Sie sicher, dass ich nicht ebenso viel Gründe hätte, Sie zum Verlassen der HfG aufzufordern, als Sie mir gegenüber zu haben glaubten? (...) Die HfG wird mit aller Gewalt im Stadium der Neuerfindung gehalten. Nichts darf ausreifen, kein Dozent darf ohne Vorbehalt loslegen, nichts vom ursprünglichen Programm wird verlässlich lehrbar."[440]

Für Kalow war die HfG noch immer die ideale Schule, ein Gemeinschaftswerk, ein Treffpunkt der fortschrittlichen Geister und Geistesgrößen der jungen Bundesrepublik, und er war nicht bereit, sie der Gewalt Aichers zu überlassen, den er zwar schätzte, dessen Führungskompetenz er aber in Frage stellte. Gert Kalow sah sich selbst als Anwalt eines demokratischen, von Loyalität und gegenseitiger Achtung getragenen Gemeinwesens und berief sich, wie so viele der an der HfG Beteiligten, auf das Vorbild der Geschwister Scholl. Kalows Analysen der Vorgänge an der Hochschule waren oft treffend, seine Mahnungen nach Fairness gerechtfertigt, das allein gab ihm jedoch nicht die Macht, seine Vorstellungen durchzusetzen.

Eine weitere direkte Reaktion auf den Artikel im Spiegel kam von Kurt Angstmann, der für die SPD im Stuttgarter Landtag saß und seit Oktober 1962 Vorsitzender des Finanzausschusses war. Er brachte nun einen Antrag in den Landtag ein, die Förderungswürdigkeit der HfG zu prüfen.[441] Damit warf er von Neuem die Frage auf, ob es überhaupt gerechtfertigt sei, diese private Schule mit öffentlichen Mitteln zu unterstützen.

In dieser Situation war es dringend nötig, die Öffentlichkeit über die Aufgaben zu informieren, die die HfG übernommen hatte und für die sie Unterstützung forderte. Bereits 1962 hatte das Rektoratskollegium unter Kalows Leitung mit dem Stuttgarter Landesgewerbeamt vereinbart, dort eine Ausstellung über die Ulmer Hochschule zu zeigen.[442] Die beiden HfG-Absolventen Herbert Lindinger und Claude Schnaidt hatten sie in den zurückliegenden Monaten konzipiert. Ende April 1963 wurde sie in Stuttgart eröffnet. Wohl um die Fehler der ersten Ausstellung von 1958 zu vermeiden, die unter der Menge der – für Außenstehende schwer erschließbaren – Texte gelitten hatte, setzten ihre Entwerfer ganz auf die Überzeugungskraft von Bildern und Objekten. Damit fehlte allerdings jegliche Information über die Grundlagenfächer wie die Soziologie oder Rittels Planungswissenschaften sowie jeder Hinweis auf den theoretischen wie politischen Hintergrund, vor dem die Produkte der HfG entstanden waren.[443] Die *Stuttgarter Nachrichten* zogen in ihrer Besprechung der Ausstellung denn auch ihre eigenen Schlüsse: „Aber diese Art von ‚Industrial Design' wird an anderen Instituten auch getrieben. Es ist ein Handwerk geschmackvoller Leute geworden. Braucht es dazu eine Hochschule?“[444]

Diesen Artikel wiederum nahmen Claude Schnaidt und Herbert Lindinger zum Anlass, einen „offenen Brief“ am Schwarzen Brett

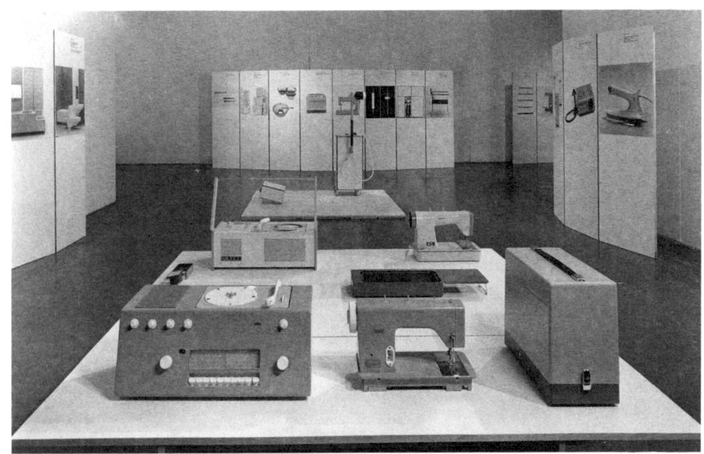

Ausstellung zum zehnjährigen Bestehen der HfG in der Neuen Sammlung in München, 1964. Foto: HfG-Archiv

der HfG auszuhängen, in dem sie die „sobenannten opponierenden Dozenten und Studenten“ hart angriffen und ihnen eine „wohlgezielte Kampagne“ gegen die HfG unterstellten.[445]

Otl Aicher hatte zwar die Führung übernommen, zur Ruhe kam die Schule deshalb aber nicht: Die internen Streitereien gingen weiter und wurden nun ungeniert in die Öffentlichkeit getragen.

Ende Mai 1963 sollte das Landtags-Plenum über den Antrag von Kurt Angstmann diskutieren. Angstmann bezweifelte die Existenzberechtigung der HfG keineswegs. In Bezug auf die Versäumnisse und Unzulänglichkeiten in der Führung der Hochschule konnte er allerdings auf eine Flut von Artikeln und Unterlagen zurückgreifen, die von Richtungsstreitigkeiten, Machtkämpfen, öffentlichen Anfeindungen, Prozessen, undurchschaubaren Verflechtungen der Stiftungsorgane und Mängel im pädagogischen Betrieb hinwiesen. „Die HfG-Angehörigen bekamen nun die Quittung dafür, dass sie es binnen zehn Jahren immer noch nicht gelernt hatten, sich so zu verhalten, dass sie ihren Gegnern nicht immer selbst die besten Waffen lieferten“, schrieb der Historiker René Spitz.[446]

Angstmann forderte massive Eingriffe in die organisatorische und pädagogische Struktur der Hochschule und schlug vor, über eine Verstaatlichung der HfG in Form der Angliederung an die geplante medizinische Hochschule in Ulm nachzudenken.[447] Das Kultusministerium erhielt daraufhin den Auftrag, einen Bericht über die HfG vorzulegen. Die Autoren dieser Untersuchung kamen zu dem Schluss, dass die HfG durchaus förderungswürdig sei, allerdings nur unter bestimmten Bedingungen. In ihren Augen war eine weitere Änderung der HfG-Verfassung nötig sowie die Schließung der Abteilung Information.

Bevor dies geschehen war, sollten keine weiteren Zuschüsse an die HfG fließen. So versuchte der Staat, zumindest indirekt Einfluss auf die Ulmer Hochschule zu nehmen. Entsprechend groß war sowohl die Empörung der HfG-Angehörigen wie auch das Echo in den Medien. Damit aber zum Jahresbeginn der Unterrichtsbetrieb nicht zusammenbrach, gab der kulturpolitische Ausschuss einen Teil des Geldes in Höhe von 150 000 Mark dennoch frei.[448]

Inzwischen hatte die Gruppe der Dozenten um Horst Rittel sich weiter zurückgezogen. Gert Kalow wurde zum 1. Juli 1963 Leiter der Abteilung Literatur des *Hessischen Rundfunks*. Der Architekt Rudolf Doernach gab seine Dozentenstelle auf und kehrte nach Stuttgart zurück. Christian Staub wechselte als Dozent für Film und Fotografie an das *National Design-Institute* in Ahmedabad in Indien, Horst Rittel war freigestellt und schrieb weiterhin Briefe aus dem fernen Berkeley. Sollte er kündigen? Aber wäre das für seine Widersacher nicht eine zu einfache Lösung, genau das, was sie erreichen wollten? Thorwald Rislers Befürchtungen hatten sich ebenso erfüllt wie Aichers Hoffnungen: Die durch die neue Verfassung entmachteten Dozenten verließen die HfG.

Gert Kalow ließ allerdings nicht von seinen Plänen für den Neustart seiner Informationsabteilung ab: Er blieb als Gastdozent an der HfG, diskutierte mit Aicher erbittert die Frage seiner Nachfolge und hoffte noch immer auf eine publizitätsträchtige Einweihung seines Tonstudios.[449]

Den Unterricht in Methodologie übernahm in diesem Jahr – in Vertretung von Horst Rittel – der Mathematiker Helmar Frank. Frank hatte an der Stuttgarter Universität promoviert und leitete in dieser Zeit eine Forschungsgruppe mit dem Thema *Lernende Automaten* an der Technischen Universität Karlsruhe.[450] Im Februar 1964 entwickelte er auf eine Anfrage von Otl Aicher hin ein neues Konzept für die Informationsabteilung. Das Programm liest sich wie eine Mischung aus Kalow'schen und Rittel'schen Ansätzen: Auf Dauer, so stellte Frank sich vor, werde es für jede Art von Problemlösungen systematisch eindeutige und kontrollierbare Verfahren geben – durch den Einsatz der gerade aufkommenden Computer. Bis es so weit sei, brauchte man aber noch Menschen, die auf intuitivem Wege solche Lösungen finden konnten. Die Aufgabe der HfG, speziell einer neuen Informationsabteilung, sollte es nach Franks Vorstellung sein, solche Lösungsansätze mit Hilfe von Kybernetik, Informationstheorie und ähnlichen wissenschaftstheoretischen Mitteln zu entwickeln.

Das Medium der Sprache, das im Zentrum des Interesses der Abteilung Information stand, wurde so idealerweise zu einem reinen Zeichensystem. Damit konnte es, nach den Vorstellungen Franks, tatsächlich einer „objektiven" Informationsvermittlung dienen – ohne die lästigen Gefühle, Eigenheiten und Interpretationsspielräume, die die Benutzung der Sprache durch eine Person aus Fleisch und Blut unweigerlich mit sich brachte.

Der Unterstützung Franks gewiss, schrieb Aicher im Mai 1964 an Gert Kalow, das Interesse an einem neuerlichen Ausbau der Informationsabteilung sei von seiner Seite aus durchaus vorhanden, allerdings „eng gekoppelt mit einem revidierten Programm". Das bisherige Konzept sei „ohne eine wissenschaftliche Dimension zu kunstgewerblich", eine „Unterbauung durch die heutigen Informationswissenschaften" wünschenswert.[451] Damit diskreditierte Aicher Kalows Arbeit als Leiter und Dozent der Informationsabteilung der vergangenen Jahre und machte jede Hoffnung Kalows zunichte, in dem mühsam über die Jahre hinweg zusammengetragenen Tonstudio jemals unterrichten zu können.

Das eigentliche Erbe der Information trat die Filmabteilung an. Sie nutzte nicht nur ihre Räume und Geräte, hier fand sich auch eine Gruppe von Leuten zusammen, die – wie Kalow und die Informationsstudenten zuvor – nicht allein nach einem „objektiven" sprachlichen Ausdruck suchten, sondern durchaus in Verbindung zur Literatur und damit zur Kunst standen.[452]

Gert Kalow beendete seine Tätigkeit als Gastdozent an der HfG im Sommer 1964. Auch Horst Rittel trat nun endgültig von seiner Ulmer Dozentur zurück: Er könne es in Kalifornien noch eine Weile aushalten, schrieb er an Thorwald Risler im April 1964.[453]

Rittels Gedankengut blieb der HfG erhalten. Für ihn hatte das Entwerfen immer in einem gesellschaftlichen und institutionellen Zusammenhang stattgefunden – es gab keine individuellen, allein von der eigenen Kreativität abhängigen Vorgänge. Damit habe Rittel „ein Prozessverständnis in der Schule verankert, das auch nach seinem Weggang 1963 nicht verschwand", stellte Gerhard Curdes fest.[454]

So schlüssig sich solche Überlegungen im Nachhinein darstellen, für die Studenten war die Begegnung mit den unterschiedlichen Denkansätzen ihrer Lehrer teils Heraus-, teils Überforderung.

„Für mich, die ich durch die Nachkriegsjahre Bildungsdefizite hatte, war das eine grundlegende Wissenserweiterung. In der Realität der Lehrangebote blieben die Inhalte wohl oft unverbunden und vielleicht auch – je nach Dozenten, die zur Verfügung standen – zufällig", stellte Susanne Eppinger Curdes im Nachhinein fest.[455] Und Walter Müller schrieb: „Alle ritten sie ihre Steckenpferde: Französische Revolution, Marxismus, Demografie, bzw. Jugendstil und Konkrete Kunst, die Nouvelle Vague und die Anfänge der Cinematografie (…) Diese willkürliche und ungeordnete Ansammlung von Wissensstoff, zusammen mit den theoretischen Fächern, strukturieren zu müssen, war schwierig und oft mühsam. Hilflos, desorientiert und niedergeschlagen trat man auf der Stelle. Das einmalige Angebot der Schule, sich die Welt zu eröffnen, einen weiten Winkel anzulegen, bislang nicht geahnte Möglichkeiten zu ergreifen, hatte ihren Preis."[456]

Ähnliches zeigte sich bei den Abschlussarbeiten. Noch unter Max Benses Regie war die Diplomordnung der Ulmer Hochschule entstanden. Nach wie vor bestand eine Diplomarbeit an der HfG aus einem praktischen und einem theoretischen Teil sowie einer mündlichen Prüfung. Der theoretische Teil sollte wissenschaftlich fundiert sein und nach den „üblichen Kriterien wie bei wissenschaftlichen und technischen Hochschularbeiten" bewertet werden, hieß es Anfang der 1960er Jahre in einem Rundschreiben an die Referenten.[457] Manchen Studenten gelang diese Grätsche ohne weiteres, so schrieb etwa Klaus Krippendorff über *Zeichen und Symbole* und legte im praktischen Teil das Redesign einer Straßenbaumaschine vor; Susanne Eppinger entwarf ein Zeitschriftenlayout und entwickelte ein Zeichensystem für die organische Chemie. Andere Kommilitonen taten sich gerade mit dem theoretischen Teil ihrer Arbeit schwer. „Offensichtlich ist der Verfasser der vorliegenden Arbeit nicht besonders begabt für die stringente, verbale Darstellung seiner Gedanken", schrieb Horst Rittel in einer Beurteilung. „Es ist nicht zu unterscheiden, was Meinung des Verfassers, was Befund und was von woher übernommene Daten sind. Wo ist denn eigentlich der ‚theoretische' Teil der Diplomarbeit?"[458]

Diese Schwierigkeiten sind weniger den Studenten selbst anzulasten als den unklaren Vorgaben und dem Mangel an entsprechenden Unterrichtseinheiten. Viele Studenten befassten sich nach der Grundlehre in erster Linie mit praktischen Projekten, und sollten dann plötzlich eine „den üblichen wissenschaftlichen Gepflogenheiten angemessene" theoretische Arbeit abliefern. Darauf waren sie weder vorbereitet worden noch entsprach das ihren Interessen oder ihrem späteren Tun. Die „idealistische Selbstüberforderung" der HfG, die Kalow in seinem Erfahrungsbericht vom Sommer 1962 konstatierte, erstreckte sich nicht nur auf den Bereich ihrer inneren Organisation, sondern auch auf die Inhalte der Lehre.

Die Gründer wollten den Studenten der neuen Hochschule ein

gesellschaftspolitisches Grundwissen mit auf den Weg geben. Gleichzeitig sollten sie sich ein gestalterisches Know-how erarbeiten sowie wissenschaftlich fundierte Arbeitsmethoden lernen, und das alles innerhalb von drei Jahren, bevor sie in ihrem Diplomjahr die erworbenen Fähigkeiten unter Beweis stellten. Gleichzeitig fehlte es der Ulmer Hochschule an Traditionen, an einem Rahmen, in den ihre Studenten die einzelnen Wissensbrocken hätten einordnen können – an einem überzeugenden Ausschnitt der Welt, auf den sie und ihre Angehörigen sich hätten konzentrieren können.

Dieser Mangel dürfte den Verantwortlichen durchaus bewusst gewesen sein. So versuchten Tomás Maldonado und Gui Bonsiepe 1963 in der Mai-Ausgabe der Zeitschrift *ulm* denn auch eine Standortbestimmung in Sachen „Wissenschaft und Gestaltung".[459] Damit zeigten sie, dass nach dem Exodus der „Wissenschaftler" die HfG keineswegs das Interesse an einer Synthese dieser beiden Bereiche verloren hatte. Allerdings, gaben die beiden Autoren zu bedenken, gelte in der Gestaltung das gleiche Prinzip wie anderswo: Man müsse sich die Frage stellen, welche Methoden welchen Zielen angemessen seien. Im Entwurfsprozess sei ein methodisches Vorgehen hilfreich, um „die ungezügelte Phantasie zu regulieren, in bestimmte Bahnen zu lenken und auf diese Weise zu Ergebnissen zu gelangen." Es sei ebenso unökonomisch wie der Sache unangemessen, mit einem Arsenal von Techniken der „mathematischen Entscheidungsforschung" an die Gestaltung eines Essbestecks, eines Küchengeschirrs oder eines Radiogehäuses heranzugehen.

In ihrem Artikel gingen die beiden Autoren auf eine Reihe von Aufsätzen unter dem Titel *Systematic Method for Designers* ein, die Bruce Archer 1963 in der englischen Zeitschrift *Design* veröffentlicht hatte.[460] Maldonado und Bonsiepe zeigten sich damit als Teil des internationalen *Design Methods Movement,* das auf der Suche nach Methoden war, um den Entwurfsprozess systematisch anzugehen und nicht auf die Zufälligkeiten der Intuition angewiesen zu sein.[461] Gleichzeitig wehrten die beiden sich gegen eine berufliche Ausrichtung des Produktgestalters allein auf die Benutzerbedürfnisse und die Industrie. Vielmehr sollte der Produktgestalter „derjenige sein, welcher zur Strukturierung des Bedarfs beiträgt". Seine Funktion sollte „nicht darin liegen, Ruhe zu bewahren, sondern Unruhe zu stiften".

Hier zeigt sich das Dilemma, in das die Protagonisten der HfG mit dem nunmehrigen Anspruch, eine reine Gestalterschule sein zu wollen, hineinrutschten: Wenn es in der Lehre nur noch um Funktion und Aussehen von Industrieprodukten ging, wenn der politische Anspruch der Hochschule verloren ging, was war von ihren ursprünglichen Plänen dann noch übrig?

Unterdessen versuchte Thorwald Risler, sich aus der misslichen Lage zu befreien, die ihn dazu gezwungen hatte, gegen seinen erklärten Willen Aichers Entwurf für die neue Hochschulverfassung durchzusetzen. Risler war es in den vergangenen Jahren tatsächlich gelungen, die Finanzierung der HfG auf solide Beine zu stellen. Unter seiner Leitung hatte sich der Stiftungshaushalt verdoppelt. In gleichem Maße, wie sich die öffentlichen Zuschüsse erhöhten, hatte es auch höhere Einnahmen aus der Industrie gegeben.[462] Deshalb war es nun möglich, 15 feste Dozentenstellen einzurichten und so den pädagogischen Betrieb der kommenden Jahre zu gewährleisten.*[463]

Für die Zukunft wollte Risler sein Konzept ausbauen. Dafür plante er eine Ausweitung des Stiftungszweckes: Der Betrieb der Hochschule sollte nicht mehr die einzige Aufgabe der Stiftung sein. Es sollte möglich werden, weitere Institute zu gründen, die dann nicht mehr der HfG unterstellt, sondern nur noch der Stiftung verantwortlich waren. Damit hätte der Rektor der HfG keinen Einfluss mehr auf die Geschicke der Stiftung gehabt.

Genau das wollte Otl Aicher aber unter allen Umständen vermeiden. Er erblickte in Rislers Aktivitäten nicht nur die Anstren-

* *René Spitz schreibt dazu: „Am 19.9.1961 stand fest, dass Thorwald Rislers Griff nach den Sternen weitgehend geglückt war. (...) Die Konsolidierung war nicht auf einen Schlag und vollständig mit dem Jahr 1962 gelungen, aber es fehlten voraussichtlich nur 75000 Mark hierfür bei einem Etat von 1,9 Millionen Mark, (...)."*

gungen, der HfG eine gute finanzielle Grundlage zu geben, sondern erkannte die Gefahr des damit verbundenen Machtverlustes für den Hochschulrektor.

Im Juni traf sich die Hauptversammlung der Geschwister-Scholl-Stiftung, um über den Entwurf einer neuen Stiftungsverfassung zu beraten. Außerdem sollte bei dieser Gelegenheit der Beirat als Gremium ersatzlos gestrichen werden – und damit die Möglichkeit der frühen HfG-Mitstreiter, Einfluss auf die Geschicke von Hochschule und Stiftung zu nehmen.

Otl Aicher war nun – entgegen früheren Aussagen – nicht mehr bereit, auf dieses Machtinstrument zu verzichten. Ende Mai schrieb er deshalb an Hellmut Becker.[464] Der verlor daraufhin endgültig die Geduld mit seinem alten Weggefährten: „Ich bin außerstande, dieses ständige Hin und Her mitzumachen. Wenn ich dazu noch von Ihnen höre, Sie würden die Einrichtung ganz gern verstaatlicht haben, dann frage ich mich wirklich, wozu wir eigentlich dieser Sache unsere Zeit und Kraft widmen."[465] Auch Max Guther empörte sich über das „Zickzackmanöver der Aichers". In einem Telefongespräch mit Hellmut Becker berichtete er von seinen Überlegungen, von seinem Amt in der Geschwister-Scholl-Stiftung zurückzutreten, „selbst auf die Gefahr hin, dass seine Freundschaft zu Aichers dabei gefährdet sei."[466]

Otl Aicher war noch immer gesundheitlich angeschlagen. Dennoch setzte er alles in Bewegung, seine Vorstellungen zu verwirklichen. Auf keinen Fall wollte er sich die Geschicke der Hochschule von Thorwald Risler aus der Hand nehmen lassen, gegen den er in den vergangenen Monaten eine heftige persönliche Abneigung gefasst hatte.

Durch die Vermittlung von Walter Zeischegg trat Aicher deshalb wieder in Kontakt mit Max Bill. Der besuchte Aicher daraufhin im Sanatorium. Bill war ja noch immer Beiratsmitglied, und die Mitglieder des Beirates stellten einen Teil der Hauptversammlung der Ulmer Hochschule. Max Bill war für Aicher doppelt wichtig: Er verfügte im Beirat nicht nur über seine eigene, sondern per Vollmacht auch über die Stimme des Architekten Fritz Pfeil, der sich zu dieser Zeit in Teheran aufhielt. Nun machte Aicher Max Bill Hoffnungen auf eine Rückkehr an die HfG.[467] Und Bill zeigte sich bereit, Aichers Anliegen zu unterstützen. Tatsächlich endete die nächste Hauptversammlung der Geschwister-Scholl-Stiftung mit einer Niederlage für Risler: Er konnte seinen Verfassungsentwurf nicht durchsetzen.

Thorwald Risler verließ die Ulmer Hochschule zum Jahresende 1964. Auf Vermittlung von Hellmut Becker wurde er Verbandsdirektor und Leiter der Hauptverwaltung des Stifterverbandes für die Deutsche Wissenschaft. Fast gleichzeitig mit ihm wechselte der Verwaltungsdirektor Günther Schweigkofler an die Odenwaldschule. Hellmut Becker legte seine zahlreichen Ämter rund um die Stiftung ebenfalls zum Ende des Jahres 1964 nieder.

Und auch Otl Aicher zog sich nach dieser letzten Anstrengung aus Leitung und Betrieb der HfG zurück: Im Juni 1964 gab er bekannt, dass er die zweite Amtszeit als Rektor der HfG wegen seiner angeschlagenen Gesundheit nicht antreten könne. Zum September löste er außerdem seine Entwicklungsgruppe an der HfG auf und gründete erneut ein privates Büro: Auch diese Einnahmen würden der Hochschule in Zukunft fehlen.

Indessen erholte sich die deutsche Nachkriegsgesellschaft von der Schockstarre des Krieges und der unbewältigten Verbrechen des Faschismus. Viele Verkrustungen der 1950er Jahre brachen auf. Es begann eine, wenn auch zögerliche, Auseinandersetzung mit dem Dritten Reich: Fritz Bauer setzte sich als hessischer Generalstaatsanwalt konsequent für die Verfolgung nationalsozialistischen Unrechts ein. In Ulm hatte 1958 der Einsatzgruppenprozess gegen zehn Angehörige des Einsatzkommandos Tilsit begonnen, die über 5000 Menschen im litauisch-deutschen Grenzgebiet ermordet hatten; in Ludwigsburg wurde zur gleichen Zeit die *Zentrale Stelle der Landesjustizverwaltungen zur Aufklärung nationalsozialistischer Verbrechen* eingerichtet.

Im Oktober 1962 erschütterte die *Spiegel*-Affäre die junge Bundesrepublik: Nach einem kritischen Bericht über die Rüstungspolitik von Verteidigungsminister Franz Josef Strauß wurden die Redaktionsräume des *Spiegel* durchsucht und mehrere Mitarbeiter festgenommen. Viele politisch interessierte Bürger sahen darin den Versuch, die Pressefreiheit zu beschneiden. Es kam zu heftigen Protesten und einer Regierungskrise. Konrad Adenauers Rücktritt als Bundeskanzler im Oktober 1963 war eine Folge davon.

Mit ihm endete die *Bleierne Zeit,* wie die Filmemacherin Margarethe von Trotta die Adenauerzeit in ihrem Film über den Werdegang von Gudrun Ensslin nannte: „Ich habe mich da auch selbst beschrieben, meine Empfindung, in den Fünfzigern wie unter einem bleiernen Himmel gelebt zu haben, unter einer Bleikappe des Schweigens. Man spürte, da war etwas in der Vergangenheit, im Krieg, aber wir wurden darüber nicht aufgeklärt. Aus diesem Unwissen wollten wir ausbrechen."*[468]

Rolf Müller, HfG-Student seit 1960, formulierte seine Motivation, an der HfG zu studieren in seinen Erinnerungen so: „Ich war beseelt von dem Wunsch, mein Nein gegen die Welt der Elterngeneration (Nazi-Erben, Adenauerisches, Kitsch und Plüsch etc.) in ein Ja zu einer besseren Welt zu verwandeln."[469]

* *Auch Gudrun Ensslin hatte im Juni 1963 von der HfG mithilfe einer Postkarte Informationsmaterial angefordert, sich dann aber nicht weiter um einen Studienplatz beworben.*

Die Rückkehr der Gestalter

„Ein immer größerer Teil der Studenten kommt nur mehr an die HfG, weil sich herumgesprochen hat, dass Design ein schöner und lukrativer Beruf ist. Dieser Teil besitzt weder ein Engagement zur Sache noch zu Personen", schrieb Herbert Lindinger im Juni 1962 an Hellmut Becker.[470] Lindinger gehörte zu den HfG-Studenten der ersten Stunde. Er war 1954 aus Österreich nach Ulm gekommen und schnell zu einem wichtigen Mitarbeiter von Hans Gugelot geworden. Seit Herbst 1963 unterrichtete er als Dozent an der Ulmer Hochschule, genau wie seine Studienkollegen Claude Schnaidt und Gui Bonsiepe. Im Vorfeld dieser Berufungen hatte es Proteste gegeben, unter anderem von Horst Rittel: Der wandte sich gegen eine Übertragung des Unterrichts an ehemalige HfG-Studenten, die ihr komplettes Berufsleben an der HfG verbracht hatten und keine Erfahrung von außerhalb mitbrachten.[471]

Für Otl Aicher ergab aber gerade diese enge Verbundenheit der ehemaligen Studenten mit der Hochschule Sinn: Seiner Meinung nach musste die HfG etwas Besonderes bleiben. Sie könne „keine offene Schule sein", an der verschiedene Designauffassungen gelehrt werden: „Die Lehrfreiheit an der HfG ist begrenzt durch den Rahmen einer kulturellen und sozialen Auffassung, die als Verpflichtung gilt, weil die gesamte Einrichtung um ihretwillen gegründet wurde."[472] Nach den Krisen der letzten Jahre setzte Aicher auf diejenigen, die beim Aufbau dabei gewesen waren und seine Erfahrungen und Ideale teilten.

Das barg allerdings auch eine Tendenz zur Erstarrung: Neue gesellschaftliche Entwicklungen konnten unter solchen Voraussetzungen nur bedingt aufgenommen und in das Programm der HfG integriert werden.

Das galt auch für die praktische Arbeit – und war nicht nur von Nachteil. Bei der Ausbildung von Produktgestaltern hatte die Ulmer Hochschule Pionierarbeit geleistet, doch die war nun abgeschlossen: Das Fach Industriedesign konnte man inzwischen an mehreren Akademien und Werkkunstschulen in der Bundesrepublik studieren. Lindingers Klage über das fehlende Engagement der Studenten ist insofern nicht ganz gerechtfertigt, als es in diesem Bereich inzwischen weniger um die Suche nach neuen Formen des Zusammenlebens und Entwerfens ging als um eine Routine – eine heilsame und der Entwicklung der Studenten förderliche Routine, die es ihnen erlaubte, sich ganz auf ihre Studienprojekte und das angestrebte Berufsziel zu konzentrieren.

Aus den Berichten der angehenden Produktgestalter dieser Zeit spricht denn auch eine bis dahin an der HfG nicht gekannte Zufriedenheit: „Es hätte keine bessere Ausbildung geben können", stellte Verena Herzog-Loibl im Nachhinein fest.[473] Und ihre Studienkollegin Kerstin Bartlmae berichtete: „Schnell habe ich verstanden, dass der Entwicklungsprozess von industriell gefertigten Produkten keinen Kunstanspruch hat, sondern ein Zusammenspiel aus verschiedenen Disziplinen, Fakten und Gegebenheiten ist. In der Abteilung Produktgestaltung wurde dieses Zusammenspiel geübt und durch Fächer wie Ergonomie, Soziologie und Psychologie, Geometrie u.s.w. ergänzt."[474]

Herbert Lindingers Bedenken zum Trotz ging dabei auch die typische „Ulmer Haltung" nicht verloren. Zwar gab es keine gemeinsame Grundlehre mehr, dennoch wurden die Studenten gerade im ersten Studienjahr entscheidend geprägt. Alexander Neumeister sprach von einer „ungewöhnlichen Konstellation": Soziologie, moderne Musik, Psychologie, Ökonomie und dem „frustrierenden Verschieben von farbig gepinselten Papierschnipseln" während des ersten Studienjahres. Um danach festzustellen: „Man war zum ‚Ulmer' geworden! Man hatte eine spezielle Sicht der Dinge, eine ganz spezielle Art, Objekte zu betrachten, Aufgaben anzugehen, und schon im Ansatz jene Ulmer Überheblichkeit, mit der man die gestaltete Umwelt betrachtete."[475]

Auch die Dozenten der ersten Stunde hatten inzwischen Freude am Unterrichten, an der Auseinandersetzung mit den Studenten gefunden und dabei ebenfalls gewisse Routinen entwickelt.

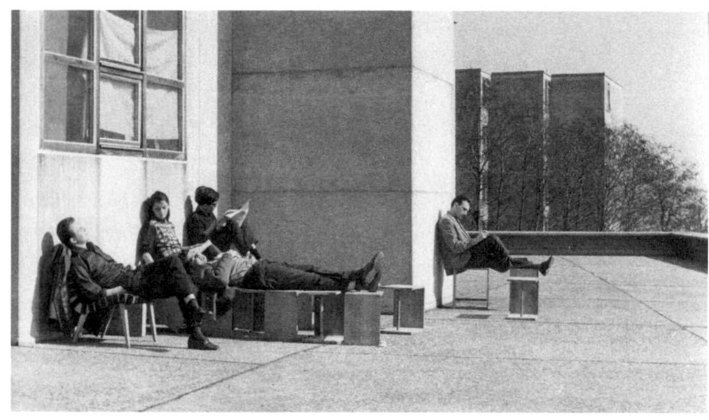

Studenten auf der sommerlichen Terrasse, um 1962. Foto: unbekannt

Besonders auffällig war dies bei Walter Zeischegg. Zeischegg forschte seit jeher an der Form, und erhielt dabei Unterstützung von einer wachsenden Zahl von Studenten, die seine Fähigkeiten erkannten und seine Vielseitigkeit schätzten.

Im Herbst 1961 beschloss ein Team von fünf Studenten der Produktgestaltung, ihre gemeinsame Diplomarbeit, den Entwurf einer Reihe kombinierbarer Warenverkaufsautomaten, mit Walter Zeischegg als Hauptreferenten zu machen: „Ein Experiment mit zunächst ungewissem Ausgang, weil Zeischegg unter uns Studenten als zumindest schwierig, wenn nicht nahezu psychopathisch galt", schrieb Reinhart Butter.[476]

Im Nachkriegsdeutschland dominierten in dieser Zeit noch die Tante-Emma-Läden. Gerade wurden die ersten *supermarkets* nach amerikanischem Muster eröffnet – da war es ein interessanter Gedanke, man könne auch andere Waren als Zigaretten per Automaten verkaufen. Die Firma *Telefonbau&Normzeit* interessierte sich für diesen Ansatz und unterstützte die Studentengruppe finanziell und fachlich.

Diese Arbeit steht für Vieles, was für die HfG typisch ist. Da war einmal die enge Zusammenarbeit sowohl mit den Fachleuten von der Seite des Auftraggebers als auch die gemeinsame Arbeit im

Team. (Peter Schoeller, einer der Diplomanden, machte die Teamarbeit darüber hinaus zum Thema seiner theoretischen Diplomarbeit.) Das war innovativ und gleichzeitig dicht an einer praktischen Anwendung, brachte neue, auch gesellschaftspolitisch relevante Erkenntnisse.

Neu war auch der Ansatz, ein ganzes System von Automaten zu schaffen, die wahlweise miteinander kombiniert werden konnten. Das bedeutete für den Nutzer eine maximale Flexibilität und half, den Produktionsprozess zu optimieren: So konnten mit möglichst wenig verschiedenen Bauteilen viele Varianten von Automaten hergestellt werden. Während die Automaten sich in ihrer Gestaltung noch durch das der HfG nachgesagte „graue-Quader"-Design auszeichneten, ging Walter Zeischegg mit anderen Studenten neue Wege. Zeischegg hatte sich seit jeher für geometrische Formen jenseits des rechten Winkels interessiert sowie für die Bauweisen der Natur.

Mitte der 1960er Jahre arbeitete ein Studententeam unter seiner Leitung an einem System von Straßenleuchten. „Wir konzipierten ein Leuchtensystem auf der Grundlage modularer Systembauweise, Objekte in Gestaltung von Freiformflächen. Es war eine Art Aufbruch, die Suche nach differenzierten Gestaltungsvorstellungen. Diese Form von ‚Protest' manifestierte sich später nochmals deutlich in der Wahl meiner praktischen Diplomarbeit", schrieb Werner Zemp.[477] Im Rahmen dieses Diploms entwickelte er ein Kinderspielgerät aus freien, aneinanderreihbaren Formen. Im theoretischen Teil beschäftigte er sich mit *Naturstudien und Abstraktion* – beides war seinem Lehrer Walter Zeischegg geschuldet. Der erwähnte „Protest" bezog sich auf das überwiegende Denken in rechten Winkeln, wie es an der HfG lange gepflegt wurde.

Einen großen wirtschaftlichen Erfolg hatte schließlich auch Walter Zeischegg selbst zu verzeichnen: Den Entwurf eines stapelbaren Aschenbechers für die Firma *Helit*, mit der er seit 1966 zusammenarbeitete. Die Form dieses Aschenbechers beruhte auf Zeischeggs Studien über Sinuskurven. Aufgrund der großen Nachfrage musste Helit gleich nach dem Verkaufsstart nachproduzieren.[478]

Vor allem aber waren es die Absolventen der Schule selbst, die den Erfolg der Abteilung für Produktgestaltung belegten: Sie arbeiteten als selbstständige Industriedesigner in Firmen wie Krupp und Klöckner-Humboldt-Deutz, Telefunken oder der AEG, gingen in die USA und machten dort Karrieren als Hochschuldozenten, trafen in Mailand zusammen, wo sie für Olivetti oder Iveco arbeiteten oder engagierten sich beim Aufbau weiterer Schulen nach dem *ulmer modell,* in Rio de Janeiro oder in Ahmedabad in Indien.

Dabei konnte es mitunter dauern, bis die Absolventen ihre Diplomurkunden in Händen hielten: Sie reisten wie sie durch die Welt, mussten von Referenten und Korreferenten unterzeichnet werden, die sich mitunter schon lange nicht mehr in Ulm aufhielten. „Jetzt ist es endlich soweit, dass ich Ihnen ihre Diplomurkunde übermitteln kann“, schrieb Johanna Rösner im Mai 1965 an Heinz Wäger. „Leider hat sie ihre letzte Reise (nach London) nicht gut überstanden und ist etwas zerknüllt zurückgekommen. Wenn Sie sie aber mit einem lauwarmen Bügeleisen vorsichtig bearbeiten, würde sie gewiss um vieles schöner werden.“[479]

Großen Erfolg hatte die HfG auch auf der Weltausstellung in Montréal 1967: Als einzige deutsche Schule war sie bei der Sonderausstellung über Lehrmethoden und Unterrichtsergebnisse vertreten, zusammen mit 16 anderen Instituten aus aller Welt.[480]

Hatten sich damit nicht eigentlich die Träume der HfG-Gründer erfüllt? Es war ihnen gelungen, die entscheidenden Vertreter der Gesellschaft für ihre Idee des *Industrial Design* zu gewinnen. Sie arbeiteten mit der Industrie zusammen, sorgten für eine Verbesserung der Lebensbedingungen – und eine Reihe der HfG-Gestalter war damit wohl auch ganz zufrieden.

Tomás Maldonado und seinen unruhigen Geist erfüllte die Richtung, die die Schule inzwischen nahm, allerdings mit Bedenken. *Anstöße gegen das Behagen in der Design-Erziehung* betitelte er einen Aufsatz in der Zeitschrift *ulm* im Juni 1966. „Es wächst nämlich der Zweifel, ob die Summe der gut gestalteten Gegenstände notwendig in eine gut gestalteten Umwelt mündet“, schrieb er, und regte an, die Aufgabe einer Designschule weiter zu fassen, eine „Schule für Umweltgestaltung (Environmental Design)" zu konzipieren.[481] Die traditionellen Abteilungen sollten aufgelöst, die Schule in zwei unterschiedliche Bereiche aufgeteilt werden, einen für „gegenständlich-physikalische Umweltgestaltung" – darunter fiele dann das Bauen, die Entwürfe für Gebrauchsgegenstände und eine Produktumwelt – und einen für „Verhaltens-Umweltgestaltung", für Kommunikation in weitestem Sinne. Wenn Maldonado in diesem Artikel nach interdisziplinärer Zusammenarbeit rief und erklärte, der beste Platz einer solchen Schule liege „zwischen einer Schule für Naturwissenschaften und einer Schule für Verhaltenswissenschaften", kann man sich eines gewissen Déjà-vu-Gefühls nicht erwehren. Hätte man das mit der vertriebenen Fraktion der „Wissenschaftler" nicht auch haben können?

Auch in der Bauabteilung regten sich inzwischen Überlegungen, den eingeschlagenen Weg zu überdenken – wenn auch nicht unbedingt bei ihrem Leiter Herbert Ohl. Ohl hatte sich durch eine konsequente Fortbildung in Sachen Industrialisiertes Bauen als Dozent etabliert und in den vergangenen Krisenjahren Otl Aicher und den „Gestaltern" die Treue gehalten. Als einziger der zu „außerordentlichen" Dozenten Degradierten hatte er nicht vor dem Arbeitsgericht geklagt. Nach einer Anstandsfrist war er wieder in den Kreis der „ordentlichen" Dozenten aufgerückt.

Nachdem Rudolf Doernach die Schule im Zorn verlassen hatte, wurde Claude Schnaidt zu dessen Nachfolger in der Abteilung. Wie Herbert Lindinger gehörte Schnaidt zu den ersten HfG-Studenten.

Mit mehreren Studenten der Bauabteilung unternahm Schnaidt im Juli 1964 eine zweiwöchige Reise in die Sowjetunion, um die dortigen Fortschritte im industrialisierten Bauen zu studieren. Sie lernten die *Chruschtschowkas* kennen, die massenhaft erstellten Plattenbauten der Chruschtschow-Ära und die Bedingungen ihrer Produktion – und hatten danach erhebliche Zweifel an ihrem eigenen Tun.

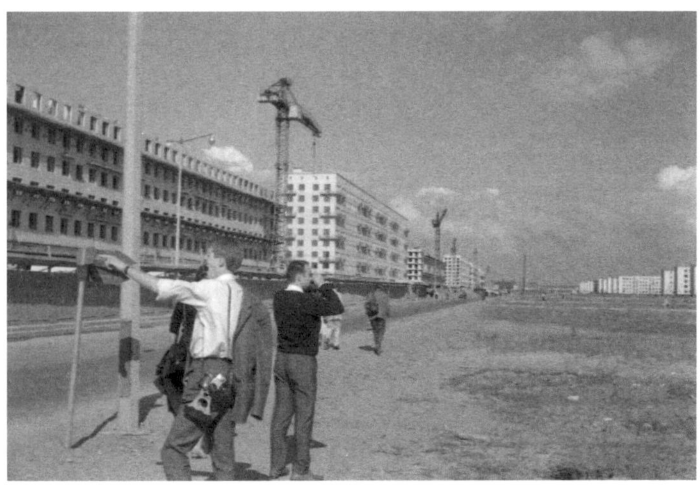

Reise in die UdSSR: HfG-Studenten vor Plattenbauten in der Entstehung, 1964. Foto: Rolf Berner

„Wie enthusiastisch Schnaidt auch war, das nahm die Wirklichkeit des industrialisierten Sowjetbaus nicht weg“, schrieb Myriam Schoemann-Daru.[482] Gleichzeitig erinnerte sie sich der vielen Anregungen, die ihr das Studium im HfG-Umfeld gab: Dort erfuhr sie zum ersten Mal von den Ideen eines Nicholas Negroponte zur Zukunft der Computertechnologie, hörte eine Vorlesung des amerikanischen Designers Victor Papanek über Bionik und war schockiert, „weil er den Designer im Dienst der Vernichtung (Vietnamkrieg) zeichnete“. Mit einer kleinen Gruppe von Kommilitonen besuchte sie den Archigram-Kongress in Brighton.

Doch auch Claude Schnaidt hatte inzwischen seine Zweifel an den Segnungen des Fertigbaus wie an den Zielen der HfG: Unter den „gegenwärtigen Bedingungen einer auf privater Initiative, Konkurrenz und Profit basierenden Marktwirtschaft“ sei es schwierig, die Vorteile des Fertigbaus so zu nutzen, dass sie der Allgemeinheit zugute kämen, schrieb er im Mai 1968 in der Zeitschrift *ulm*.[483] Allerdings stellte er nicht die Industrialisierung des Bauens an sich in Frage, sondern vor allem die gesellschaftlichen Bedingungen, die ihr in der Bundesrepublik zugrunde lagen. Schnaidt stammte aus der französischen Schweiz und war ein überzeugter Kommunist romanischer Prägung. Anders als derjenige seiner deutschen Kollegen war sein Kommunismus-Begriff nicht von der – unreflektierten – Übernahme des nationalsozialistischen Weltbildes in der jungen Bundesrepublik geprägt, wie Alexander und Margarete Mitscherlich sie in ihrem Buch *Die vaterlose Gesellschaft* konstatierten. „Die Ideologie der Nazis ist zwar nach 1945 pauschal außer Kraft geraten, was aber nicht bedeutet, dass man eine sichere innere Distanz zu ihr gefunden hätte“, schrieben sie dazu Ende der 1960er Jahre. Der „emotionelle Antikommunismus“ sei deshalb auch nach dem Krieg eine offizielle staatsbürgerliche Haltung geblieben. Hier standen sich – unabhängig von allen sonstigen Wertungen – unterschiedliche kulturelle Auffassungen gegenüber.

Im Lauf der 1960er Jahre änderten sich die Bedingungen rapide, unter denen ein Gestalter in der industrialisierten Welt zu arbeiten hatte. Die Entbehrungen der Nachkriegszeit waren in den Hintergrund gerückt, eine Überflussgesellschaft entstand. Der strenge, den bürgerlichen Tugenden der Sparsamkeit verpflichtete Funktionalismus wurde nun massiv in Frage gestellt.

Im Oktober 1965 hielt Theodor W. Adorno auf einem Kongress des Werkbundes einen wegweisenden Vortrag über „Funktionalismus heute“. Darin beschäftigte er sich mit dem „Unbehagen, das mich beim deutschen Wiederaufbaustil befällt und das gewiss viele von Ihnen teilen“.[484] Er kam zu dem Schluss, „dass die Frage des Funktionalismus nicht zusammenfällt mit der nach der praktischen Funktion“. Die zweckfreien und die zweckgebundenen Künste bildeten keinen radikalen Gegensatz, den etwa Adolf Loos und in seiner Folge zahlreiche Gestalter ihnen unterstellte.

Während auch die meisten Vertreter der HfG nach wie vor nach der Überzeugung handelten, dass künstlerische Ansätze in der Arbeit eines Produktgestalters nichts verloren hätten, plädierte Adorno dafür, die Trennung zwischen Technik und Kunst aufzuheben. Weder die autonome noch die angewandte Kunst dürfe

„den eigenen magischen und mythischen Ursprüngen absagen": Kunst werde sonst zum Fetisch, „zu jenem selbstgemachten und dadurch bereits relativierten Absoluten, als welches der Jugendstil seine Schönheit erträumte"; die Technik arte zum Selbstzweck aus.

Vor allem aber mahnte Adorno die Werkbundmitglieder, sich weniger mit ihren eigenen Idealen zu befassen als mit den Menschen, für die sie Dinge entwarfen: „Die lebendigen Menschen, noch die zurückgebliebensten und konventionell befangensten, haben ein Recht auf die Erfüllung ihrer sei's auch falschen Bedürfnisse."

Das Allgemeinwohl, dem sich im Faschismus alles und jeder hatte unterordnen müssen, dürfe auch in der Gestaltung nicht über dem Wohl des Einzelnen stehen: „Setzt der Gedanke an das wahre, objektive Bedürfnis sich rücksichtslos über das subjektive hinweg, so schlägt er, wie von je die volonté générale gegen die volonté de tous, in brutale Unterdrückung um."

Im Gegensatz zu seinem Kollegen Walter Zeischegg, der sich in den 1960er Jahren wieder seinen eigenen künstlerischen Ursprüngen annäherte, konzentrierte sich Otl Aicher nun mehr und mehr auf einen sehr strengen Ansatz in der Visuellen Kommunikation. Waren Aichers frühere Entwürfe für die Volkshochschule noch von immanenter Gestaltungslust und dem freien Umgang mit Schriften und Formen geprägt gewesen, so hielt er sich später ganz an das strenge, von der damaligen Schweizer Grafik beeinflusste System, das er für sich und die HfG entwickelt hatte. „Aichers intellektuelle Offenheit hatte ihre Grenzen, wenn es um die Bereitschaft ging, andere gestalterische Einflüsse und deren Vertreter an der hfg zuzulassen", erinnert sich der Student Gerd Zimmermann.[485]

Überzeugungsarbeit beim Verbraucher sollte durch das gut durchdachte Erscheinungsbild einer Firma, eine überzeugende Präsentation ihres Gesichtes in der Öffentlichkeit geleistet werden. Werbung betrachtete Aicher als „verkaufspolitische Trivialdisziplin" und „kulturell minderwertig", er lehnte sie und damit auch alles Sinnliche in der Gestaltung als Manipulation ab.

Diese Haltung war möglicherweise eine Antwort auf die faschistische Propaganda in Aichers Jugend, der Emotionalität und Verführungskraft, die von ihr ausgegangen war. Von dieser Propaganda wollte Aicher sich unter allen Umständen absetzen, er sah darin nicht nur ein persönliches, sondern vor allem auch ein politisches Statement. Gute Gestaltung im Alltag durfte eben keine Kunst sein und auch keine ihrer Elemente enthalten, keinen spielerischen Umgang mit Typografie und Texten, durfte keine erzählerischen Qualitäten besitzen, keine großartigen Bildwirkungen oder Emotionalität in der Fotografie erzeugen.

Aus dieser Perspektive heraus konnte Aicher die Arbeit, die in dieser Zeit in Werbeagenturen und Zeitschriftenredaktionen geleistet wurde, nur als rückständig, weil noch zu sehr im Emotionalen verhaftet, ansehen. Die Zeitschrift *Twen* mit ihrem Artdirector Willy Fleckhaus, dessen innovative Layouts und provokative Ideen, wurde von den HfG-Studenten zwar eifrig angeschaut, ihr Einfluss aber blieb – dank Aichers Verdikt – im Unterricht der HfG begrenzt.[486]

Auch der Gestalter selbst sollte sich nach Aichers Auffassung nicht von äußeren Einflüssen ablenken lassen. Spontane *scribbles* von Hand waren verpönt, sie sollten nach Möglichkeit durch die Fotografie ersetzt werden. Hinzu kam der Zwang, jede einzelne Idee, jeden Entwurf zu begründen. „Jede kreative Leistung sollte analysiert und möglichst wissenschaftlich hinterfragt werden", erinnerte sich Günther Elstner.[487]

Eine nennenswerte Rebellion der Studenten gegen dieses Diktat gab es nicht, zumindest nicht in der ruhigen Zeit nach 1963, als die Machtverhältnisse geklärt schienen und der Generationsabstand zwischen Dozenten und Studenten dem von Eltern und ihren Kindern entsprachen: Eine solch elterliche Autorität ließ sich nicht so leicht in Frage stellen wie der Führungsanspruch von fast Gleichaltrigen, wie er in der Anfangsphase der HfG noch vorgeherrscht hatte.

Dass dieser allzu rationalistische Ansatz für den Entwurfsprozess allerdings nicht förderlich ist, stellten HfG-Absolventen aller Abteilungen spätestens im Berufsleben fest.[488] „Jahrelang habe ich das systematische Arbeiten kultiviert und immer erwartet, dass man nur die richtigen Kriterien haben müsse, damit nachher das Beste herauskommt“, erzählte Helmut Müller-Kühn von seiner Arbeit bei der Firma Krupp. Erst im Lauf der Zeit habe er herausgefunden, „dass man die menschliche Spontaneität nicht überlisten kann.“

Der Architekt Rupert Urban wurde dagegen schon im zweiten Studienjahr „durch Schaden klug“: Das Arbeiten mit jeweils getrennten Phasen des Analysierens, Entwerfens und Bewertens habe sich für die spontane Ideenfindung katastrophal ausgewirkt. Er selbst kam zu der Einsicht, „dass wir immer parallel arbeiten sollten und uns dabei lenken lassen sollten durch spontane und plötzliche Einfälle, weil man solche Assoziationen sonst sofort vergisst.“[489]

Im Bereich rationalen Entwerfens war die HfG Vorreiter, aber auch Teil des internationalen *Design Methods Movement*, dem ja auch Bruce Archer angehörte. Aber zunächst euphorische Vertreter dieser Linie gelangten Ende der 1960er Jahre allerdings zu dem Schluss, dass sich die Intuition nicht durch rationale Methoden ersetzen ließe: Man könne nicht das ganze Leben in ein logisches, rationales System bringen.[490]

Wer das gar nicht erst versuchte, waren die Mitglieder der spät gegründeten Filmabteilung der HfG mit ihren noch jungen Dozenten. Hier war eine ähnliche Konstellation gegeben wie zehn Jahre zuvor an der gesamten Hochschule: Dozenten und Studenten standen sich im Alter nah und lernten in beiden Richtungen voneinander. Die Begegnung der Studenten anderer Abteilungen mit den Filmleuten fand vor allem im Rahmen der freitäglichen Filmvorführungen statt, die sich inzwischen eingebürgert hatten. Bezeichnenderweise berichtete Karsten de Riese von ihnen als seinen „emotional schönsten Erinnerungen“ – er dachte dabei an die leer geräumte Mensa, die anschließenden Feiern und das freie Tanzen in dieser „Zeit der eben aufgekommenen Beatles“.[491] Während sich Studenten wie Dozenten der anderen Abteilungen in seiner Wahrnehmung noch eher formal begegneten, erschien ihm der Umgang der Filmleute miteinander viel freier.

Gegen Ende der 1960er Jahre zogen sich die Vertreter der Gründergeneration endgültig aus dem Betrieb der HfG zurück. Hans Gugelot hatte bereits Mitte 1960 Verhandlungen mit der Stuttgarter wie der Hamburger Akademie aufgenommen, die ihn als Lehrer für ihre neuen Industrial-Design-Abteilungen abwerben wollten. Sein plötzlicher Herztod im September 1965 verhinderte den Wechsel.

Otl Aicher verlagerte sein Entwicklungsbüro nach München. Er war zum Gestaltungsbeauftragten für die erste deutsche Olympiade nach 1936 ernannt worden. Im März 1967 bat er darum, bis zum Abschluss dieser Arbeiten an der HfG als „ständiger Gastdozent" geführt zu werden.[492]

Tomás Maldonado verließ Ulm zum Herbst 1967, um an der *School of Architecture* an der Universität in Princeton zu lehren.

Die Gründer machten damit den Weg frei für einen Generationswechsel, ähnlich Walter Gropius, der 1928 am Bauhaus das Direktorenamt an den Architekten Hannes Meyer abgegeben hatte. Sie durften hoffen, dass sich die HfG nun auch ohne sie auf dem eingeschlagenen Weg weiterentwickeln würde.

Ganz eigene Wege ging die Filmabteilung: Im Juli 1967 wurde sie in einen eingetragenen Verein umgewandelt – ein kluger Schachzug, bekam sie doch auf diese Weise einen eigenen Etat und war fortan von der Hochschule unabhängig.[493] Denn während die Hochschule nach dem Auszug der „Wissenschaftler" und Thorwald Rislers Weggang inhaltlich zur Ruhe kam, wurde ihre finanzielle Situation immer kritischer.

Rislers Nachfolger als Vorsitzender des Verwaltungsrates war seit Anfang 1965 der Jurist Friedrich Rau. Rau rückte nun ganz von der ursprünglichen Idee ab, die Hochschule mit Spenden und Eigeneinnahmen zu finanzieren und setzte auf eine Erhöhung der staatlichen Zuschüsse für die HfG.

Das Verhältnis zwischen Stiftung und HfG entsprach in dieser Zeit Aichers Vorstellungen einer freundschaftlichen, gleichberechtigten Zusammenarbeit. Dabei war die Stiftung für Verwaltung und Finanzierung zuständig, die Hochschule widmete sich ihrem kulturellen und pädagogischen Auftrag. War die Hochschulleitung mit den Beschlüssen des Stiftungsrates nicht einverstanden, konnte sie sich widersetzen, ohne Sanktionen befürchten zu müssen.[494]

Im Jahr 1965 gab die HfG 420 000 Mark mehr aus als im Haushaltsplan vorgesehen, ohne sich dafür auch nur die Zustimmung der Stiftung zu holen. Nach Abzug aller Reserven fehlten am Ende des Jahres 250 000 Mark. Ein Kredit musste aufgenommen werden.[495]

In seiner Not stellte der Stiftungsrat einen Antrag auf Verdoppelung des Landeszuschusses für 1966 auf 1,2 Millionen Mark. Für die Abgeordneten in Stuttgart kam dieses Ansinnen vollkommen überraschend. Sie einigten sich dennoch darauf, der HfG für das Jahr 1966 immerhin einen Zuschuss von 900 000 Mark (an Stelle der geplanten 600 000 Mark) zu gewähren.[496] Damit waren die finanziellen Probleme der HfG zwar gemildert, aber nicht behoben. Im Mai 1966 empfahl der Stiftungsrat deshalb, die Abteilung Bauen zu schließen. Daraufhin bestritt der kleine Senat der HfG unter der Leitung des damaligen Rektors Herbert Ohl, überhaupt einen Anteil an der Misere der Schule zu haben: „Wesentlich ist, dass Schulden abgetragen werden müssen, mit denen die HfG nichts zu tun hat. Herr Ohl vertritt die Auffassung, es müsse doch möglich sein, die Schule in der heutigen Struktur fortzuführen."[497]

Es war eben nicht möglich. Im Juli 1967 war die Stiftung zahlungsunfähig. Sämtliche Kredite waren überzogen, Tilgungen konnten nicht mehr vorgenommen werden, die Bank forderte Sicherheiten. Der Schuldenberg war auf 1,9 Millionen Mark angewachsen.[*498]

Ende August 1967 legte Friedrich Rau sein Amt nieder.

Auch der Stiftungsrat war inzwischen nicht mehr voll besetzt. Die Mitarbeit darin war ehrenamtlich und trug wenig Früchte,

---

* *Einen Anteil an der Anhäufung von Schulden hatte auch die Stiftungsverwaltung mit ihren wechselnden Verwaltungsdirektoren, die keiner Art von Controlling unterworfen gewesen zu sein scheinen. So verschlang ein ebenso unnötiger wie überteuerter Umbau der Heizung Mitte der 1960er Jahre einen großen Betrag, der dann natürlich für den Lehrbetrieb fehlte.*

aber viel Ärger ein. Selbst der Ulmer Oberbürgermeister Theodor Pfizer dachte angesichts der aussichtslosen Lage daran, zum Jahresende zurückzutreten.[499] Schließlich nahm sich das baden-württembergische Kabinett der Sache an: Die Minister übernahmen die Verantwortung, die der Stiftungsrat so gerne abgeben wollte und die Schulleitung so entschieden von sich wies. Allerdings konnte die Regierung sich nicht dazu durchringen, den Zuschuss noch weiter zu erhöhen. Die Minister suchten nach anderen Lösungen und sprachen sich im Dezember 1967 für eine Angliederung der HfG an die Ulmer Ingenieurschule aus.[500]

Wir demonstrieren!

Auf den ersten Blick war das Zusammengehen der HfG mit der Ingenieurschule, wie es die Vertreter der Landesregierung im Sinn hatten, keine allzu fernliegende Idee, unterrichteten doch seit Anfang der 1960er Jahre einige von deren Mitgliedern auf dem Kuhberg in den technischen Fächern.[501] Auch bestand eines der besonderen Merkmale der Ulmer Hochschule gerade in dieser engen Verbindung zur Technik.

Beim zweiten Blick aber war klar: Die Ingenieurschule und die HfG waren zwei verschiedene Welten. Hier die konservativen, technikorientierten Ingenieure mit ihrem Direktor Josef Hengartner, der als „durchsetzungsstarke, autoritäre und geradlinige Persönlichkeit" galt.[502] Er hatte den Ehrgeiz, die Ingenieurschule zu einer Fachhochschule aufzuwerten. Die Themenbereiche der HfG wollte er in Form eines viersemestrigen Aufbaustudiums integrieren, die Leitung selbst übernehmen.[503] Das entsprach durchaus den Vorstellungen der Politiker, die nur zu gerne die widerspenstige Selbstverwaltung der HfG abgeschafft und die undurchschaubaren Verhältnisse auf dem Kuhberg beseitigt hätten.

Für die HfG aber war eine Angliederung an die Ingenieurschule undenkbar: Sie hätte damit ihre gewachsene Identität verloren. Denn ihre Gründer waren ja nicht nur angetreten, die Dinge des Alltags schöner und besser zu machen, sie wollten vor allem die Welt verändern. Das ließ sich aus der Position einer untergeordneten Abteilung in einer Fachhochschule aber nicht bewerkstelligen.

Und die Welt, darin waren sich vor allem die jüngeren HfG-Mitglieder einig, war im Jahr 1968 noch immer genau so verbesserungswürdig wie im Jahre 1953. Nur ging es jetzt nicht mehr um Gegenstände, sondern um gesellschaftliche Strukturen. Und der beste Ort, solch neue Strukturen zu erproben und in die Wirklichkeit umzusetzen, war auch in den Augen der Studenten des Jahres 1968 noch immer der Kuhberg mit seinem utopischen Ansatz –

das Behältnis der HfG-Bauten mit ihrer lichten Leere, die nur darauf warteten, mit revolutionärem Geist gefüllt zu werden.

Anfang Februar veranstalteten die Studenten ein Seminar zum Thema „Hochschule im Prozess der Demokratisierung“[504]. In seinem Eingangsreferat kritisierte Michael Klar die bestehende Verfassung der HfG und forderte eine „herrschaftsfreie Hochschule“.

Wenige Tage später gründete sich an der HfG die „Neunergruppe“, die sich rotierend aus je drei Dozenten, Assistenten und Studenten zusammensetzte und in der auch die Werkstattleiter vertreten waren. Sie hatte die Aufgabe, sich mit dem Württemberg-Badischen Hochschulgesetz als Grundlage für eine Verstaatlichung der HfG zu beschäftigen und arbeitete in der Folge konkrete Vorschläge für die Weiterführung aus.[505] Das war zunächst einmal Ausdruck guten (basis-)demokratischen Handwerks und führte auch zu inhaltlichen Ergebnissen: Die Mitglieder der Gruppe stellten zunächst einmal fest, dass eines der Ziele der Hochschule inzwischen erreicht sei: „Allein in der BRD werden bereits an zehn Institutionen Designer ausgebildet, so dass der Bedarf an diesen Spezialisten in Industrie und Wirtschaft reichlich gedeckt werden dürfte.“ Man konnte sich also neuen Bereichen zuwenden, und zwar den umfassenderen Aufgaben der Umweltgestaltung.[506] Denkbar war ein zweijähriges weiterführendes Studium. Dabei solle sich die HfG auf Forschung und Entwicklung konzentrieren. Die Hochschule sollte nicht mehr in voneinander getrennten Abteilungen arbeiten, sondern sich projektweise konkreten Aufgaben widmen. Das klang einigermaßen abstrakt, entsprach im Kern aber durchaus den ursprünglichen Absichten der HfG-Gründer: Nach deren Wille sollte die Hochschule ja beispielgebend an gesellschaftlichen Aufgaben arbeiten. War das in den 1950er Jahren die Gestaltung des Wiederaufbaus gewesen, so stellten sich die Autoren dieses Konzepts nun auf die neuen Herausforderungen der Wohlstandsgesellschaft ein.

In diesen Monaten, in denen die Ulmer Hochschule um das finanzielle Überleben rang, gab es im politischen Leben der jungen Bundesrepublik tiefgreifende Einschnitte. Am 7. Juni 1967 wurde bei einer Demonstration in Berlin der Student Benno Ohnesorg hinterrücks erschossen. Wie ihre Kommilitonen in anderen Städten formulierten die HfG-Studenten eine Protestresolution gegen die Willkür der staatlichen Gewalt und riefen zu einer Demonstration in der Ulmer Innenstadt auf.[507]

Anfang November kam der Hannoveraner Professor Peter Brückner für zwei Tage nach Ulm, um ein Seminar über Verpackungen zu halten. „Mit Brückner haben wir nächtelang im Roth-händle-Dunst und mit reichlichem Bierkonsum die Strategien zur Überwindung kapitalistischer Herrschaftsstrukturen debattiert", berichtete Urs Fanger.[508]

Es galt, sich zu wehren – gegen die Macht der Wirtschaft, das Wettrüsten und den Kalten Krieg, gegen die große Koalition, die ehemaligen Nationalsozialisten an den Hochschulen und in der Gesellschaft, gegen Konsumterror und die verklemmte Sexualmoral: Gegen all das, was an Übel in der Welt war und den Lebensstil der Elterngeneration ausmachte. Wie an eine „burleske Filmszene", erinnerte sich Fritz-Jürgen Böttcher an eine Versammlung im kleinen Hörsaal der HfG, in der ein Assistent der Filmabteilung eine flammende Rede hielt und dabei „aus dem kleinen roten Taschentuch des Redners durch eine inszenierte Auseinanderfaltung die rote Fahne der Revolution wurde. Wie in einem torkelnden Fieberrausch sagte sich die gesamte anwesende Studentenschaft von allen Zwängen der Gesellschaft frei und Diplome und sonstige spießige bürgerliche Errungenschaften wurden verteufelt und entsorgt."[509]

Entsprach das aber nicht den Idealen, unter denen bereits die HfG-Gründer angetreten waren? Zwar gab es an der Ulmer Hochschule inzwischen durchaus Diplome, und auch manch andere bürgerliche Errungenschaft hatte sich im Lauf der Jahre und mit dem zunehmenden Alter der Gründer eingeschlichen, doch gab es nach wie vor eine große Aufgeschlossenheit modernen Lebensformen gegenüber, den erklärten Willen, am gesellschaftlichen Wandel teilzuhaben und ihn mitzugestalten: und das nicht nur in der jüngeren Generation.

Am 22. Februar 1968 jährte sich die Hinrichtung von Hans und Sophie Scholl zum 25. Mal. Zu diesem Gedenktag verfassten die Studenten ein Referat, in dem sie Parallelen zum Schicksal der HfG mit dem ihrer geistigen Vorbilder zogen. Sie begannen mit einem Zitat von Hans Scholl, mit dem Beginn des ersten Flugblattes: „Nichts ist eines Kulturvolkes unwürdiger, als sich ohne Widerstand von einer verantwortungslosen und dunklen Trieben ergebenen Herrscherclique ‚regieren' zu lassen." Im typischen Jargon der 1968er Jahre geht es weiter: „Die Unabhängigkeit der HfG, Lebensnerv einer progressiv demokratischen Ausbildungsinstitution, wird abgeschnitten, damit sie widerstandslos den Anforderungen der Privatwirtschaft nach unkritischen, spezialisierten Fachkräften gehorcht. Was vordem als finanzielle Krise kaschiert wurde, erweist sich heute als Krisenelement von zunehmendem Grad. Der Angriff auf die Autonomie der Hochschule für Gestaltung geht Hand in Hand mit den übrigen Bemühungen der gleichen Gruppen, bürgerliche Grundrechte durch glatte Befehls- und Gehorsamsstrukturen zu ersetzen."

Hans und Sophie Scholl waren und blieben die Identifikationsfiguren für alle, die mit der Ulmer Hochschule zu tun hatten. Sie standen für den Mut, den Dingen nicht ihren Lauf in die falsche Richtung zu lassen – nur gab es sehr unterschiedliche Meinungen darüber, was die richtige und was die falsche Richtung sei, wie Demokratie funktionieren sollte, und ob (basis-)demokratische Entscheidungen in jeder Situation zu bevorzugen seien.

Ebenfalls am 22. Februar 1968 befasste sich der Ministerrat des Landes Baden-Württemberg mit der Vorlage des Kulturministeriums für die Angliederung der HfG an die Ingenieurschule. Die Herren waren einer Meinung, nämlich dass „die HfG einer straffen, ordentlichen Verwaltung bedürfe, welche die zahlreichen Missstände beseitige".[510] Auf der Landespressekonferenz gab der Kultusminister einen Tag später den Beschluss kund: HfG und Ingenieurschule sollten eine gemeinsame Verwaltung bekommen.

Das wollten die HfG-Mitglieder sich nicht bieten lassen. Drei

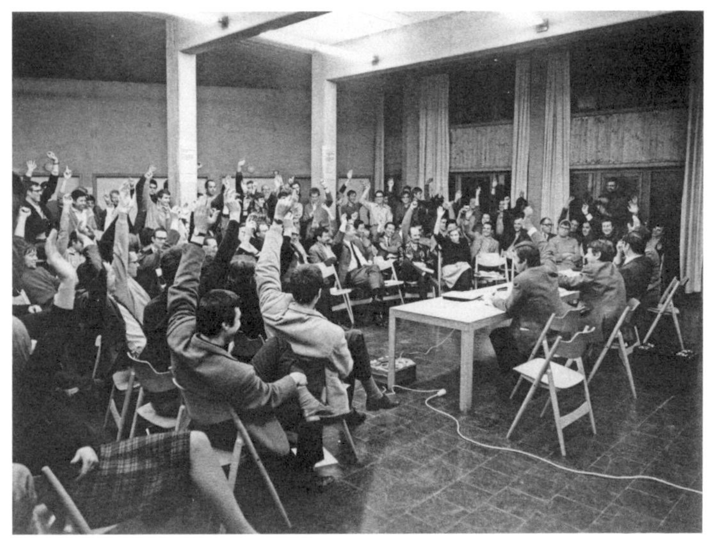

Abstimmung im Februar 1968: gegen den Anschluss an die Ulmer Ingenieurschule. Foto: Lucien Bringolf

Tage später kamen sie zu einer Vollversammlung in der Mensa zusammen und erklärten einstimmig: Die HfG werde am 30. 9. 1968 aufhören zu existieren, wenn der Landtag nicht zustimme, sie „autonom“ zu verstaatlichen.*[511]

Verantwortlich für den drohenden „Tod der HfG“ machten die HfG-Mitglieder in einem Rundumschlag die Geschwister-Scholl-Stiftung, konservative Kreise innerhalb der Stadt Ulm, die Regierung und Mitglieder des Landtags von Baden-Württemberg sowie die Regierung der Bundesrepublik Deutschland. „Diese vier Gruppen haben, der Beachtung und der Unterstützung zum Trotz, die die HfG auf nationaler und internationaler Ebene fand, schließlich

** Der Historiker René Spitz weist darauf hin, dass diese Formulierung einen Widerspruch in sich bedeutet: Entweder war die HfG autonom, oder sie unterstellte sich der Obhut und damit auch den Regeln des Staates. Gemeint war mit dieser Formulierung von Seiten der HfG-Angehörigen aber wohl einfach der Wunsch, nicht einer anderen Institution angegliedert, sondern unter staatlicher Obhut selbstständig weiterexistieren zu dürfen.*

ihre Ziele erreicht und sind nun für die Auflösung der Hochschule für Gestaltung verantwortlich", hieß es in *ulm 21,* der letzten Ausgabe der hochschuleigenen Zeitschrift[512]. Dieser Rundumschlag stieß natürlich alle vor den Kopf, die sich trotz eigener Vorbehalte für die Existenz der Hochschule eingesetzt hatten.

Mitte März lud das Kultusministerium diesen Vorwürfen zum Trotz zu einem neuen Kooperationsgespräch zwischen HfG und Ingenieurschule ein. Rektor Herbert Ohl sagte seine Teilnahme ab. Er lehnte es auch ab, mit dem Ulmer Kaufmann Hans Zumsteg, zu dieser Zeit einzig verbliebenes Vorstandsmitglied der Geschwister-Scholl-Stiftung, über weitere Sparmaßnahmen zu reden: Die Stiftung habe „abgewirtschaftet", schrieb Ohl an Hans Zumsteg.[513]

Das Kultusministerium brach daraufhin seinen Versuch ab, die HfG zu einer Partnerschaft mit der Ingenieurschule zu bewegen. In seiner Pressemitteilung vom 14. März 1968 erklärte es, die Reihe sei nun an der HfG, konkrete Vorschläge für ihre künftige Organisation, Verwaltung und die Finanzierung zu machen.[514]

Nun gab es also niemanden mehr, der es sich anmaßte, über das Schicksal der Ulmer Hochschule zu entscheiden. Sowohl die Stiftung als auch die Kultusbeamten hatten angesichts der kompromisslosen Haltung der HfG-Angehörigen resigniert.

Gleichzeitig hing das Damoklesschwert der Schließung aus finanziellen Gründen über der Hochschule.

Wie sollte es weitergehen?

Wenn sich keine Lösung fand, würde spätestens am Ende des Jahres kein Geld mehr für die Weiterführung da sein. Das wiederum konnten sich die meisten nicht vorstellen. Man konnte doch nicht einfach eine Hochschule schließen? „So glaubte ich zunächst noch fest daran, dass die Diskussionen um die Finanzierung der Hochschule zum üblichen ‚Hintergrundrauschen' gehörte", erinnerte sich der Student Fred Baumgartner.[515]

Als Anfang Mai 1968 im Württembergischen Kunstverein eine große Ausstellung über das Bauhaus eröffnet wurde, nutzten einige

HfG-Angehörige die Gelegenheit, vor dem Landtag für ihre Sache zu demonstrieren.

Karl-Achim Czemper, HfG-Absolvent und inzwischen Mitarbeiter von Bruce Archer in London, rieb sich aus zeitlicher wie räumlicher Distanz erstaunt die Augen: „Eines Tages schickten mir meine Eltern einen Zeitungsausschnitt nach London mit einem Bericht über die drohende Schließung der Hochschule für Gestaltung. Ich musste schmunzeln: Da stand ein Häuflein Aufrechter und hielt friedlich weiße Tafeln in die Höhe, die, sauber gedruckt – selbstverständlich mit Helvetica und linksbündig –, doch leidenschaftslos über die drohende ‚Hinrichtung' der HfG informierten. Tagtäglich sah ich damals in den Zeitungen Bilder aus aller Welt von demonstrierenden Studenten mit ihren Transparenten. Tagtäglich aber auch die fetzige Pop-Graphik des *Swinging London.* Welch ein Gegensatz! Wurde die visuelle Kommunikation à la Ulm mit ihrer Sachlichkeit noch allen Aufgaben gerecht?"*[516]

Tatsächlich ging es in den nun folgenden Wochen bis zum Ende des Schuljahres weniger darum, die verantwortlichen Politiker zu einem Einsehen zu bewegen als um die Frage, wie es gelingen konnte, ein zustimmungsfähiges Konzept für die Fortführung der Schule zu erarbeiten.

Bei der großen Abstimmung im Februar hatte die HfG-Mitglieder noch das Gefühl der Zusammengehörigkeit, des *Wir gegen die Welt,* getragen. Nun hatte dieses Gefühl an Kraft verloren: Zu weit gingen die Interessen der Aufbaugeneration der Hochschulangehörigen und derjenigen der nach dem Krieg geborenen Studenten auseinander.

Voller Elan machten sich diese engagierten Studenten daran, ihre Vorstellungen von der „Regierung" der Hochschule in die Wirklichkeit umzusetzen und dabei alles bisher Erarbeitete in Frage zu stellen. In einer Vollversammlung am 19. 3. 1968 beschlossen

---

* *Hier irrt Czemper: Die Tafeln waren nicht weiß, wie ihm die in der damaligen Zeit üblichen Schwarz-Weiß-Fotografien suggerierten – sie hatten immerhin einen farbigen Hintergrund. Dennoch strahlen sie eine Bravheit und Solidität aus, die mit der Grafik der* Yellow Submarine *nichts zu tun hatten.*

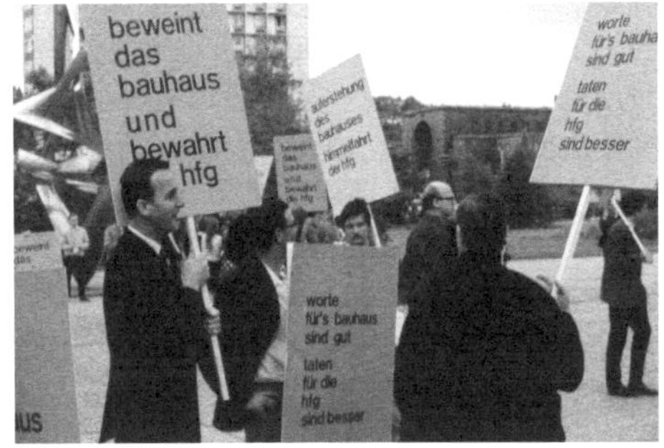

Demonstration in Stuttgart: Ausstellung zum 50. Jubiläum der Bauhausgründung im Württembergischen Kunstverein, 1968. Von dort zogen die Demonstranten weiter zum Landtag. Foto: Herbert W. Kapitzki

sie, dass der große Senat durch ein neues, paritätisch besetztes Organ, einen Hochschulrat, ersetzt werden müsse: „Die bestehende, mangelhafte Struktur der HfG mit ihrem starren Lehrsystem genügt nicht den Anforderungen, die die Lernenden an dieses System stellen. Nur in herrschaftsfreier Diskussion lässt sich eine solche strukturelle Planung, die die Interessen aller Mitglieder der HfG berücksichtigt, entwickeln."[517] Rektor Herbert Ohl berief sich auf die derzeit gültige Verfassung der HfG und lehnte dieses Ansinnen ab.

Die Studenten forderten daraufhin die übrigen Dozenten und die Assistenten zur Solidarität auf und bildeten einen Studentenrat. Anfang Mai formulierte der eine *Resolution des Aufbegehrens* gegen die Dozenten und deren bisherige Position innerhalb der HfG: Die Studenten weigerten sich, die Beschlüsse des großen Senats anzuerkennen und drohten, künftig als „unabhängiges Organ" der HfG zu handeln.[518] Dieser – je nach Standpunkt – notwendigen Revolution oder offenen Meuterei hatte Herbert Ohl als Kapitän des Schiffes HfG wenig entgegenzusetzen. Zwar hielt die Dozentenschaft an ihrem verfassungsgemäßen Anspruch fest, die Richtung der Hochschule zu bestimmen, nur fehlte ihnen die Macht dazu.

Denn inzwischen hatte sich die Vorstellung durchgesetzt, die HfG-Führung müsse, wie in der *Neunergruppe* bereits installiert, nach den Maßgaben einer Drittel-Parität regiert werden. Studen-

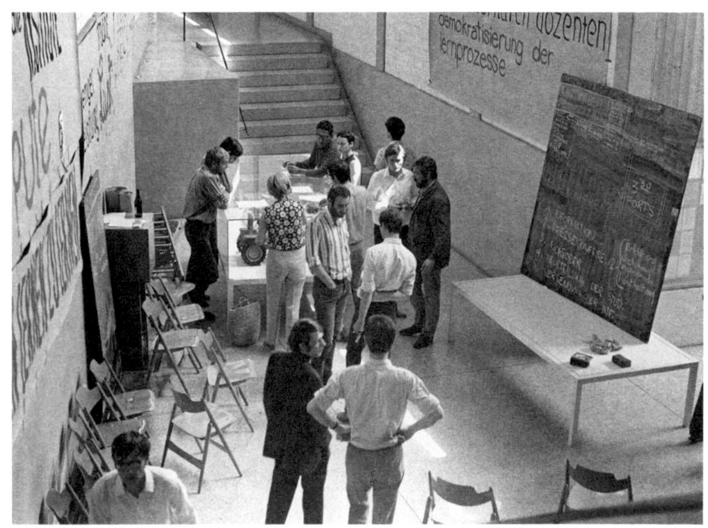

Studentenversammlung 1968: „weniger leistung mehr lust", „statt autoritären dozenten demokratisierung der lernprozesse", „schlachtet die institute wie 'ne fette pute". Foto: Bernhard Bürdek

ten, Assistenten wie Dozenten sollten gleichberechtigt abstimmen können.* Wieder einmal waren an der HfG die Regeln außer Kraft gesetzt, die die Handlungsfähigkeit einer demokratischen Organisation erst garantierten.

Indessen spitzten sich nicht nur an der HfG die Ereignisse zu. Am 11. April 1968 wurde Rudi Dutschke bei einem Attentat lebensgefährlich verletzt. Daraufhin fanden in zahlreichen westdeutschen Städten Demonstrationen statt. Die Polizei reagierte mit Härte, es entwickelten sich teilweise bürgerkriegsähnliche Straßenschlachten.

---

* *Letztlich hatten die Studenten mit ihrer Revolution also Erfolg gehabt: Für die anderen Beteiligten – Stiftung, Landesbeamte wie -politiker – scheint ab einem gewissen Zeitpunkt nicht mehr der gewählte Rektor, sondern entweder „die HfG" im Allgemeinen oder doch eines der selbst ernannten Gremien Ansprechpartner gewesen zu sein. Damit trugen sie selbst zu der von ihnen beklagten Unübersichtlichkeit bei. Eine genaue Untersuchung über diesen Sachverhalt und wie sich die Machtverhältnisse in der HfG in dieser Zeit veränderten, steht noch aus.*

In der Tschechoslowakei herrschte in diesen Wochen ebenfalls Aufbruchstimmung. Künstler und Intellektuelle versuchten unter der Leitung von Alexander Dubcek, einen „Sozialismus mit menschlichem Antlitz“ zu verwirklichen. In Paris eskalierten die Proteste der Studenten gegen die Räumung der Sorbonne zu heftigen Straßenschlachten mit der Polizei. In der Stadt wurden Barrikaden errichtet und wieder geräumt, es gab Hunderte von Verletzten und Verhaftungen. Wegen des harten Vorgehens der Regierung solidarisierten sich immer mehr französische Bürger mit der Studentenbewegung, es kam zu wochenlangen Generalstreiks.[519]

Im Juni 1968 sollte in Mailand die Triennale eröffnet werden. Die HfG war dort bereits eine Art Dauergast; in diesem Jahr wurden die Früchte eines interdisziplinären Projekts ausgestellt: der Entwurf eines flexiblen Bausystems für eine Bushaltestelle. Der Entwurf hatte den 1. Preis in einem vom *Rat für Formgebung* und der BASF ausgeschriebenen Wettbewerb gewonnen und wurde nun unter dem Thema *Community Design* in Mailand gezeigt.[520] Oder vielmehr: sollte gezeigt werden. Denn, so berichtet der *Spiegel* unter der Überschrift „Sturm auf die Vitrinen“: „Eine Stunde nach der Eröffnung erklärte ein revolutionäres Komitee Europas bedeutendste Design-Schau für ‚tot‘.“[521]

Die Revolutionäre stürmten die Ausstellung. „In luftgefüllten Plastik-Sesseln des französischen Entwerfers Quasar Khanh richteten sie sich zum Bleiben ein: Sie redigierten eine Wandzeitung, pinselten Kampfparolen an die Palast-Fassade (‚Mailand Paris‘) und formulierten bei ‚Ballantine's‘ und ‚Splügen Bräu‘ das Aktionsprogramm: Abbau der ‚Klassenkultur‘ und ‚Kunst für alle‘, ‚Schluss mit den faschistischen Triennalen‘ und ‚Gewalt statt Dekorationen zur Veränderung der Gesellschaft‘.“ Sogar einen Nachbau der Pariser Barrikaden gab es in der Mailänder Ausstellung – und zwischen all dem stand der doch recht brave und sehr ernst gemeinte, in verdächtiger Zusammenarbeit mit „kapitalistischen“ Großbetrieben zustandegekommene Entwurf einer Bushaltestelle im Baukastensystem aus Ulm.

Mitte Mai traf sich Herbert Ohl mit Vertretern des Kultusministeriums und der Stiftung in Stuttgart. Bei dieser Gelegenheit äußerte er zum ersten Mal die Vorstellung, die HfG könne der Universität Stuttgart zugeordnet werden.[522] Aus verschiedenen deutschen und ausländischen Städten erreichten Angebote die HfG: Vielleicht sollte man sie einfach verlegen, nach Ingolstadt oder Frankfurt, Olten in der Schweiz und gar Paris?[523]

Doch was nüzte das, wenn es den unterschiedlichen Gruppierungen an der HfG nicht gelang, ihre Vorstellungen zu einem Konzept zu vereinigen? Stein des Anstoßes war für die politisch engagierten Studenten die Existenz der Entwicklungsgruppen. Trugen sie mit ihrer Arbeit tatsächlich zum finanziellen Erhalt der Hochschule bei, oder profitierten ihre Leiter nur von den Werkstätten und der organisatorischen Struktur der Hochschule und benutzten die prominente Adresse im Briefkopf, um Kunden zu gewinnen und ihre eigenen kommerziellen Interessen zu verfolgen?

Mit dem Slogan „Schlachtet die Institute wie 'ne fette Pute“ wandten sich die Studenten gegen die Dozenten. In den Räumen einer staatlichen Hochschule für Gestaltung hatten die Institute mit ihrem „kapitalistisch“ orientierten Erwerbsstreben ihrer Auffassung nach nichts zu suchen.

Dagegen wehrten sich die Institutsleiter unter den Dozenten – Herbert Lindinger, Herbert Kapitzki, Herbert Ohl wie auch Walter Zeischegg – entschieden. Für sie bildeten die Schule und ihr gestalterischer Output eine untrennbare Einheit.

Während auf dem Kuhberg die Beteiligten um die Macht und Deutungshoheit rangen, hatte der Landtag in Stuttgart darüber zu entscheiden, ob die Geschwister-Scholl-Stiftung für die Weiterführung der Schule auch für das Jahr 1969 den Zuschuss von 900 000 Mark bekommen sollte. Doch dieser Landtag war nicht mehr der gleiche wie noch zu Anfang des Jahres: Bei den Wahlen im April 1968 hatte die NPD in Baden-Württemberg einen Stimmenanteil von zehn Prozent bekommen und saß nun mit zwölf Abgeordneten im Landtag – eine Reaktion auf die wirtschaftliche Rezession der letzten Jahre und auf die Studentenunruhen. Ministerpräsident war seit 1966 Hans Filbinger von der CDU.*

Für die Vertreter der Landesregierung waren die Geschehnisse auf dem Kuhberg schwer zu durchschauen. „Der regierenden CDU war das alles, was da in Ulm stattfand, ein bisschen unheimlich", beurteilte der spätere baden-württembergische Ministerpräsident Lothar Späth die damaligen Überlegungen – 1968 war er Mitglied im Finanzausschuss des Landtags Baden-Württemberg. Die CDU sei deshalb entschlossen gewesen, die HfG in Ulm aufzulösen, ihrer wichtigen Funktion im Bereich der Gestalterausbildung zum Trotz.[524] Dennoch erhielt die Hochschule noch eine Chance: Am 18. Juli traf sich das neu gewählte Landtags-Plenum und beschäftigte sich ein letztes Mal mit der HfG. Die Abgeordneten der NPD waren strikt gegen eine weitere Förderung. Das erwies sich als Vorteil für die Hochschule: Um sich nicht dem Vorwurf auszusetzen, mit den Rechtsextremen gemeinsame Sache zu machen, schlossen sich die meisten CDU-Abgeordneten der Regierungsvorlage an. Der Landtag entschied, der Geschwister-Scholl-Stiftung den Zuschuss von 900 000 Mark auch für das Jahr 1969 zu gewähren – wenn die Zukunft der HfG bis zum Jahresende geklärt sei.[525]

Inzwischen hatten auf dem Kuhberg die Sommerferien begonnen. Damit verstärkten sich die Fliehkräfte innerhalb der Hochschulgemeinschaft. Neue Studenten konnten angesichts der Lage nicht mehr aufgenommen werden; viele sahen sich nach anderen Studienmöglichkeiten um. Auch die Dozenten dachten über Alternativen nach.

Einige Studenten aus den höheren Jahrgängen kehrten im Oktober 1968 zurück, um ihre Diplomarbeiten zu beenden, und ein harter Kern aus dem Interesse heraus, neue Lebensformen zu erkunden, sich politisch zu engagieren und vielleicht doch noch irgendwie die Hochschule zu retten.

---

* *Hans Filbinger bekleidete dieses Amt bis 1978. Er trat zurück, nachdem bekannt geworden war, dass er als Marinerichter noch 1945 Todesurteile gegen Deserteure beantragt und gefällt hatte.*

Die Begeisterung der Dozenten, den Lehrbetrieb an der HfG wieder aufzunehmen, hielt sich unter diesen Umständen in Grenzen. Nur sieben von ihnen kamen überhaupt zur Semestereröffnung und gaben sofort eine Erklärung ab: Sie sähen sich nicht imstande, unter den herrschenden Umständen die Verantwortung für einen qualifizierten Lehrbetrieb an der HfG auf sich zu nehmen.[526]

Das wollten sich die rund 50 anwesenden Studenten nicht bieten lassen. In einer eigenen Erklärung sprachen sie von einer „Kapitulation" der Dozenten: „Die Studenten bezeichnen das Verhalten der Dozenten, das in diesem Fall ein politisches Verhalten ist, als einen voreiligen Verzicht auf die Autonomie der HfG."[527]

Bereits am nächsten Tag beschloss die Vollversammlung, im 1. Quartal des Studienjahrs 1968/69 neue, kollektive Formen des Studiums zu entwickeln. Für alle Entscheidungen sollte stets das gesamte Plenum verantwortlich sein.[528] Dabei waren es vor allem die Studenten, die nun den Versuch unternahmen, ihr Studium auch ohne nennenswerte Unterstützung von Seiten der Dozentenschaft weiter zu führen: „Von allen Studienplänen, Regeln und Inhalten befreit, konnten wir namhafte Persönlichkeiten, passend zur politischen Stimmung dieser Zeit, an die ‚legendäre' Stätte locken: den Philosophen Rolf Denker von der Universität Tübingen, den Politökonomen Elmar Altvater von der Universität Erlangen, und Alfred Schmidt, den Schüler von Max Horkheimer, von der Frankfurter Schule."[529]

Ein wenig muss es diesen Studenten gegangen sein wie Inge Scholl und Otl Aicher zwanzig Jahre zuvor: Sie entwickelten ihre Ideen und erkannten voller Freude, dass sie gehört und unterstützt wurden. Allerdings geschah dies unter umgekehrten Vorzeichen als Ende der 1940er Jahre – nicht in der Euphorie des Anfangs, sondern vielmehr im Bewusstsein eines drohenden Endes: „Eine längere Zeitdauer als ein halbes Jahr war diesen ‚autonomen Umtrieben' aufgrund der politisch aufgeheizten Stimmung und der fehlenden ökonomischen Basis nicht gegeben. Es war aber trotzdem eine sehr prägende, unvergessliche und wertvolle Zeitspanne. Ich erlebte sie als die grenzenloseste, je erlebte Freiheit, eingebet-

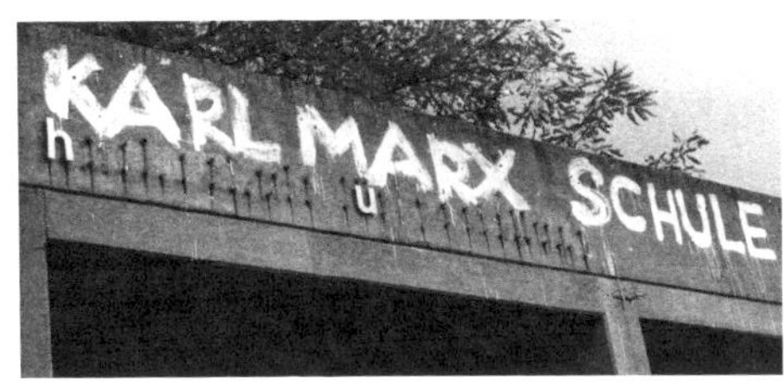

Aus der Hochschule für Gestaltung wird die Karl Marx Schule, 1968. Foto: Südwestpresse

tet in die politische, psychedelische und kulturelle Revolte jener Zeit, jener ‚revolution for the fun of it'", erinnerte sich Marcel Kalberer.[530]

Und noch war ja nicht alles vorbei. Das Kultusministerium wartete auf einen gemeinsamen Vorschlag von Dozenten- und Studentenschaft zur Weiterführung der HfG. In immer neuen Stellungnahmen, die wahlweise beim Stiftungsvorstand, im Kulturministerium oder in den Zeitungsredaktionen landeten, versuchten die zerstrittenen Parteien, ihrer Position Gehör zu verschaffen.

Gleichzeitig nahmen die Auflösungserscheinungen an der HfG immer größere Ausmaße an. So war die Zahl der Studenten inzwischen auf 30 zusammengeschrumpft: Nicht allen war es gegeben, die Freiheiten eines derart unbegrenzten Studiums zu genießen. Viele zogen es dann doch vor, Ulm zu verlassen und ihr Studium auf eher „spießige" Weise, dafür aber mit einer gültigen Abschlussprüfung zu beenden. Ähnlich ging es den Dozenten: Während sie in zähen Verhandlungen mit den verbleibenden Studenten zu immer gleichen Nicht-Ergebnissen kamen, schauten sie sich nach Alternativen um. Ihre Verträge mit der Geschwister-Scholl-Stiftung endeten im Dezember 1968. Sie brauchten für sich und ihre Familien eine berufliche und finanzielle Perspektive.

Im November 1968 entschied die Universität Stuttgart, die so unversehens von Herbert Ohl ins Gespräch gebracht worden war, das Ulmer Waisenkind in ihre Reihen aufzunehmen. Doch Herbert Ohl hatte inzwischen resigniert – zu verfahren erschien ihm die Lage. Es lohne sich gar nicht mehr, als Rektor zurückzutreten, erklärte er gegenüber der Ulmer *Südwest-Presse*: „Bis vor wenigen Tagen habe ich noch jeden an dieser Schule vertreten. Jetzt vertrete ich nur noch die Substanz der HfG, die Dozenten."[531]

Anfang Dezember beriet die Landesregierung über die Fortführung der Ulmer Hochschule. Ihr lagen dazu ein Vorschlag der Stiftung, Streitschriften der Studenten und der Dozenten sowie zwei konkurrierende Haushaltsvorschläge von Stiftung und Dozenten vor.[532] In letzter Minute kam noch ein Telegramm: Dozenten und Studenten hätten sich geeinigt.[533] Waren die Bedingungen des Landtags damit erfüllt? Sollte man der Hochschule eine weitere Chance geben?

Vielleicht wäre die Fortführung der Hochschule auf dieser Grundlage möglich gewesen. Doch die Minister blieben misstrauisch – zu unübersichtlich war ihnen die Lage auf dem Kuhberg. Sie sperrten den Landeszuschuss für das kommende Jahr.

Herbert Ohl gab daraufhin eine Erklärung zur „Liquidation der Hochschule durch das Land Baden-Württemberg" ab. „Die seit Jahren oft ausgesprochene Absicht, schrittweise und durch Spaltung die HfG zu liquidieren, ist nun total erfolgt."[534] Das ist natürlich überzogen. René Spitz weist zu Recht darauf hin, dass die Landesregierung die HfG gar nicht habe schließen können, da es sich um eine private Organisation handelte[535] – aber ohne den Staatszuschuss konnte die HfG auch nicht weiter existieren; das war allen Beteiligten klar.

Herbert Ohl und seine Dozenten-Kollegen Herbert Lindinger und Herbert Kapitzki verließen Ulm zum Jahresende und gründeten ein Institut für Umweltgestaltung, dessen Sitz die ehemaligen HfG-Dozenten nach Frankfurt verlegten.[536]

Der Betrieb der Schule endete am 31. Dezember 1968.

Anfang 1969 war die Hochschule geschlossen, Werkstätten und Verwaltung verlassen. Doch noch immer gab es auf dem Kuhberg Studenten. Sie arbeiteten selbstständig weiter, führten endlose Diskussionen über politische und gesellschaftliche Aspekte des Lebens, eröffneten einen antiautoritären Kinderladen. Den Mensabetrieb versuchten sie in Eigenverantwortung weiterzuführen.

Die Gebäude begannen zu verwahrlosen. Schmutz sammelte sich an, es gab Graffiti an den Wänden, Bäder und WC-Anlagen funktionierten nicht mehr richtig. Fritz Jürgen Böttcher erzählt von der „Auflösung der Beziehungen und bürgerlichen Bindungen, Entstehung neuer Lebens- und Liebesgemeinschaften. Ein autonomer kleiner Kosmos oben auf dem Kuhberg, chaotisch, tragisch, bunt und manchmal trotz allem spießbürgerlich anheimelnd."[537]

Und noch immer gingen die Verhandlungen über das Nachfolgeinstitut der HfG unter der Obhut der Stuttgarter Universität weiter – einer Institution, die bis dahin kaum etwas mit der HfG zu tun gehabt hatte und ihren Ideen nicht enger verbunden war als die Ulmer Ingenieurschule. Im Juli 1969 beschloss der Landtag ohne Gegenstimmen die Neueröffnung der HfG unter staatlicher Regie, und im Sommer 1969 wurden die ehemaligen HfG-Studierenden darüber informiert, dass sie vom kommenden Jahr an ihr Studium am neu gegründeten Institut für Umweltgestaltung (IUP) abschließen konnten.[538]

Die Eröffnung des Instituts erfolgte bereits Mitte Oktober 1969, nur ein dreiviertel Jahr, nachdem die HfG offiziell geschlossen worden war. Max Bill reiste an und gab der neuen Institution seinen Segen. Sechs neu berufene Dozenten hatten die Aufgabe, bis zum April 1970, dem Beginn des Sommersemesters, ein Programm für das neue Institut zu entwickeln. Die Grundlage für ihre Überlegungen bildeten die Vorgaben, die Tomás Maldonado 1966 zum ersten Mal zur Diskussion gestellt und die sich im Verlauf der letzten Jahre, in der stetigen Auseinandersetzung zwischen Dozenten und Studenten der HfG, weiterentwickelt hatten: Das Studium sollte fachübergreifend und in Projekten organisiert werden und ein Aufbaustudium sein.

Das Befremden derjenigen, die von außen auf den Kuhberg kamen, schildert Josef Kopperschmidt. Am Nachmittag seines ersten Tages stand ein Gespräch mit den ehemaligen Studenten der HfG an, die im IUP ihr Studium fortsetzen wollten. Bis zu dieser ersten Begegnung war es Kopperschmidt nicht einmal klar gewesen, dass diese Gruppe existierte. „Der Weg zu diesem Gespräch führte durch riesige Werkstatträume, die – mit Ausnahme der Druckerei – meine Unsicherheit noch vergrößerten. Nicht dass sie wie unbenutzt aussahen, war es, was mich befremdete, sondern ihre schlichte Existenz: Wofür braucht man an diesem Institut, in dem ich das Fach ‚Verbale Kommunikation' vertreten sollte, Werkstätten für Metall, Gips, und Holz?"[539]

Studenten und Dozenten machten sich daran, die gemeinsame Arbeit zu planen – und gingen dabei neue Wege. Die Entwicklungen seit Beginn der 1960er Jahre hatten in der Bundesrepublik für Aufbruchstimmung gesorgt. Viele Themen wurden nun öffentlich diskutiert, neue Lebensmodelle entwickelt. Es ging um Bildung für alle, die Humanisierung der Arbeit, um mehr Mitbestimmung in den Betrieben, Engagement und Mitspracherecht von Bürgern und Bürgerinitiativen, die Zerstörung der Umwelt oder die Frauenemanzipation. All diese Themen konnten in einem so offenen Ort wie dem Institut für Umweltplanung angegangen, die Planung einer demokratisch geprägten Zukunft von Studenten und Dozenten in Angriff genommen und konkretisiert werden. Doch die gemeinsame Vision einer besseren Gesellschaft, die die HfG-Mitglieder seit der Gründung 1953 geeint hatte, war verschwunden. Der Städteplaner Gerhard Curdes hatte selbst an der HfG studiert. Nun kam er als Dozent zurück auf den Kuhberg und musste feststellen, dass der Neugründung etwas Entscheidendes fehlte: „An der HfG war etwas zerbrochen, was nicht mehr wiederherstellbar war. Es gab noch die Räume, die vertraute Möblierung und die wieder eingestellten Personen aus der Verwaltung und den Werkstätten. Aber der Sinn, der sie zusammengestellt hatte, war abhanden gekommen."[540]

Einen großen Einfluss auf die Geschicke des neuen Instituts nahmen in dieser ersten Zeit des IUP die „marxistisch-leninistische" Fraktion der Studenten.[541] Sie bestimmten das politische Klima am IUP und stellten jeden Versuch einer konkreten Projektarbeit in Frage.

Alles musste basisdemokratisch entschieden werden. Und so wurden die meisten Entscheidungen in der „ständig tagenden Vollversammlung" gefällt – ob es sich nun um die Bibliotheksordnung, die Annahme von Forschungsaufträgen oder die Organisation des Kinderladens handelte, und zwar nach Möglichkeit einstimmig. Letztlich waren es die „wortmächtigen und ideologisch verhärteten Diskussionsprofis" in der Vollversammlung, die über die Linie des IUP und die Regeln des Zusammenlebens bestimmten, stellte Josef Kopperschmidt fest.[542] Studenten oder Dozenten mit anderen Vorstellungen wurden überstimmt oder fügten sich. Wer in Ruhe arbeiten wollte, zog sich in die Bibliothek oder das eigene Zimmer zurück oder traf sich an einem Ort außerhalb des Campus.

Den Dozenten begegneten die neuen Machthaber (die behaupteten, keine Machthaber zu sein) mit Misstrauen. Warum wollten ihre Lehrer ein abschließbares Arbeitszimmer mit eigenem Telefonanschluss haben? Was hatten sie zu verbergen? Mit ihrem Wissensvorsprung waren die Dozenten jedenfalls in der Lage, die Studenten zu manipulieren – allein das machte sie den Studenten verdächtig.[543]

Die akademische Freiheit wurde zum höchsten Gut, die Ausbildung auf ein konkretes Ziel hin – als Stadtplaner, Architekt oder Designer – bei jeder sich bietenden Gelegenheit hinterfragt. Jede praktische Tätigkeit innerhalb des bestehenden – kapitalistischen – Gesellschaftssystems galt als verdächtig, diente sie doch dazu, Ausbeutung und Unterdrückung zu verstärken. Mit dieser Haltung hatte sich das IUP entscheidend von den Grundideen der Ulmer Hochschule und ihrer Gründer entfernt, denen ja gerade die konkrete Umsetzung ihrer Utopien wichtig gewesen war.

Die Werkstätten, ausgenommen die Druckwerkstatt, wurden unter diesen Umständen kaum benutzt. Alles begeisterte sich für die Theorie, allein die Sprache war als Gestaltungsmittel noch gefragt. So nimmt es kein Wunder, dass sich die Arbeitsergebnisse des IUP nicht mit Dingen wie dem *Ulmer Hocker,* den Braun-Radios oder einem Lufthansa-Erscheinungsbild messen konnten. Abgesehen von einigen Ausnahmen, bestanden sie in theoretischen Überlegungen, die in vielen, merkwürdig ungestalteten Berichten präsentiert wurden.

Die Protagonisten des IUP reduzierten die Gestaltung ihrer „Produkte“ auf ein Minimum. Sie vermieden es, Bilder zu zeigen oder Geschichten zu erzählen und lehnten es überhaupt ab, mithilfe von Emotionen das Interesse ihrer Leser zu wecken. Es gibt so gut wie keine Fotografien, die das Geschehen auf dem Kuhberg nach 1968 zeigen. Damit trieben die IUP-Autoren – die oft genug nicht einmal beim Namen genannt wurden, sondern sich als Kollektiv äußerten – eines der Ideale der HfG auf die Spitze: Die „neutrale“ Vermittlung von Information. Die reale Welt wich abstrakten Gedankengebäuden, deren einzig bleibender Ausdruck Bündel von weißem, übersichtlich bedrucktem, zu umfangreichen Bänden zusammengebundenes Papier ist.

„Die Universität Stuttgart hat unsere basisdemokratische Spielwiese eigentlich erstaunlich wenig gestört“, wunderte sich Siegfried Kopperschmidt im Nachhinein.[544] Das dürfte in erster Linie daran gelegen haben, dass die Universitätsverwaltung schon bald ihre ganz eigenen Pläne mit dem Institut zu verfolgen begann, welches ihr da samt einem ansehnlichen Etat in den Schoß gefallen war.

Bereits im Frühjahr 1970, als Dozenten und Studenten den neuen Studiengängen Inhalt und Struktur zu geben begannen und noch nicht einmal richtig mit dieser Arbeit angefangen hatten, richtete der Stuttgarter Universitäts-Senat eine neue Kommission ein. Ohne dass die Ulmer Beteiligten davon wussten, erhielt sie den Auftrag „sich mit den Problemen des Instituts für Umweltplanung (IUP) in Ulm zu befassen und Vorschläge für deren Lösung vorzulegen“.[545] In ihren Empfehlungen erklärten die Kommissionsmitglieder, das IUP sei überstürzt, ohne die erforderliche Vorbereitungszeit für eine Studienplanung gegründet worden und solle deshalb zum Ende des Wintersemesters geschlossen werden. Ein neuer Studien- und Forschungsinhalt solle festgelegt und das Institut nach Stuttgart verlegt werden.

Inzwischen nämlich wollte die Universität Stuttgart ein eigenes

Institut für die Theorie und Methodik des Planens einrichten. Zu diesem Zwecke hatte sie bereits im Januar 1970 keinen anderen als Horst Rittel nach Stuttgart berufen. Nun sollte mit den Stellen und den Mitteln des IUP ein zentrales Planungsinstitut an der Universität Stuttgart eingerichtet werden – unter der Leitung von Rittel. Dieses Vorhaben scheiterte allerdings am Widerstand von Kultusministerium und Landtag. „Beide bestanden auf dem Schwerpunkt Gestaltung", schrieb Gerhard Curdes in seiner Rekonstruktion der Geschehnisse.[546]*

Die Tage des Instituts für Umweltplanung in Ulm waren dennoch gezählt. Die letzten HfG-Studenten hatten ihre Diplome erfolgreich abgeschlossen. Neue Studenten waren wegen der Stuttgarter Pläne nicht mehr zugelassen, weitere Dozenten nicht eingestellt worden. Stattdessen verließen die ersten den Kuhberg bereits wieder.[547]

Ende September 1972 stellte auch das Institut für Umweltplanung, die Nachfolgerin der Ulmer Hochschule für Gestaltung, den Unterrichtsbetrieb ein.

---

* *Um Horst Rittel dennoch nach Stuttgart holen zu können, wurde daraufhin das Institut für Gebäudekunde an der Stuttgarter Universität in ein Institut für „Grundlagen der Planung" umgewandelt, dessen Leitung Rittel übernahm. Gleichzeitig behielt er seinen Lehrstuhl in Berkeley.*

Nachwort: Wicked Problems

Er habe in seinem Leben nie wieder Personen getroffen, die lebensgeschichtlich von einer Institution so geprägt worden seien wie die ehemaligen HfGler, schrieb der IUP-Dozent Josef Kopperschmidt.[548] Nie sei bei ihnen die Frage verstummt, warum eigentlich diese Institution habe geschlossen werden müssen. Was war schief gelaufen? Gab es Schuldige? Warum durfte die HfG nicht weiter bestehen?

Angesichts der schwierigen und für die Handelnden vollkommen unübersichtlichen Gemengelage erscheint es mir weder richtig noch zielführend, Schuldige zu benennen, etwa den damaligen Ministerpräsidenten Filbinger, oder die Landesregierung, *die* Vertreter der CDU, *die* Dozenten oder *die* Studenten.

Tatsächlich besaß die HfG einige eklatante Geburtsfehler, die ihr das Überleben immer wieder schwer machten. Liegt „die Schuld" für das „Scheitern" dieses ambitionierten Projektes also bei seinen Gründern? Konnten sie ahnen, was für Klippen es in der Zukunft zu umschiffen geben würde?

Ist die HfG denn überhaupt „gescheitert"?

Möglicherweise lässt sich sagen, die HfG sei dem Geldmangel und/oder einer verfehlten Finanzpolitik zum Opfer gefallen.

Von Anfang an verfügte die Schule über zu wenig Kapital, von Anfang an konnten die Gründer ihren eigenen Wünschen und Vorstellungen nicht gerecht werden, die besagten, die Schule könne sich auf Dauer selbst und ohne staatliche Zuschüsse tragen.

Dass sie es sich und der Außenwelt dennoch versprachen, brachte ihnen viele Vorwürfe ein; sie verscherzten sich damit Sympathien.

Auch die Vorstellung der amerikanischen Behörden, Inge Scholl und ihre Mitstreiter könnten über Spendengelder aus Politik und Wirtschaft innerhalb von drei Monaten die gewaltige Summe von einer Million Deutscher Mark aufbringen, erscheint heute noch unrealistisch. Es grenzt an ein Wunder, dass es Inge Scholl allen

Widrigkeiten zum Trotz weitgehend gelang, dieses Geld zusammenzubringen.

Die Amerikaner dürften bei ihren Überlegungen von den Gegebenheiten ihres eigenen Kulturkreises ausgegangen sein, in der die private Finanzierung von Bildungs- und Kultureinrichtungen zu den Selbstverständlichkeiten zählt und der Staat sich dabei eher zurückhält. In Deutschland aber fanden und finden sich kaum Sponsoren, die bereit wären, ausreichend große Summen für solche Projekte zu spenden[549]; hier ist die Wohlfahrt eher eine staatliche Aufgabe und wird auch vom Staat erwartet.

Eine Verstaatlichung der HfG, wie einige Studenten und auch Otl Aicher selbst sie schon seit Ende der 1950er Jahre forderten und wie sie der spätere Stiftungsvorstands-Vorsitzende Friedrich Rau denn auch betrieb, war unter diesem Gesichtspunkt eine durchaus folgerichtige Konsequenz. Letztlich ist es mit der Neugründung des IUP und der Angliederung an die Universität Stuttgart so weit gekommen.

Nur war zu diesem Zeitpunkt der Geist der HfG, der ihre Gründer und frühen Mitstreiter beflügelt hatte, bereits entfleucht, und was da auf dem Kuhberg neu begründet wurde, ein unentschlossener Versuch, eine interessante Leiche noch einmal zu beleben.*

Was der HfG, abgesehen von einem ausreichenden Finanzpolster, außerdem fehlte, war eine klare Machtstruktur. So lange Max Bill ihr Rektor und seine Autorität von allen akzeptiert war, gab es sie noch. Selbst Inge Scholl stellte, nach der Hiobsbotschaft vom Dezember 1952 – als Max Bill ihr schrieb, es fehle die dritte Million – seine Kompetenz als Leiter der neuen Schule nicht in Frage.

Mit der „vorläufigen Verfassung“, die das Rektoratskollegium Anfang März 1957 erließ, endete diese Phase – ohne dass sich dar-

---

* *Dabei erwies es sich auch als problematisch, dass von vornherein all diejenigen, die bereits an der HfG unterrichtet hatten, als potenzielle Mitglieder des Lehrkörpers ausschieden (Auskunft von Gui Bonsiepe im Gespräch mit Christiane Wachsmann am 13.3.2018). Damit war das IUP weitgehend von der Tradition seiner Vorgängerschule abgeschnitten.*

aus zunächst Konsequenzen ergaben. Die stellten sich erst einige Jahre später ein, als die nächste große Krise der HfG-Geschichte heraufdämmerte.

Die Vorstellung, die HfG müsse „ohne den Zwang irgendwelcher Regeln, eigentlich auf einem engen Freundschaftsbund funktionieren", die Kalow in seinem Erfahrungsbericht von 1962 beschrieb,[550] geht in erster Linie auf Otl Aicher zurück. Sie erklärt auch in der Krise von 1962 sein merkwürdiges Bestehen darauf, dass Stiftung und Hochschule in unausgesprochener Einigkeit miteinander kooperieren müssten. Wie einst der „Scholl-Bund", sollte auch die aus ihm erwachsene Hochschule eine organische Einheit bilden, deren einzelne Mitglieder sich blind verstehen und aufeinander vertrauen konnten.

Mit diesem Gedankengut stand Aicher deutlich in der Tradition der bündischen Jugend aus der Zeit zwischen den Weltkriegen. Nach dem ersten großen Krieg war 1918 die alte Ordnung des Kaiserreiches in sich zusammengebrochen. Die Jugendlichen suchten nach Orientierung in einer neuen Welt voller Revolutionen, sozialem Chaos und wirtschaftlicher Unsicherheit. Zum Ende der Weimarer Republik hin wandten sich viele gegen den demokratischen Staat; sie trafen sich in den Jugendorganisationen faschistischer wie kommunistischer Parteien, in den kirchlichen Organisationen oder den freien Bünden. „Diese Jugend war, wie selten in einer Generation, bereit, die Verantwortung für das Ganze der Gesellschaft auf sich zu nehmen, sie drängte sich danach, mit dieser modernen, in Unordnung geratenen Welt fertigzuwerden, die vorhandene Gesellschaft umzuplanen und zu gestalten",[551] stellte der Soziologe Helmut Schelsky fest. Dabei betonte er deren Glauben an eine „durch planmäßige Eingriffe endgültig zu ordnende und zu harmonisierende Welt"[552].

Ist es nicht genau das, was die HfG-Gründer bewegte?

Anders als die meisten ihrer Altersgenossen hatten die Mitglieder des „Scholl-Bundes" sich von der Hitlerjugend nicht auf Dauer vereinnahmen lassen. Die Zeitumstände hatten sie daran gehindert, ihre Vorstellungen von einer besseren Welt in die Realität umzusetzen – und sie ermöglichten es den Überlebenden nach 1945 in all der Radikalität, die sie sich wünschten, ein solches Stück Welt, wie Inge Aicher-Scholl schrieb, „so rein und konsequent wie möglich zu realisieren und daran weiterzuarbeiten".

Es ist ein Paradox, dass die HfG, die doch zuallererst gegründet wurde, um eine Elite für die demokratische Führung der jungen deutschen Republik zu erziehen, nicht in der Lage war, selbst zu einer überzeugenden „Regierungsform" zu finden. Ihre Gründer mussten erst ihre eigenen, mitunter bitteren Erfahrungen machen, dass gerade ein demokratisches Gemeinwesen der festen Regeln wie auch der Autoritäten bedarf, um sie durchzusetzen – und am Ende zusehen, wie dieses Gemeinwesen wieder zerfiel.

Sie machten diese Erfahrungen in der Auseinandersetzung mit ihrer eigenen wie auch der nächsten, der unmittelbaren Nachkriegsgeneration, mit denjenigen, die zwischen 1930 und 1940 geboren waren.

Ihnen bot das Projekt der Ulmer Hochschule eine echte Perspektive. Sie waren als Kinder in den Nationalsozialismus hineingeboren und hatten dessen Grausamkeit und Menschenverachtung kennengelernt. In der unmittelbaren Nachkriegszeit ging es für sie zunächst einmal ums Überleben. Als sich die Mehrheit der Bevölkerung dann darauf konzentrierte, die verlorenen Illusionen sowie das damit verbundene Übel zu vergessen und den erstaunlicherweise über sie hereingebrochenen Wohlstand zu mehren, blieben viele Vertreter dieser Generation misstrauisch: Konnte man die Vergangenheit wirklich einfach so hinter sich lassen? Musste man sich nicht vielmehr mit ihr auseinandersetzen?

An der HfG konnten diese jungen Leute unbelastet von post-faschistischen Einflüssen studieren und selbst am Aufbau einer neuen Gesellschaft mitarbeiten. Sie erlebten ihr Tun als wirksam, verheißungsvoll und erfolgreich. Gemeinsam mit ihren Generationsgenossen halfen sie dabei, die junge Bundesrepublik als demokratischen Staat aufzubauen und erfüllten damit den Gründungsauftrag ihrer Schule.

Wenn man die HfG auf ihre Funktion als Ausbildungsstätte von Industriedesignern, Architekten und visuellen Gestaltern reduziert, wird man ihr deshalb in keiner Weise gerecht: Die Ulmer Hochschule war vor allem deshalb einzigartig, weil sie als politische Institution geplant war und dieses Versprechen – allen inneren und äußeren Verwerfungen zum Trotz – auch einlöste. Sie war beispielhaft und tonangebend, und es verwundert nicht, dass sich die Stadt Ulm bei aller Provinzialität, die sich in den 1960er Jahren dort auch noch finden ließ, zu einem Zentrum moderner Kunst und Kultur entwickelte.

Bis zum Sommer 1962 waren die Studenten dieser ersten Nachkriegsgeneration bei den Studienanfängern in der Mehrzahl. Aus ihren Reihen rekrutierten sich auch immer mehr Dozenten. Sie besaßen gemeinsame Ideale und einen gemeinsamen Erfahrungshorizont, in dessen Rahmen sie ihr eigenes und das Zusammenleben an der Schule gestalteten.

Mit der Generation der *Achtundsechziger*, die seit dem Herbst 1962 die Mehrheit der Studienanfänger stellte – und Mitte der 1960er Jahre damit auch die der Studenten –, hatten die Vertreter dieser Aufbaugeneration herzlich wenig Gemeinsamkeiten. Im Gegenteil: Diese neue Generation stellte alles in Frage, was ihre Vorgänger aus den Trümmern aufgebaut hatten. Sie wandten sich gegen den Staat und eine „bürgerliche" Ordnung – und übersahen dabei, dass im deutschen Wohlstandsstaat längst auch die Arbeiter in den Genuss dieses so angefeindeten Lebensstils gekommen waren und gerne daran festhalten wollten.

Der Konflikt zwischen Studenten und Dozenten, der das letzte Jahr der HfG-Geschichte prägte, wurde von den Beteiligten unter anderem an der Existenz der Entwicklungsgruppen festgemacht. Im Grunde ging es aber um viel mehr: Hier zeigte sich ein tiefer Graben des Unverständnisses und der gegenseitigen Geringschätzung der letzten Vor- und der ersten Nachkriegsgeneration.

Getragen von den Ereignissen in Berlin, Paris und den USA, stellten die linkspolitisch orientierten Studenten den Führungsan-

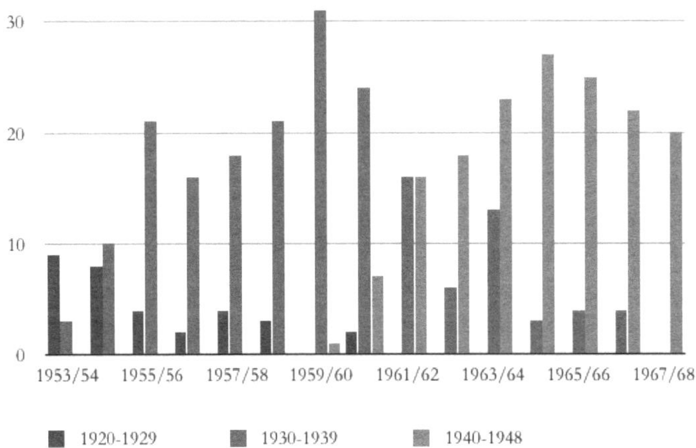

Studienanfänger an der HfG Ulm aus Deutschland und Österreich nach Geburtsjahren. Auswertung der Studentenkartei durch die Autorin. Quelle: HfG-Archiv.

spruch ihrer Lehrer und Eltern grundsätzlich in Frage. Sie taten das mit jenem „Furor teutonicus, der deutschen Wildheit und Besessenheit, unserer Radikalität und Unfähigkeit zum Kompromiss", die der Freiburger Politikwissenschaftler Wilhelm Hennis 1968 in einem Rundfunkvortrag zur *Unruhe in der Jugend* beklagte.[553]

An der HfG entstand aus diesen Bedingungen heraus eine ganz besondere Situation. Über die antifaschistische Grundlage ihrer Schule waren sich ihre Mitglieder einig; Symbolfiguren waren und blieben die Geschwister Scholl. Nach der letzten Vollversammlung im Februar, in der sie sich fast einstimmig gegen die Zusammenführung mit der Ingenieurschule gewandt hatten, trafen sich die HfG-Angehörigen zu einem Gruppenbild vor ihrer Schule und hielten Plakate in die Höhe: „1943 Hinrichtung Geschwister Scholl – 1968 Hinrichtung HfG" stand darauf zu lesen.

Auch eine „Mordanzeige" wurde in der HfG-eigenen Druckerei aufgesetzt und verschiedentlich ausgehängt. So traurig der Untergang der Hochschule war – mit den Schrecken des Faschismus war

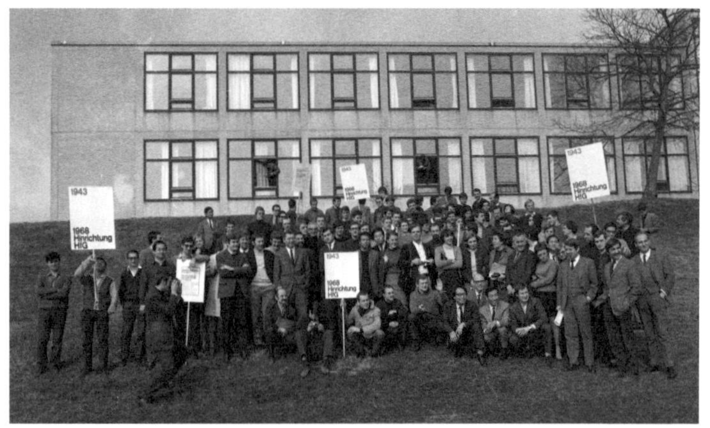

Vollversammlung nach der Abstimmung am 23. 2. 1968 vor der HfG.
Foto: Hartwig Koppermann

er dennoch nicht vergleichbar. Denn der Staat, oder gegen wen auch immer die HfG-Angehörigen hier demonstrierten, war ja gerade nicht mehr das Dritte Reich, die Bundesrepublik nicht der Feind, gegen den man sich wehren musste: Sie war genau jene Demokratie, an deren Aufbau die Hochschulangehörigen bis dahin mitgewirkt hatten und weiterhin mitwirken wollten.

Und genau hier trennten sich die Generationen auch an der HfG: in diejenigen, die die Schule und den Staat bisher mit aufgebaut hatten – die Dozenten und ehemaligen Studenten –, und die Jugendlichen, die dies alles radikal in Frage stellten und eine größere Mitbestimmung einforderten.

Sie taten das auch an anderen Hochschulen und waren damit erfolgreich, etwa an der Freien Universität Berlin. Dort wehrten die *Achtundsechziger* sich mit Recht gegen verfestigte akademische Strukturen und die Allmacht der Professoren.

Die vom revolutionären Geist erfassten HfG-Studenten verkannten allerdings, dass sie aus einer ganz anderen Position heraus handelten als ihre Kommilitonen. Natürlich konnten sie nicht gegen „den Muff von tausend Jahren“ protestieren – das war offensichtlich. Wenn sie die Autorität der nunmehrigen Eltern- und Großelterngeneration in Frage stellen, gegen die sie aufbegehren wollten, mussten sie sich andere Argumente einfallen lassen als ihre Kommilitonen. So wandten sie sich gegen die Existenz der Entwicklungsinstitute. An ihnen machten sie ihr Unbehagen fest, das wohl weniger ein Unbehagen an ihrer eigenen Hochschule war als eines an der bundesdeutschen Gesellschaft.

Wieder einmal wurde ein Sachverhalt herausgepickt und darüber aufs Erbitterste gestritten, statt zu überlegen, wo die eigentlichen Probleme lagen – nämlich in der Frage des finanziellen Überlebens. Doch dazu hätte man denjenigen, die das Geld geben sollten – in diesem Fall der konservativen Landesregierung – ein klares Konzept für den Weiterbestand der Schule vermitteln müssen. Und dazu widerum hätte es einer Entscheidungshoheit bedurft, die im Hexenkessel der verschiedenen Vorstellungen, Wünsche, Machtbestrebungen an der HfG im Jahr 1968 niemand mehr besaß – kein Gremium, keine Gruppe, schon gar kein Einzelner.

Der Umbruch am Ende der 1960er Jahre brachte, beschleunigt durch die Studentenunruhen, die Veränderungen in die Mitte der Gesellschaft, die sich schon vorher abgezeichnet hatten. Im Herbst 1969 übernahm Willy Brandt unter dem Motto „Wir wollen mehr Demokratie wagen“ die Regierungsverantwortung. Der *Club of Rome* wurde gegründet, dessen Mitglieder sich kritisch mit der Moderne auseinandersetzten und eine nachhaltige Wirtschaftsweise sowie den Schutz der Umwelt forderten.

Auch in der Gestaltung bestand Diskussionsbedarf: In der Überflussgesellschaft wurde das Design mehr und mehr zum Wirtschaftsfaktor. Sollten sich die Aufgaben zukünftiger Produktgestalter darin erschöpfen, der Industrie zuzuarbeiten?

Tomás Maldonado hatte diese Entwicklung bereits 1966 erkannt und eine Orientierung der Schule in Richtung Umweltgestaltung gefordert. Andere HfG-Angehörige hatten seine Gedankengänge aufgenommen und sie weiterentwickelt, nicht zuletzt die Dozenten und Studenten des IUP.

Die staatlichen Hochschulen besaßen in diesen Jahren die nötigen Ressourcen, die Studentenunruhen zu überbrücken. Ihre Strukturen waren weniger fragil als diejenigen der HfG mit ihrem experimentellen Charakter. Die längst angedachten Hochschulreformen begannen Anfang der 1970er Jahre zu greifen; irgendwann lief der Studienbetrieb wieder in normalen Bahnen. Die HfG aber befand sich gerade in einem höchst kritischen Umbruch.

So hat sie diese Zeit nicht überstanden.

Ich greife hier noch einmal auf das Zitat von Hannah Arendt zurück, das ich meinem Buch vorangestellt habe: Handeln und Sprechen jedes Einzelnen sind ihr zufolge wie Fäden, „die in ein bereits vorgewebtes Muster geschlagen werden und das Gewebe so verändern (…). Sind die Fäden erst zu Ende gesponnen, so ergeben sie wieder klar erkennbare Muster bzw. sind als Lebens*geschichten* erzählbar."[554] Mit anderen Worten: Erst im Nachhinein können wir einen Überblick darüber gewinnen, was wir mit unseren Reden und Handlungen ausgelöst haben und wie es sich auswirkte. Und wir stehen in dem, was auf uns gekommen ist, in einem geistigen und materiellen Raum, den wir nicht verlassen können.

Wir haben in unserer deutschen Geschichte des 20. Jahrhunderts einige harte Brüche zu verzeichnen, die vor allem deshalb entstanden, weil die Beteiligten dieses Bezugsgewebe eben nicht sehen, weil sie alles ganz neu anfangen und viel besser machen und dem Vorhergehenden keine Bedeutung zumessen wollten. Die HfG existierte in einer Zeit zwischen zweien solcher Brüche – der *Stunde Null* von 1945 und dem Beginn der *Achtundsechziger* Bewegung. Ihre Geschichte ist davon bestimmt, wie auch unsere eigene Geschichte.

Wir sind mit unseren Eltern und Großeltern verbunden, egal, wes Geistes Kind sie waren und wie sie mit ihrem Leben zurechtkamen in der Welt, in die sie hineingeboren wurden. Es war eine Welt des unaufhaltbaren und immer rascheren Wandels, die Welt der Moderne mit ihren technischen, wirtschaftlichen, sozialen Veränderungen – und sie unterscheidet sich darin nicht wesentlich von der Welt, die wir heute bewohnen.

Das Zusammenleben der Generationen ist im Deutschland von heute anders geworden; Eltern und Kinder handeln weniger gegen- und mehr miteinander. Unsere Demokratie entwickelt sich weiter, und wir mit ihr. Die Unterschiede, die Risse im Gefüge unserer Gesellschaft aber sind noch immer vorhanden. Sie verlaufen nur anderswo.

Die HfG-Gebäude gleichen einer gebauten Utopie. Sie liegen am Ende des Hochsträss, eines Ausläufers der Schwäbischen Alb, hoch über der Donauebene. Bei klarem Wetter blickt man von hier aus auf die Kette der Alpen. Selbst in der heutigen Zeit, in der Flachdächer und die Verwendung von Sichtbeton zu einer gestalterischen Selbstverständlichkeit geworden sind, strahlen die Bauten etwas Besonderes aus. Unwillkürlich fragt man sich, wie sie hierher gelangt sein mögen, an das Ende der Straße, die von der Stadt Ulm aus hinauf auf den Kuhberg führt, in den Morgennebel, der von der Donau aufsteigt und sich hier oben plötzlich lichtet.

„Wie sollen wir leben?" fragten sich die HfG-Gründer Ende der 1940er Jahre. Sie plädierten für einen verantwortungsbewussten Umgang mit der Technik und den Herausforderungen der Moderne. Sie wollten alles neu anfangen und besser machen als die Generationen zuvor – und griffen zurück auf das Ideal einer christlich-humanistischen Bildung. In der Nachkriegszeit mit ihren restaurativen Tendenzen, mit ihren versteckten Nationalsozialisten und dem Fortwirken der faschistischen Ideologie setzten Inge Scholl, Otl Aicher und ihre Mitstreiter ein Zeichen der Hoffnung.

Ihr Licht erlosch mit dem Ende der HfG.

Und leuchtet doch immer weiter: In der Idee des verantwortlich handelnden, denkenden Menschen. „Wir wollen eine demokratische Elite erziehen, die ein Gegengewicht gegen die aufkommenden nationalistischen und reaktionären Kräfte bildet", heißt es in einem der ersten Programmentwürfe der HfG.

Ich halte das noch immer für eine gute Idee.

Lebensläufe

Was ist aus den Studenten nach ihrem Studium geworden? Was haben die Dozenten nach ihrer Ulmer Zeit gemacht? Wo kamen die Beteiligten her, wo gingen sie hin? Wir wollen an dieser Stelle einen Eindruck davon geben und haben dafür beispielhaft einige Lebensläufe ausgewählt.

Sortiert sind sie nach dem Geburtsjahr der hier Vorgestellten. Damit wollen wir die Rolle, die die verschiedenen Generationen in der Geschichte der HfG spielten, weiter verdeutlichen.

Erich Franzen, 1892–1961. Studierte Rechts- und Literaturwissenschaft sowie Sozialpsychologie. Soldat im Ersten Weltkrieg. Danach Unternehmensberater, seit 1926 Literaturkritiker für verschiedene angesehene Zeitschriften in Berlin. 1934 Auswanderung in die USA, wo er von 1936 an verschiedenen kleinen Universitäten unterrichtete. Rückkehr nach Deutschland 1951. Theaterkritiker und Übersetzer bei der *Neuen Zeitung.* (Die *Neue Zeitung* wurde von der amerikanischen Besatzungsmacht für die deutsche Bevölkerung herausgegeben und war die wichtigste Zeitung im Nachkriegsdeutschland.) Dozent an der HfG 1956–1958. Es gelang Franzen nicht, in Deutschland wieder richtig Fuß zu fassen.

Friedrich Vordemberge-Gildewart, 1899–1962. Nach einer Tischlerlehre Studium der Architektur, Plastik und Malerei in Hannover, Mitarbeit an der avantgardistischen Zeitschrift *Der Sturm.* Mitglied der Holländischen Künstlergruppe *De Stijl* seit 1924, Mitglied der Künstlergruppe *Abstraction-Création* seit 1932. Umzug 1937 nach Amsterdam, nachdem seine Kunst für „entartet“ erklärt worden war. 1954–1962 Dozent und Leiter der Abteilung Visuelle Kommunikation an der HfG Ulm.

Konrad Wachsmann, 1901–1980. Nach einer Tischlerlehre studierte Wachsmann von 1920–1924 bei Heinrich Tessenow in Berlin Architektur. Meisterschüler von Hans Poelzig, Mitarbeit bei Le Corbusier in Paris, Beschäftigung mit industrieller Vorfertigung. 1932–1941 Emigrant in Rom und Paris, 1941 Auswanderung in die USA. Intensive Zusammenarbeit mit Walter Gropius. Forschung am *Institute of Design* in Chicago. 1955–1957 Dozent an der HfG Ulm. 1956 leitete Wachsmann die Architekturklasse der Salzburger Sommerakademie. Arbeit als freier Architekt, Forschungsarbeiten unter anderem über freitragende Hallen an der *University of Southern California*.

Theodor Pfizer, 1904–1992. Besuch des Gymnasiums in Stuttgart mit Alexander, Berthold und Claus Schenk Graf von Stauffenberg. 1932–1948 Arbeit bei der Deutschen Reichsbahn, unter anderem bei der Generalbetriebsleitung in Ost-Berlin und als Oberreichsbahnrat im Stuttgarter Dezernat für Güterverkehr. 1948–1972 Oberbürgermeister der Stadt Ulm.

Max Bill, 1908–1991. Lehre als Silberschmied an der Kunstgewerbeschule in Zürich, Studium am Bauhaus Dessau 1927–1928. Freie Arbeiten als Maler, Grafiker, Publizist. Mitglied der Gruppe *Abstraction-Création* 1932–1937. Bill war ein erklärter Antifaschist und bot verschiedenen Flüchtlingen aus dem faschistischen Italien und Deutschland Unterschlupf. Gründungsrektor der Hochschule für Gestaltung Ulm 1950–1956. Mitglied des Schweizer Nationalrates 1967–1971. Professor für Umweltgestaltung an der Hamburger Hochschule für Bildende Künste 1967–1974. Mitglied der Akademie der Künste in Berlin seit 1976.

Hans Werner Richter, 1908–1993. Sohn eines Fischers auf Usedom. Buchhändlerlehre, danach Arbeit als Buchhändler und Lektor in Berlin. 1930 Eintritt in die KPD, 1932 Ausschluss wegen seines Trotzkismus. Während des Nationalsozialismus betätigte sich Richter im politischen Untergrund. 1940–1943 Kriegsdienst, 1943–1946 amerikanische Kriegsgefangenschaft. 1946–1947 Herausgeber der linksorientierten Zeitschrift *Der Ruf* (gemeinsam mit

Alfred Andersch). Arbeit als freier Schriftsteller. Im September 1947 gründete Richter die Schriftstellergruppe *Gruppe 47,* deren Leiter er bis zur letzten Tagung 1967 blieb.

Johanna Rösner, geb. Halir, 1908–2002. Besuch der Höheren Handelsschule in Breslau, Arbeit als Büroangestellte, seit 1931 Dolmetschersekretärin, u. a. beim Britischen Konsulat in Berlin. 1940–1942 Schulhelferinnenausbildung und Studium, danach bis 1945 Volksschullehrerin. 1946 Ausweisung aus Pommern. 1946–1951 Volksschul- und Privatlehrerin, Dolmetscher-Sekretärin bei der *American Joint Distribution Company* in Ulm, Fachlehrerin für englische Handelskorrespondenz an einer privaten Handelsschule. 1952–1968 zunächst freie Aushilfskraft, später Schul- und Rektoratssekretärin sowie Verantwortliche für die pädagogische Verwaltung der HfG Ulm.

Max Bense, 1910–1990. Studierte in Bonn Physik, Chemie, Mathematik, Geologie und Philosophie, daneben literarische Interessen. Wegen seiner Ablehnung des Nationalsozialismus durfte er sich nicht habilitieren. Soldat im Zweiten Weltkrieg. 1945 Mitwirkung am Wiederaufbau der Universität Jena, 1948 Flucht in den Westen. 1949–1978 Professor an der Technischen Hochschule Stuttgart für Philosophie und Wissenschaftstheorie. 1954–1958 Dozent für Philosophie und Wissenschaftstheorie an der HfG, verantwortlich für das Lehrprogramm der Abteilung Information. Angeregt durch die Arbeit von Max Bill, entwickelte Bense während dieser Zeit seine Publikation *Aesthetica.*

Hellmut Becker, 1913–1993. Sohn des preußischen Kulturministers Carl Heinrich Becker. Schulbesuch auf Schloss Salem, Jurastudium, NSDAP-Mitglied seit 1937. Bis zu seiner schweren Verwundung 1941 Soldat. 1947 verteidigte Hellmut Becker Ernst von Weizsäcker, der als Staatssekretär des Auswärtigen Amtes an den Judendeportationen aus Frankreich mitgewirkt hatte. 1950–1965 juristischer Berater von Inge Scholl bei der Gründung und Leitung der HfG. Großes Engagement in der Erwachsenenbildung, unter anderem als Präsident des Deutschen Volkshochschulverbandes. 1963–1981 Gründungsdirektor des Max-Planck-Instituts für Bildungsforschung in Berlin.

Thorwald Risler, 1913–2002. Studium der Geschichte und Archäologie, kaufmännisch-technische Ausbildung, 1939–1945 Soldat. 1945–1947 Sprachlehrer an der Schule Schloss Salem für alte Sprachen, danach Wiederaufbau und Geschäftsführung der elterlichen *Süddeutschen Isolatorenwerke* in Freiburg. 1959–1964 geschäftsführender Vorsitzender des Vorstandes der Geschwister-Scholl-Stiftung, 1965–1978 Geschäftsführer des Stifterverbandes für die Deutsche Wissenschaft.

Walter Zeischegg, 1917–1983. Studium an der Kunstgewerbeschule Graz, seit 1936 an der Akademie der bildenden Künste in Wien. 1938–1945 Soldat. 1946–1950 Fortsetzung des Bildhauerstudiums bei Fritz Wotruba in Wien. 1948 Teilnahme an den Internationalen Hochschulwochen in Alpbach, Tirol, erster Kontakt mit Max Bill. Seit 1950 stellte Walter Zeischegg seine künstlerischen Arbeiten zurück, um sich fortan verstärkt mit Design zu beschäftigen. 1951–1953 Mitarbeit im Aufbaubüro der HfG Ulm, 1953–1968 Dozent für Produktgestaltung. Um 1963 begann Zeischegg, sich auch wieder künstlerisch zu betätigen. 1968–1983 eigenes Designbüro, enge Zusammenarbeit mit der Firma *Helit*.

Inge Aicher-Scholl, 1917–1998. Aufgewachsen seit 1930 in Ulm. Nach anfänglicher Begeisterung für Nationalsozialismus und Hitlerjugend Rückzug ins Private. Sippenhaft und innere Emigration nach der Hinrichtung ihrer Geschwister Hans und Sophie Scholl. Aufbau und Leitung der Ulmer Volkshochschule seit 1946, Mitbegründerin der Hochschule für Gestaltung Ulm und der Geschwister-Scholl-Stiftung. Großes Engagement für die Spendeneinwerbung. Nach 1957 zog sich Inge Aicher-Scholl etappenweise aus der Leitung der Geschwister-Scholl-Stiftung heraus. Engagement in der Friedensbewegung. 1972 Rückzug nach Rotis im Allgäu, wo sie sich dem politischen Nachlass ihrer Geschwister sowie ihrer behinderten Tochter Eva widmete.

Hans Gugelot, 1920–1965. Aufgewachsen in Holland, Architekturstudium an der Eidgenössisch-Technischen Hochschule in Zürich 1941–1946. Arbeit bei Max Bill von 1948–1950, danach Arbeit als freier Architekt. 1954–1965 Dozent an der HfG Ulm, Zusammenarbeit mit der Firma Braun. 1958–1962 Leiter der Entwicklungsgruppe 2 an der Ulmer Hochschule, von 1962 an Leiter des *institut für produktentwicklung und design* in Neu-Ulm. Gastprofessuren in Ahmedabad (Indien) 1961 und 1965.

Anthony Frøshaug, 1920–1984. Kunststudium an der Londoner *Central School of Arts and Crafts,* danach freie Arbeiten als Drucker und Designer, Lehrer an der *Central School of Arts and Crafts* in London. Verschiedene Kinder von verschiedenen Frauen. 1957–1961 Dozent an der HfG Ulm. Danach Unterricht an verschiedenen Schulen als Grafik-Designer sowie freie Arbeiten.

Gert Kalow, 1921–1991. Begann nach dem Reichsarbeitsdienst mit einem Studium der evangelischen Theologie, wurde aber wenige Wochen nach Beginn zum Kriegsdienst eingezogen. Soldat im Zweiten Weltkrieg 1939–1945, danach französische Kriegsgefangenschaft bis 1947. Studium der Philosophie, Germanistik, Musikwissenschaft und Soziologie, unter anderem bei Karl Jaspers und Alfred Weber. Freiberuflicher Publizist. 1957–1964 Dozent an der HfG Ulm, 1960–1961 Rektoratsvorsitzender, 1961–1962 Beurlaubung wegen Rockefeller-Stipendium. 1963–1986 Redakteur beim *Hessischen Rundfunk.* Von 1974 an Dozent an der HfG Offenbach.

Otl Aicher, 1922–1991. Geboren und aufgewachsen in Ulm-Söflingen. Frühe Ablehnung des Nationalsozialismus, Freundschaft mit den Kindern der Familie Scholl. Initiator (gemeinsam mit Inge

Scholl) und Mitbegründer der Ulmer Hochschule für Gestaltung. Entwickelte sich zu einem der bedeutendsten visuellen Gestalter der Bundesrepublik Deutschland; unter anderem entwarf er das Erscheinungsbild für die Deutsche Lufthansa und war Gestaltungsbeauftragter bei den Olympischen Spielen 1972. Rektor der Ulmer Hochschule von 1962–1964. Rückzug mit der Familie ins Allgäu seit 1971. Auf dem Gelände der ehemaligen Rotis-Mühle errichtete er die *autonome republik rotis.* Aicher arbeitete hier für zahlreiche bedeutende Firmen und Institutionen. Dabei machte er nie Werbung im engeren Sinne, sondern gestaltete Erscheinungsbilder und veranlasste die Firmen, sich kulturell zu engagieren und so das eigene Profil zu schärfen.

L. Bruce Archer, 1922–2005. Archer wollte ursprünglich Maler werden. Dienst im Zweiten Weltkrieg, Maschinenbaustudium an der Londoner Universität. 1951 entdeckte Archer das Industriedesign als Arbeitsfeld für sich. Seit 1953 Unterricht an der *Central School of Art and Design* in London, Veröffentlichung von Artikeln zum Thema *Industrial Design.* Wechsel an die HfG 1960. Nach der Rückkehr nach Londen 1961 Aufbau einer Abteilung für *Industrial Design* am *Royal College of Art,* wo Archer bis 1988 lehrte.

Elisabeth Walther, 1922–2018. Studium der Philosophie, Germanistik, Romanistik, Physik und Mathematik in Jena, Mainz und Stuttgart. Enge Zusammenarbeit mit Max Bense. 1954–1958 Dozentin für Wissenschaftstheorie und Informationstheorie an der HfG Ulm. 1969–1983 Professorin an der Universität Stuttgart. Leitung der Forschungsgruppe für Semiotik an der Universität Stuttgart seit 1990.

Tomás Maldonado, geb. 1922. Studium an der Akademie der Bildenden Künste in Buenos Aires 1938–1942, danach Tätigkeit als Maler und Publizist in Buenos Aires. 1955–1967 Dozent an der HfG Ulm, 1955–1960 Vorsitzender des Rektoratskollegiums, 1964–1966 Rektor. Leitung der Entwicklungsgruppe 6 an der

HfG Ulm 1962–1966, seit 1961 verantwortlicher Redakteur der Zeitschrift *ulm*. 1967–1968 und 1969–1970 Gastprofessor an der *School of Architecture* der *Princeton University*. 1976–1984 ordentlicher Professor im Fach Umweltplanung an der *Università di Bologna*. 1984–1997 ordentlicher Professor an der Architekturfakultät des *Politecnico di Milano*. Seit 1998 emeritierter Professor.

Hanno Kesting, 1925–1975. Soldat im Zweiten Weltkrieg mit anschließender englischer Kriegsgefangenschaft 1943–1949. Studium der Soziologie, Geschichte und Philosophie in Heidelberg, danach Mitarbeiter der Sozialforschungsstelle der Universität Münster in Dortmund. 1957–1960 Dozent an der HfG Ulm, 1958–1960 Mitglied des Rektoratskollegiums. Danach für ein Jahr Leiter des Kulturressorts der *Frankfurter Rundschau*, von 1962 bis 1975 Lehre an den Hochschulen Aachen und Bochum.

Herbert Ohl, 1926–2012. Studium von Malerei und Grafik, dann Architektur in Karlsruhe, bis 1954 Mitarbeiter von Egon Eiermann. 1956–1968 zunächst Assistent von Konrad Wachsmann, dann Dozent an der HfG Ulm, 1966–1968 Rektor. 1969–1974 Institut für Umweltgestaltung in Frankfurt, freiberufliche Arbeit als Designer. 1984–1991 Professor an der Fachhochschule Pforzheim, Aufbau des Fachgebietes Automobildesign; von 1988 gleichzeitig Gastprofessor an der *Chicago State University.*

Martin Krampen, 1928–2015. Studium der Theologie, Psychologie und Kunstgeschichte in Tübingen, Heidelberg und Rom. 1950 Beginn eines Kunststudiums und Eröffnung einer eigenen Galerie in Florenz. 1953–1957 Studium in der Abteilung Visuelle Kommunikation der Hochschule für Gestaltung, danach Studium der Psychologie und Kommunikationstheorie an der *Michigan State University* in den USA. 1962–1963 und dann wieder 1966–1968 Dozent an der HfG Ulm, 1972–2005 Dozent an der HfG Schwäbisch Gmünd. Zahlreiche Publikationen über Semiotik und Zeichensysteme.

Susanne Eppinger Curdes, geb. 1929. 1948–1958 Ausbildung und Arbeit als Lehrerin an Frauenarbeitsschulen. HfG-Studium in der Abteilung Visuelle Kommunikation 1958–1962, Abschluss mit Diplom. Mitarbeiterin der Studiengruppe für Systemforschung in Heidelberg 1961–1963, Mitarbeiterin der Friedrich-Ebert-Stiftung Bonn 1964–1965, Organisation Projekt „Deutschland 1975". Familienphase nach der Geburt des ersten Sohnes, Adoption eines vietnamesischen Kindes. Ehrenamtliche Arbeit unter anderem für *Terre des Hommes* bei der Betreuung von Adoptivfamilien, 15 Jahre im Unterbezirksvorstand der SPD, als Mitbegründerin der *Kinderhilfe Vietnam* und für den *club off ulm.* Mitherausgabe der *Rückblicke Visuelle Kommunikation.*

Horst Rittel, 1930–1990. Studium der Mathematik und Theoretischen Physik. 1953–1957 Mathematiker und Physiker bei der Maschinenfabrik Deutschland AG in Dortmund, 1958 Mitarbeiter bei der Sozialforschungsstelle an der Universität Münster in Dortmund. 1958–1963 Dozent für Methodologie, Wissenschafts- und Informationstheorie sowie Mathematische Operationsanalyse an der HfG Ulm. Seit 1961 Mitglied der Studiengruppe für Systemforschung in Heidelberg. 1963–1990 Professor für *Science of Design* an der *University of California* in Berkeley, von 1973–1990 Direktor und Professor am Institut für Grundlagen der Planung an der Universität Stuttgart, Fakultät für Architektur und Stadtplanung.

Claude Schnaidt, 1931–2007. Architekturstudium in Genf 1946–1953, Arbeit in verschiedenen Architekturbüros, Studium an der Hochschule für Gestaltung Ulm 1954–1958. Danach Mitarbeit am Institut für Industrialisiertes Bauen, 1962–1968 Dozent an der HfG. Leiter der Abteilung Bauen von 1966–1968. Mitwirkung beim Aufbau des *Institut de l'Environnement* in Paris 1968–1971. Professor an der Pariser *École d'architecture* 1971–1995.

Edgar Reitz, geb. 1932. Autor und Filmemacher, Mitautor des *Oberhausener Manifestes* 1962. 1963 – 1968 Dozent an der HfG Ulm. 1981 erschien der erste Film der Reihe *Heimat*, die im Jahr 2013 ihren Abschluss fand.

Gerhard Curdes, geb. 1933. Architekturstudium an der Staatlichen Kunstschule Bremen und von 1959 – 1963 an der HfG Ulm. 1964 – 1969 Arbeit als Stadt- und Regionalplaner, 1969 – 1971 Dozent am IUP Ulm. Professor und Direktor des Instituts für Städtebau und Landesplanung an der Technischen Hochschule in Aachen von 1971 – 1998.

Herbert Lindinger, geb. 1933. Studium Grafikdesign und Ausstellungsgestaltung in Linz, Studium in der Abteilung Visuelle Kommunikation der HfG Ulm 1954 – 1968. Mitarbeit in der Entwicklungsgruppe Gugelot. 1963 – 1968 Dozent an der HfG Ulm. 1969 – 1971 Institut für Umweltgestaltung in Frankfurt. 1965 Gastprofessur an der *Ohio State University*, USA und 1970 am *National Design Institute* in Ahmedabad in Indien. 1971 – 1998 o. Professor der Universität Hannover, Leiter des Instituts für Industrial Design. Produktdesign unter anderem von Radios und Telekommunikationsendgeräten, von Stadt- und U-Bahn-Wagen, Linienbussen und Straßenmobiliar. Zahlreiche Design- und Architekturpreise, Ehrenämter im Bereich Designpolitik, Ausstellungsgestaltungen und Veröffentlichungen.

Gui Bonsiepe, geb. 1934. Studium in der Abteilung Information der Ulmer Hochschule für Gestaltung 1955 – 1959. Seit 1959 Mitarbeiter der Entwicklungsgruppe 6 des Institutes für Produktgestaltung an der HfG, seit 1962 Redakteur der Zeitschrift *ulm,* 1963 – 1968 Dozent an der HfG für Visuelle Kommunikation und Produktgestaltung. Seit 1968 freiberufliche Arbeit in Südamerika, unter anderem für die chilenische Regierung unter Salvador Allende. Professor für Interface Design an der *Köln International School of Design* (1993 – 2003). Publikation zahlreicher Schriften zur Designtheorie, besonders zur Klärung der Rolle des Designs in peripheren Ländern.

Karl-Achim Czemper, geb. 1935, Studium an der HfG 1957–1961. 1962–66 Zusammenarbeit mit Horst Rittel in der Studiengruppe für Systemforschung, Heidelberg. 1967–1970 Research Fellow am *Royal College of Art* in London bei L. Bruce Archer (Design Research Unit). 1971–1973 Assistant Professor an der *University of Virginia* in Charlottesville, Virginia, USA. 1973–2001 Professor an der Hochschule für bildende Künste, Hamburg.

Gerda Müller-Krauspe, geb. 1936. Nach dem Abitur Lehre als Bau- und Geräteschreinerin. 1956–1958 Auswanderung nach Kanada, Arbeit erst als Fabrikarbeiterin, ab 1957 dann als Möbelzeichnerin. 1958–1962 Studium an der HfG Ulm, Abteilung Produktgestaltung. 1968 Gastdozentin an der *Ohio State University,* USA, 1962–1969 sowie 1973–1983 Tätigkeit bei AEG, dann AEG Telefunken in der Design-Abteilung, zuständig für Designtheorie und -information sowie für Aus- und Weiterbildung. 1983 kommissarische Leitung der zentralen Designabteilung bis zu deren Auflösung 1984. 1969–1972 Dozentin an der Kunsthochschule in Braunschweig für Geschichte, Theorie und Methodologie des *Industrial Design*. Freie Mitarbeiterin der Zeitschrift *form.* 1984–1998 Geschäftsführerin der IKEA-Stiftung Deutschland. Mitbegründerin des *club off ulm e. v.* 1985 und dessen erste Vorsitzende bis 1992 sowie des *designerinnen forums e. v.* 1982.

Josef Kopperschmidt, geb. 1937. Studium der klassischen Philosophie, Theologie und Philosophie, danach Assistent bei Walter Jens in Tübingen am Lehrstuhl für allgemeine Rhetorik. 1969–1972 Dozent für Verbale Kommunikation am IUP in Ulm. 1974–2003 Professor für Sprache und Kommunikation an der Hochschule Niederrhein in Mönchengladbach

Fritz-Jürgen Böttcher, geb. 1941. Ausbildung zum Tischlergesellen, Studium an der Werkkunstschule Krefeld, Abteilung Architektur. Studium an der HfG Ulm und am IUP, 1966–1971, Diplom-Abschluss. Studium an der RWTH Aachen, 1972–1974, Diplom-Abschluss. Daneben Forschungsarbeiten am IUP Ulm, an der RWTH Aachen, Abschluss 1979 an der Universität Dortmund. Nach einigen kleineren Architekturprojekten 1981/82 Gründung des PBB Planungsbüro Böttcher in Essen. Seitdem Planung und Realisation zahlreicher Projekte mit einem Bauvolumen von bis zu 40 Mio.

Myriam Schoemann-Daru, geb. 1944. Tochter deutsch-jüdischer Emigranten. Architekturstudium an der Hochschule *Beaux-Arts Architecture* in Bordeaux, Frankreich, 1963–1968 Studium Industrielles Bauen an der HfG Ulm. 1968–1969 Post-Graduate-Studium Design Research an der Technischen Universität Manchester. 1969–1973 Wissenschaftliche Mitarbeiterin am *Bouwcentrum Rotterdam*. 1971 Geburt einer Tochter. 1973–1980 Arbeit bei der Stiftung *ACCIS* (Computer Anwendung in der Architektur) und für die Stiftung *Bouwresearch*. 1980–1985 Studium der Gesellschaftsgeschichte an der Erasmus Universität, Rotterdam. Danach freie Arbeit als Bauhistorikerin, Publizistin und Dozentin.

Fred Baumgartner, geb. 1945. Ausbildung zum Hochbauzeichner. 1967–1971 Studium an der HfG Ulm. 1971–1973 wissenschaftlicher Mitarbeiter, 1973–1977 Leiter der Planungs- und Beratungsstelle für touristische Planung und Mitglied der Geschäftsleitung im Schweizerischen Fremdenverkehrsverband. 1973–1974 Lehrauftrag an der Hochschule für Bildende Künste Braunschweig. 1978–1979 Nachdiplomstudium an der ETH Zürich, von 1979 an wissenschaftlicher Mitarbeiter beim Delegierten des Bundesrates für Raumplanung. 1992–2008 zunächst Leiter der Sektion Grundlagen, dann der Sektion Siedlung und Landschaft. Seit 2014 Vorstandsmitglied des *club off ulm e.v.*

Marcel Kalberer, geb. 1947. Ausbildung zum Hochbauzeichner 1963–1966, Studium an der HfG Ulm und am IUP 1967–1971, zwischendurch am *Pratt Institute* in New York. Abschluss mit HfG-Diplom, danach Studium an der Universität Stuttgart 1973–1975, Abschluss mit Diplom. Lehrtätigkeit für experimentelles Bauen, Universität Stuttgart. Gründung der Baukunstgruppe „Sanfte Strukturen". Aufbau des Ateliers „Im Wald" in Heggebach am Bodensee. Schwerpunkte: Entwicklung sozialer und kollektiver Bauweisen mit Naturmaterialien, Bau- und Kunstaktionen, Bauspielplätze für Erwachsene, Gestalten und Bauen mit Weidenruten. Seit 1989 Gestalten und Konstruieren mit Bambus. Veröffentlichung zahlreicher Sachbücher zum Thema Natur und Baukunst.

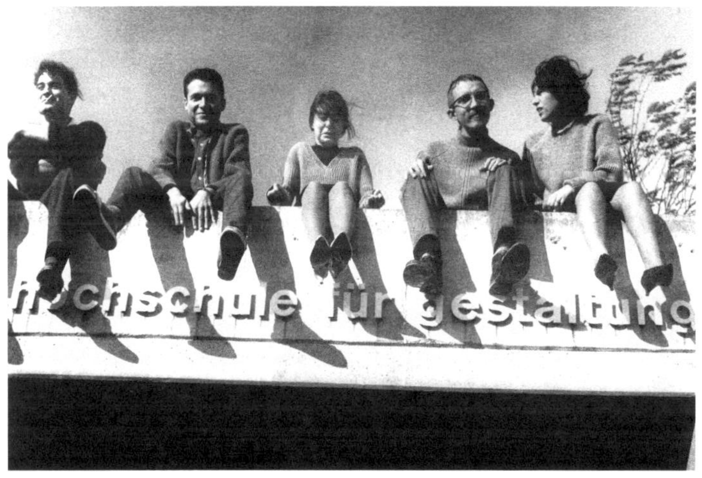

Studenten über dem Eingang der Hochschule, um 1960. Foto: Peter Emmer/HfG-Archiv

Anmerkungen

1 Arendt, S. 226
2 Otl Aicher, *fangen wir an*. HfG-Archiv, Nachlass Aicher. Abgedruckt in *HfG Ulm – Die frühen Jahre* S. 82
3 Rückblicke Bauen, S. 37 (Mulder)
4 s. Max Bill, *form*. Basel, 1952, S. 10. Dort heißt es allerdings „Diese neue oder alte Art der Verzierung gefällt uns nicht, wir wollen sie nicht. Wir setzen ihr die Idee der guten Form entgegen, vom *kleinsten Gegenstand bis zur Stadt.*"
5 *Experten beraten über Neubeginn der HfG*. Stuttgarter Nachrichten vom 6. 12. 1968. HfG-Archiv, P 1440
6 Gui Bonsiepe, *Über die Lage der HfG*. In: *ulm 21*, S. 14.
7 s. dazu beispielsweise Anita Eckstaedt, *Nationalsozialismus in der „zweiten Generation". Psychoanalyse von Hörigkeitsverhältnissen*. Frankfurt am Main 1992
8 Schelsky, S. 94
9 Hikel, S.13
10 Scholl/Weiße Rose, S. 14 f.
11 Hohrath, S. 81
12 Inge Scholl in: Hermann Vinke, *Das kurze Leben der Sophie Scholl*, S. 34 (hier zitiert nach Schüler, S. 34/540)
13 Scholl/Weiße Rose, S. 17, Aicher, S. 80
14 Hikel, S.20
15 Hikel, S.21
16 Moser, S.16
17 Moser, S. 23
18 Aicher, S. 28
19 Aicher, S. 17
20 Moser, S.37
21 Schüler, S. 64
22 s. dazu Inge Scholl, *Biographische Notizen über Hans und Sophie Scholl*, S. 160 – 166. Institut für Zeitgeschichte, München, ZS A 26/4. Zitiert nach: Schüler, S. 64 ff.
23 Schüler, S. 67
24 Schüler, S. 69
25 Schüler, S. 64, Anmerkung 269
26 Bernd Breitenbruch, Herbert Wiegandt: *Städtische Bibliotheken in Ulm: ihre Geschichte bis zur Zusammenlegung im Jahr 1968*. Weißenhorn 1996 (Veröffentlichungen der Stadtbibliothek Ulm, Bd. 19)
27 Beuys, S. 304
28 Aicher/Innenseiten, S. 152 f.
29 Beuys, S. 304
30 Schüler, S. 66
31 Deutsche Wikipedia, zuletzt aufgerufen am 29. 7. 2016
32 Inge Scholl, *Das Windlicht*, HfG-Archiv, Ai AZ 452

33 Schüler, S. 475
34 Schüler, S. 475
35 Inge Jens (Hrsg.), *Hans Scholl, Sophie Scholl, Briefe und Aufzeichnungen*, Frankfurt 1984, S. 267
36 Schüler, S. 189
37 Moser, S.43
38 Schüler, S. 192 ff.
39 Schüler, S. 90
40 Schüler, S. 107 f.
41 Otto Aicher an Carl Muth, 11. 10. 1943, Bayerische Staatsbibliothek, Ana 390 II.A, zitiert nach: Schüler, S. 123/24
42 Schüler, S. 124
43 wie Anm. 35
44 Schüler, S. 95 ff.
45 Zitate aus den Flugblättern nach: Scholl/Weiße Rose, S. 96 ff.
46 Moser, S.53
47 Moser, S.52
48 Scholl/Weiße Rose, S. 67
49 s. Inge Scholl (Hrsg.), *Sippenhaft: Nachrichten und Botschaften der Familie in der Gestapo-Haft nach der Hinrichtung von Hans und Sophie Scholl*, Frankfurt am Main 1993, S. 25
50 Scholl/Weiße Rose, S. 116
51 s. Schüler, S. 157, Fußnote 16
52 Schüler, S. 157, Scholl/Weiße Rose, S. 67, und wie Anm. 49, S. 129
53 Scholl/Weiße Rose, S. 69
54 Sechstes Flugblatt, Scholl/Weiße Rose, S. 120
55 Scholl/Weiße Rose, S. 71
56 Scholl/Weiße Rose, S.78
57 Hikel, S.33
58 Moser, S. 59, Aussage von Elisabeth Hartnagel im Interview am 5. 3. 2005
59 Schüler, S. 237, s. a. Scholl/Sippenhaft (wie Anm. 49), S. 120
60 Scholl/Sippenhaft (wie Anm. 49), S. 76
61 Scholl/Sippenhaft (wie Anm. 49), S. 124
62 Hikel, S.35
63 Hikel, S.34ff.: Ich beziehe mich im Folgenden auf die ausgezeichnet entwickelten Gedankengänge von Christine Hikel im Kapitel „Nach dem Ende der *Weißen Rose*: Erinnern und neu beginnen".
64 Hikel, S.43
65 Hikel, S.39
66 Hikel, S.41
67 Inge Scholl, *Erinnerungen an München,* zitiert nach Hikel, S. 41
68 Aicher an Muth, 31. 10. 1943, zitiert nach Schüler, S. 249
69 Aicher/Innenseiten, S. 10
70 Aicher/Innenseiten, S. 104
71 Aicher Innenseiten, S. 209

72 Inge Aicher-Scholl, *Schutz in der „Arche" über dem Wutachtal*, Badische Zeitung. http://media.badische-zeitung.de/pdf/kriegsende/aichner-scholl.pdf, zuletzt aufgerufen am 19. April 2018. Der Schreibfehler im Namen von Inge Aicher-Scholl ist Teil der Webadresse.

73 Dazu und dem Folgenden: Robert Scholl, *Zusammenbruch und Wiedergeburt einer Stadt. Bericht über den Wiederaufbau in Ulm*, Ulm 1948, S. 17 ff.

74 Ulmer Nachrichten, 27. 2. 1943

75 s. a. Die Augen sind hungrig, S. 21

76 Romano Guardini, *Berichte über mein Leben*. Zitiert nach Schüler, S. 271

77 Erich Kästner, *Notabene 45. Ein Tagebuch* , Zürich 1961, S. 152

78 s. dazu. Oswald Burger, *Ein freier geistiger Tauschplatz. Der Beitrag der „Gesellschaft Oberschwaben" zur gesellschaftlichen Erneuerung*. in: Allmende 38/39 (1993), 171–188

79 Walter Münch, *Gesellschaft Oberschwaben gemeinnützige Stiftung 1945–1949 gegründet von Josef Rieck Buchhändler in Aulendorf*, Rede gehalten zum Südwestdeutschen Archivtag in Biberach am 19. Mai 1990 (Ns.), zitiert nach: Burger, wie Anm. 78

80 wie Anm. 79

81 Marie-Kristin Hauke, *Demokratischer Neubeginn nach 1945*, S. 68. In: Dokumentationszentrum Oberer Kuhberg Ulm e.V. und Haus der Stadtgeschichte Ulm (Hrsg.), *Erinnern in Ulm*, Münster und Ulm 2014

82 Schüler, S. 298 f.

83 Herbert Wiegandt, *Das kulturelle Geschehen*, S. 100. In: Hans Eugen Specker (Hrsg.), *Tradition und Wagnis. Ulm 1945–1972. Forschungen zur Geschichte der Stadt Ulm*, Stadtarchiv Ulm, Ulm 1974

84 Moser, S. 79

85 Seckendorff, S. 25, Anm. 30

86 Deutsche Wikipedia, Der Ruf. Zuletzt aufgerufen am 26. 8. 2016

87 Schüler, S. 453

88 Frei, S. 34

89 Otl Aicher, *Bericht von einer Schweizer Reise*, HfG-Archiv, Ai AZ 15

90 s. u. a. Seckendorff, S. 25

91 s. dazu Andreas Lörcher, *Pflichterfüllung statt Zivilcourage. Theodor Pfizer im 3. Reich*. In: Wolfgang Proske (Hrsg.), *Täter, Helfer, Trittbrettfahrer. NS-Belastete aus dem Raum Ulm/Neu Ulm*, Ulm 2013, S. 141

92 s. Schüler, S. 303 und 322

93 wie Anm. 2

94 Schüler, S. 451 f.

95 s. Schüler, S. 303 und 322

96 s. a. Moser, S. 107

97 Brief aus Privatarchiv Wiegandt. Zitiert nach: Schüler, S. 422 f.

98 s. Thomas Vogel, *Dem „Grab allen Anstandes" entstiegen. Ulm-Entwürfe im ersten Nachkriegsjahrzehnt*. in: „HfG Ulm – Die frühen Jahre", S. 58 ff.

99 Otl Aicher an Max Bill, 9. 2. 1949. Zitiert nach Spitz, S. 65

100 Schüler, S. 453

101 Spitz, S. 69
102 o. Autor, *Vorarbeiten zum Prospekt*, 1949, HfG-Archiv, AZ 619
103 Spitz, S. 69
104 s. dazu Amelie Fried, *Schuhhaus Pallas. Wie meine Familie sich gegen die Nazis wehrte*. München 2008, S. 43
105 HfG-Archiv, AZ 638
106 Frei, S. 53, Seckendorff, S. 30
107 programm wird bau, S. 21
108 Inge Aicher-Scholl, *Bericht über die Vorarbeiten von 1949–1953,* HfG-Archiv, AZ 619
109 Spitz, S. 70 ff.
110 Spitz, S. 60 ff.
111 Inge Scholl, Notiz über ein Gespräch mit Alice Herdan-Zuckmayer, HfG-Archiv, AZ 638
112 GSH-Programm 1949. HfG-Archiv, AZ 638
113 Vorbereitung zum Prospekt, wie Anm. 107
114 Spitz, S. 73
115 Inge Aicher-Scholl, Bericht über die Vorgeschichte der Hochschule. HfG-Archiv, Ai AZ 3308
116 zitiert nach Spitz, S. 75
117 Frei, S. 50. Liste der Zeitungsartikel in Anm. 2., S. dazu auch Spitz, S. 76
118 Seckendorff, S. 34
119 https://www.munzinger.de/search/portrait/Max+Bill/0/3895.html (zuletzt aufgerufen am 1. 11. 2016)
120 Jakob Bill, S. 7 ff.
121 s. a. Frei, S. 212: „reichte er 1928 ein Projekt zum Wettbewerb für ein Quartierzentrum mit Kindergarten in Zürich Wiedikon ein". (Zusammen mit seinem Kommi litonen Hans Fischli, einem Bauzeichner)
122 s. dazu Anne Stengel, *Baupraxis als Lehre: Planung und Bau der Laubenganghäuser 1929/30* sowie Friederike Zimmermann, *Mensch im Raum – Ganzheit aus divergenter Sicht: Oskar Schlemmer und Hannes Meyer*. Vorträge, gehalten auf dem Bauhaus-Symposion *Hannes Meyer als Pädagoge*, Universität Kassel, 15 – 17. 3. 2018
123 Frei, S. 212
124 Jakob Bill, S. 83
125 s. dazu Stanislaus von Moos, *Eine Avantgarde geht in die Produktion. Die Zürcher CIAM-Gruppe und der „Wohnbedarf"*, in: Helmuth Gsöllpointner, Angela Hareiter, Laurids Ortner, Österreichisches Institut für visuelle Gestaltung (Hrsg.), *Design ist unsichtbar*, Wien 1981, S. 195 ff.
126 Bill an Inge Scholl, 7. 2. 1950, HfG-Archiv, Akte 1092
127 Scholl an Bill, 21. 2. 1950, zitiert nach: Eva von Seckendorff, S. 50
128 Scholl an Bill, 20. 3. 1950, HfG-Archiv, AZ 588
129 Bill an Scholl, 22. 3. 1950, HfG-Archiv, AZ 588.161
130 wie Anm. 129
131 Max Bill, *kandinsky als pädagoge und erzieher*. In: *max bill, maler, bildhauer, architekt, designer*. Thomas Buchsteiner, Otto Letze (Hrsg.), Ostfildern 2005

132 Gespräch Hans-Werner Richter mit der Autorin am 21. Januar 1991, sowie Frey, S. 39 f.

133 Bill an Scholl, 16. 5. 1950, HfG-Archiv, AZ 588.163

134 Moser, S. 109 ff.

135 Scholl an Bill, 26. 9. 1950, HfG-Archiv, AZ 556.35

136 Anm. Spitz 456, Inge Scholl, *Verfassung der Stiftung „Geschwister-Scholl-Hochschule"*, 8. 7. 1950. Hauptstaatsarchiv, EA 3/203, Büschel 73, Anlage zum Dokument 4

137 programm wird bau, S. 25

138 wie Anm. 115

139 Andrea Schmitz, 13. 11. 1993, Die *„hochschule für gestaltung" im Rückblick: Versuch einer Genealogie der Ideen.* HfG-Archiv, Korrespondenz Andrea Schmitz

140 Johanna Rösner im Gespräch mit der Autorin, 21. 2. 1990

141 Spitz, S. 102

142 Spitz, S. 115

143 Spitz, S. 105

144 Spitz, S. 104

145 Spitz, S. 104

146 Inge Scholl an Hellmuth Becker, 20. 5. 1951

147 HfG-Archiv, PA 667/2

148 wie Anm. 140

149 Auskunft Francis Zeischegg im Gespräch mit der Autorin am 14. 8. 2018. S. a. HfG-Archiv, Nachlass Zeischegg (Korrespondenz)

150 wie Anm. 115

151 wie Anm. 115. Inge Aicher-Scholl schreibt hier: „(...) dass sie in dieser Schule eine Hoffnung in Deutschland betrachteten".

152 Spitz, S. 76. S. a. Moser, S. 119

153 wie Anm. 115

154 wie Anm. 140, S. 9

155 Frei, S. 56

156 Frei, S. 58 f.

157 Aicher-Scholl an Zuckmayers, 13. 12. 1953, HfG-Archiv

158 Bill an Aicher-Scholl, 17. 11. 1952, HfG-Archiv, AZ 588.80

159 Bill an Aicher-Scholl, 19. 12. 1953, HfG-Archiv, AZ 588.81

160 Inge Aicher-Scholl an Max Bill, 19. 12. 1952, HfG-Archiv, AZ 588

161 Rückblicke PG, S. 13 (Naske)

162 Gomringer an Herold, HfG-Archiv, Akte Herold.

163 Bill an Klier, o. D. (Ende 1954), HfG-Archiv, Akte Klier

164 PA 151, Rösner an Ferrari, 23. 8. 1954

165 wie Anm. 140, S. 5 und S. 2

166 Richard Rau, Immo Krumrey, Willy Herold und Christoph Naske im Gespräch mit Eva von Seckendorff und der Autorin am 23. 11. 1990 in München, S. 12. HfG-Archiv

167 HfG-Archiv, Akte Bohnet

168 wie Anm. 166, S. 11

169 programm wird bau, S. 70
170 wie Anm. 115
171 Fred Hochstrasser, *Er konnte vernichtend sein.* Artikel zum 100. Geburtstag von Max Bill in *Der Spiegel*, 22. 12. 2008
172 Interview der Autorin mit Andrea Schmitz in ihrer Münchner Wohnung. o. D. (Anfang der 1990er Jahre), HfG-Archiv
173 wie Anm. 139
174 Interview der Autorin mit Armin Bohnet am 21. 5. 1990 in Ludwigsburg, HfG-Archiv
175 s. Universität Stuttgart, *Zum Gedenken an Max Bense. Reden und Texte zu seinem 90. Geburtstag.* http://elib.uni-stuttgart.de/bitstream/11682/5854/1/Uni_64.pdf, letzter Aufruf am 2. 2. 2017
176 Max Bense, *Aesthetica*, Stuttgart, 1954, S. 27 ff.
177 Rückblicke PG, S. 30 (Decurtins-Koch-Weser)
178 Rückblicke VK, S. 17 (Krampen)
179 Gespräch der Autorin mit Paul Hildinger in seiner Werkstatt am 29. 1. 1990, HfG-Archiv
180 Rückblicke Bauen, S. 27 (Gillard)
181 wie Anm. 140, S. 7
182 Adorno an Aicher-Scholl, 5. 7. 1955, HfG-Archiv, AZ 1057-02
183 Rückblicke PG, S. 30 (Decurtins-Koch-Weser)
184 zitiert nach Spitz, S. 174 (Vollversammlung am 12. 8. 1955)
185 Spitz, S. 174
186 zitiert nach Spitz, S. 174
187 zitiert nach Spitz, S. 175 (Stuttgarter Zeitung, 1.10.1955 und Handelsblatt, 7. 10. 1955)
188 Spitz, S. 176
189 HfG-Archiv AZ 971, Anfrage und Antwort Gomringer vom 4. 8. 1955
190 s. dazu HfG-Archiv, PA 42, Brief von Rösner, 9. 9. 1955
191 Original-Fragebögen s. HfG-Archiv, AZ 620
192 Rückblicke Bauen, S. 73 (Pfromm)
193 Bense an Schlensag, 5. 9. 1955. HfG-Archiv, PA Bense
194 Elisabeth Walther im Gespräch mit der Autorin am 8. April 1991, HfG-Archiv
195 Zitiert nach: Rauschenbach, S. 27
196 Alice Schmidt an Erika Michels, 30. 9. 1955, zitiert nach: Rauschenbach, S. 25
197 Aicher an Bill, Januar 1956, nicht abgesandt. HfG-Archiv, Ai AZ 2023
198 wie Anm. 115
199 Bill an Aicher, 20. 2. 1956, zitiert nach Spitz, S. 185
200 Spitz, S. 193
201 Spitz, S. 258 sowie S. 193
202 Aicher-Scholl an Bill, 24. 12. 1952, HfG-Archiv, AZ 588
203 Binder an Pfizer, 28. 11. 1955. HfG-Archiv, AZ 554. Zitiert nach: Spitz, S. 177
204 Christiane Wachsmann, David Oswald, Petra Kellner. *Die Abteilung Information der HfG Ulm. Vorgeschichte und Entwicklung.* In: Rückblicke Information, S. 18
205 Bense an Aicher, 23. 7. 1956, in: HfG-Archiv, PA Bense

206 Gugelot in *Design als Zeichen*, Vortrag bei der Firma *CEAG*, Dortmund 1962. Abgedruckt in: Wichmann, S. 57
207 Wachsmann/Gugelot, S. 68
208 Rückblicke PG, S. 40 (Onck)
209 s. d. Eva von Seckendorff, *„design ist gar nicht lehrbar …". Hans Gugelot als Lehrer.* In: Wachsmann/Gugelot, S. 42
210 Ulmer Presswerk an Geschwister-Scholl-Stiftung, 6. 4. 1956, in: HfG-Archiv, AZ 699.20
211 s. dazu HfG-Archiv, Akte Wachsmann
212 s. a. ulm 1, S. 18, „Abteilung Bauen"
213 HfG-Archiv, AZ 960 und PA Wachsmann, Alberti an Schlensag, 23. 7. 1956
214 Frei, S. 240
215 Werk und Zeit, 5. Jahrgang, Nr. 11, 1956, Sonderbeilage
216 Rückblicke PG, S. 58 (Krippendorff). Übertragung ins Deutsche durch die Autorin
217 David Oswald, *Max Bense und die Informationsästhetik.* In: Rückblicke Information, S. 116 ff.
218 Almir Mavignier im Gespräch mit der Autorin, 10. 5. 1993, HfG-Archiv
219 Rückblicke PG, S. 49 f. (Mulder-Buch)
220 Dies und das folgende: Rückblicke VK, S. 86 ff.
221 Rückblicke PG, S. 75 (Czemper)
222 Mareis, S. 108
223 Rückblicke Information (Grubrich-Simitis), S. 71
224 Rückblicke PG, S. 77 (Czemper)
225 Rückblicke VK, S. 81 (Chaparos)
226 Rückblicke PG, S. 50. Monika Buch arbeitet heute als freie Künstlerin
227 Rückblicke PG, S. 39 (Onck)
228 Rückblicke PG, S. 89 (Linke)
229 Rückblicke Information, S. 106 (Koch-Weser-Ammassari)
230 Rückblicke PG, S. 57 (Krippendorff). Übertragung ins Deutsche durch die Autorin
231 wie Anm. 166, S. 31
232 Rückblicke Information, S. 78 (Grubrich-Simitis)
233 Rückblicke Information, S. 77 (Grubrich-Simitis)
234 Rückblicke PG, S. 18 (Naske)
235 Rückblicke VK, S. 35 (Krampen)
236 Rückblicke Information, S. 74 (Grubrich-Simitis)
237 Rückblicke Information, S. 102 (Koch-Weser-Ammassari)
238 Seckendorff, S. 163
239 HfG-Archiv, AZ 526
240 Spitz, S. 197
241 Günther Schlensag, Zum Fall Bill, 7. 3. 1957, HfG-Archiv, AZ 526
242 Bense an Maldonado, 3. 3. 1957, HfG-Archiv, AZ 526
243 Clara Menck, *Abenteuer auf dem Q-Berg*, *Frankfurter Allgemeine Zeitung* vom 6. 4. 1957
244 *Hochschule entlässt ihren Schöpfer*, *Deutsche Studentenzeitung* vom 8. 5. 1957
245 Rechter Winkel, S. 28 ff.

246 Bill an Gropius, 22.5.1957, zitiert nach Spitz, S. 211
247 zitiert nach Spitz, S. 211
248 Rückblicke PG, S. 54 (Buch)
249 Rückblicke PG, S. 76 (Czemper)
250 Inge Aicher-Scholl, Bericht über die USA-Reise vom 23.4. bis 29.5.1957, AZ 601
251 Dies und das folgende: HfG-Archiv, PA 665 (Wachsmann), Maldonado an Wachsmann, 22.7.1957
252 HfG-Archiv, Akte PA 665 (Wachsmann)
253 s. dazu: Hildesheimer
254 Frøshaug, S. 143 ff.
255 Christian Staub, *Ich dachte, die Illustrierten Zeitschriften würden sterben ...* in: Wachsmann/Fotografie an der HfG, S. 131
256 Wachsmann/Fotografie an der HfG, S. 131
257 Maldonado an Bense, 24.9.1957, HfG-Archiv, Akte Bense
258 Helmut Müller-Kühn, *Die werdende HfG.* In: Wachsmann/Gugelot, S. 59
259 Herbert Lindinger, Was hat Gugelot bewegt. In: Wichmann, S. 41
260 Gert Kalow, Arbeitsplan für das III. Semester (Okt. – Dez.) 1957 Abteilung Information. Anlage zum Brief Kalow an Maldonado, 22.9.1967, HfG-Archiv, Akte Kalow
261 Gert Kalow, *Ordnung und Lüge.* In: Gert Kalow, *Poesie ist Nachricht*, München 1975, S. 147 ff.
262 Die folgenden Informationen sind dem Beitrag der Autorin in Rückblicke Information, S. 124 ff. entnommen.
263 s. dazu: Gert Kalow, *Wohnen im alten Brückentor*, in: Helmuth Prückner (Hrsg.), *Die alte Brücke in Heidelberg*, Heidelberg 1988, S. 161 ff.
264 Dies und das Folgende: Süddeutsche Donauzeitung vom 26.10.1957 und vom 2.11.1957
265 Tomás Maldonado, Rede des Vorsitzenden des Rektoratskollegiums der Hochschule für Gestaltung zur Eröffnung des Studienjahres 1957/58, am Donnerstag den 3. Oktober 1957, HfG-Archiv
266 Korrespondenz Dezember 1957, Akte Franzen, AZ 693
267 Aicher-Scholl an Becker, 21.11.1957. HfG-Archiv, AZ 611.21
268 Spitz, S. 216 ff.
269 Friedrich Vordemberge-Gildewart, 19.11.1957, „prinzipielle pädagogische fragen (organisation und leitung der hochschule)“, HfG-Archiv, PA 664.1
270 wie Anm. 269
271 Franzen an Aicher-Scholl, 4.1.1958, HfG-Archiv, PA 693
272 HfG-Archiv, PA 651-1
273 Deutsche Wikipedia „Carl Schmitt“, zuletzt aufgerufen am 2.2.2017
274 Sombart, S. 206
275 Satzung der Sozialforschungsstelle, zitiert nach: Findbuch zum Bestand der „Sozialforschungsstelle an der Universität Münster, Sitz zu Dortmund“ im Archiv der Sozialforschungsstelle Dortmund (sfs), erstellt von Jens Adamski im Auftrag der Gesellschaft zur Förderung des Strukturwandels in der Arbeitsgesellschaft e.V. (GFS),

Dortmund 2008 http://www.sfs.tu dortmund.de/odb/Repository/Publication/Doc/1181/badf_ band_166.pdf, zuletzt aufgerufen am 27. 2. 2017

276 Deutsche Wikipedia, Eintrag „Sozialforschungsstelle an der Universität Münster“, zuletzt aufgerufen am 27. 2. 2017

277 Marcus M. Payk: Rezension zu: Adamski, Jens: *Ärzte des sozialen Lebens. Die Sozialforschungsstelle Dortmund 1946–1969.* Essen 2009, in: H-Soz-Kult, 17.08.2009, www.hsozkult.de/publicationreview/id/rezbuecher-12621, zuletzt aufgerufen am 18.4.2018

278 zum Unterricht bei Hanno Kesting: S. unter anderem Dp 42 und Dp 18 (HfG-Archiv)

279 Arno Schmidt an Maldonado, 26. 3. 1958. Zitiert nach: Rauschenbach, S. 33

280 HfG-Archiv, PA 651-1 (Kesting)

281 Rückblicke PG, S. 64 (Krippendorff). Übertragung ins Deutsche durch die Autorin

282 Rückblicke Information, S. 25. Das Zitat im Zitat stammt aus: Max Bense, *Von der Verborgenheit des Geistes*, Berlin 1948, S. 9

283 Protokoll der Verhandlungen des 2. Landtags von Baden-Württemberg, 47. Plenarsitzung am 19. 2. 1958, zitiert nach Spitz, S. 217

284 Theodor Pfizer an Inge Scholl, 3. 3. 1958. Konvolut Pfizer, HfG-Archiv. Zitiert nach Spitz, S. 218

285 Inge Aicher-Scholl an Roderich Graf Thun, 23. 7. 1958, HfG-Archiv AZ 514

286 Frøshaug, S. 140

287 Zu den folgenden Ausführungen S. Michael Koetzle, *In leichter Aufsicht und oft frontal*, in: Wachsmann/Fotografie, S. 76

288 Gui Bonsiepe, *Studio per una stilografica.* In: Stile industria, N. 24, September 1959, S. 28 ff.

289 s. Rückblicke Information, S. 186–187

290 Rechter Winkel, S. 17 ff.

291 Rechter Winkel, S. 24

292 Rechter Winkel, S. 26

293 Rechter Winkel, S. 30

294 Rechter Winkel, S. 32

295 Rechter Winkel, S. 32

296 Rechter Winkel, S. 33

297 Rechter Winkel, S. 58

298 *Neue Entwicklungen in der Industrie und die Ausbildung des Produktgestalters*, abgedruckt in: *ulm 2*

299 Jupp Ernst, *Formgebung als Erziehungsaufgabe.* In: werk und zeit, März 1952

300 Wachsmann/Gugelot, S. 58

301 Protokoll Sitzung RK, 19. 2. 1960 (Maldonado, Ohl, Rittel, Risler, Rösner (Protokoll)), HfG-Archiv, PA 651-1 (Kesting)

302 wie Anm. 301

303 Gui Bonsiepe, *Ulmer Diskurs.* In: Ulmer Modelle, S. 106 ff.

304 Protokoll Sitzung RK, 19. 2. 1960, HfG-Archiv, HfG-Archiv, PA 651-1 (Kesting), S. 9

305 s. dazu: Helmut Köhler, *Qualifikationsstruktur und Hochschulentwicklung in der*

Deutschen Demokratischen Republik und der Bundesrepublik Deutschland. In: *Mitteilungen aus der Arbeitsmarkt- und Berufsforschung,* Institut für Arbeitsmarkt- und Berufsforschung Nürnberg (Hrsg.), Heft 1, 28. Jahrgang, 1995. Zitiert nach: http://doku.iab.de/mittab/1995/1995_1_MittAB_Koehler.pdf, zuletzt aufgerufen am 18.4.2018

306 s. dazu Gui Bonsiepe, *Konvergenzen/Divergenzen – Hannes Meyer und die hfg ulm.* Vortrag, gehalten auf dem Bauhaus-Symposion *Hannes Meyer als Pädagoge*", Universität Kassel, 15–17.3.2018

307 Rückblicke PG, S. 99 (Butter)

308 *ulm 4,* erschienen im April 1959

309 dieses und im Folgenden: Robin Kinross, Introduction, Frøshaug, S. 13, hier: S. 30 ff. Übertragung ins Deutsche durch die Autorin

310 Frøshaug, S. 30

311 Rückblicke PG, S. 105 (Müller-Krauspe)

312 Rückblicke VK, S. 75 (Zillmann)

313 *ulm 5,* S. 78

314 Rückblicke PG, S. 107 (Müller-Krauspe)

315 Reyner Banham, *Cool on the Kuhberg.* In: *The Listener,* 21.5.1959, HfG-Archiv. Übertragung ins Deutsche durch die Autorin

316 wie Anmerkung 315

317 s. dazu u. a.: Aussage Gugelot, HfG-Archiv, PA 651 (Kesting)

318 Gert Kalow, Erfahrungsbericht Juni 1962, HfG-Archiv, Akte Kalow

319 HfG-Archiv, Akte Rittel

320 zitiert nach Spitz, S. 239

321 Protokoll Sitzung RK, 19.2.1960, HfG-Archiv, PA 651 (Kesting), S. 13 f.

322 Frøshaug, S. 143

323 s. dazu Protokoll Sitzung RK, 19.2.1960, HfG-Archiv, PA 651 (Kesting), S. 14

324 Spitz, S. 241

325 Rückblicke PG, S. 41 (Onck)

326 Rückblicke PG, S. 24 (Bergmiller)

327 Rückblicke VK, S. 56 (Wollner)

328 Rückblicke Bauen, S. 84 (Grünwald)

329 HfG-Archiv, AZ 234. Das Thema von Rittels Vortrag lautet den Aufzeichnungen der HfG gemäß ebenfalls „Produkt und Markt". Ich halte das aber für einen Fehler beim Zusammenstellen der Themen (Christiane Wachsmann, September 2017)

330 Frauen an der HfG, S. 205

331 Rückblicke VK, S. 87 (Huff)

332 Frauen an der HfG, S. 205

333 Rückblick Bauen, S. 61 (Fünfschilling)

334 Frauen an der HfG, S. 204 ff.

335 Inge Aicher-Scholl an Robert Bosch, 12.7.1961. HfG-Archiv, AZ 605.73

336 Rückblicke PG, S. 106 (Müller-Krauspe)

337 Rückblicke PG, S. 106 (Müller-Krauspe)

338 Frauen an der HfG, S. 211

339 Frauen an der HfG, S. 210

340 HfG-Archiv, PA 651 (Kesting), Auszug Brief Horacio Denot
341 Sombart, S. 251 ff.
342 Wachsmann/Fotografie, S. 132
343 HfG-Informationsbroschüre 1952, HfG-Archiv
344 Günther Schlensag, Zusammenarbeit mit dem Fernseh-Studio Stuttgart. Aktenvermerk vom 28. 4. 1954, HfG-Archiv, sowie: Daniela Sannwald, *Das Ulmer Modell für Filmgestaltung. Aufklärung statt Unterhaltung*. In: Rückblicke Film
345 Wachsmann/Fotografie, S. 133, sowie *output 14*
346 Brief an die Autorin vom 6. 8. 1989, HfG-Archiv (zitiert nach Sannwald, S. 75)
347 Brief Kalow an Aicher vom 26. 9. 1963, HfG-Archiv, Kal 39.6
348 Aicher, Aktenvermerk vom 5. 7. 1962, HfG-Archiv, Akte Rittel
349 Protokoll Besprechung Risler – Kesting vom 14. 3. 1960, HfG-Archiv, PA 651 (Kesting)
350 Protokoll Sitzung RK vom 26. 2. 1960, PA 651 (Kesting)
351 Frauen an der HfG, S. 217
352 Thorwald Risler, Aktennotiz vom 3. 5. 1960, Bauhaus-Archiv, HfG-Bestand, Mappe 136. Zitiert nach: Spitz, S. 241
353 Dies und im Folgenden: Rückblicke VK, S. 155 ff. (Yoshikawa)
354 World Design Conference 1960 in Tokyo, Programm, 1960, HfG-Archiv, Ai AZ 2864
355 Protokoll zur Sitzung des kleinen Konvents am Freitag, 10. 6. 1960, 17.45 Uhr. HfG-Archiv, S. 191.66-71
356 Gui Bonsiepe u. a., Offener Brief, 21. 6. 1960. Zitiert nach: Spitz, S. 243 f.
357 Gert Kalow, handschriftliche Notiz o. D., HfG-Archiv, Kal 1 – 3.
358 Spitz, S. 254
359 Rückblicke VK, S. 135 (Jokisch)
360 Rückblicke PG, S. 128 (Beltzig-Bornhausen)
361 Rückblicke PG, S. 80 (Czemper)
362 Bruce Archer, englische Wikipedia vom 30. Juni 2017
363 HfG-Archiv, Akte Leowald
364 Rückblicke PG, S. 81 (Czemper)
365 Rückblicke PG, S. 108 (Müller-Krauspe)
366 Rückblicke PG, S. 106 (Müller-Krauspe)
367 Rückblicke PG, S. 99 ff.
368 Rückblicke PG, S. 121 (Wäger)
369 Rückblicke PG, S. 107 (Müller-Krauspe)
370 Rückblicke PG, S. 121 (Wäger)
371 Rückblicke PG, S. 66 (Krippendorff). Übertragung ins Deutsche durch die Autorin
372 Rückblicke Film, S. 25 (Fortner-Kurtenbach)
373 Rückblicke Bauen, S. 62 (Fünfschilling)
374 *ulm 7*, S.14
375 Rückblicke Bauen, S. 49 (Urban)
376 Rückblicke Bauen, S. 73
377 Rückblicke Bauen, S. 92

378 *output 14*, S. 16 ff.
379 Rückblicke VK, S. 104 (Eppinger Curdes)
380 Dies und das Folgende: Günther von Alberti, *Erwägungen zur Feststellung des „richtigen" Zuschussbedarfs für die Hochschule für Gestaltung.* Ohne Datum, April 1961. Zitiert nach: Spitz, S. 149
381 Spitz, S. 258
382 Spitz, S. 246 f.
383 Schweigkofler an das Wirtschaftsministerium von Baden-Württemberg, Brief vom 25. 8. 1960, zitiert nach Spitz, S. 246
384 s. dazu Spitz, S. 255
385 Telefongespräch Kalow – Risler, 3. und 4. Mai 1961, handschriftliche Aufzeichnungen Kalow, HfG-Archiv, Kal 29.29
386 Hildesheimer, S. 101
387 wie Anm. 386
388 *output 6 + 7*, S. 31
389 Frøshaug, S. 142
390 s. dazu HfG-Archiv, Akte Frøshaug
391 Aktennotiz „Verfassungskommission" vom 12. 6. 1961, HfG-Archiv, Aicher-Archiv
392 Gert Kalow, Erfahrungsbericht, Juni 1962. HfG-Archiv, Akte Kalow
393 Brief der Rockefeller Stiftung an Risler, 31. 5. 1961. Übertragung ins Deutsche durch die Autorin.
394 Gert Kalow, *Rede des Rektoratsvorsitzenden zur Eröffnung des Studienjahres 1961/62*, 2. 10. 1961, HfG-Archiv, Akte Kalow
395 Ulmer Museum/Die Augen sind hungrig, S. 38
396 Aicher an Rektoratskollegium, 19. 12. 1961, HfG-Archiv, Aicher Archiv
397 Rückblicke Bauen, S. 90 (Curdes)
398 *Mündliche Verwarnung wegen output* 6 + 7. HfG-Archiv, Personalakten
399 Rückblicke VK, S. 105 (Eppinger Curdes)
400 Rückblicke VK, S. 153 (Thehos)
401 Aicher an den Vorstand der GSS, das Rektoratskollegium und die Festdozenten der HfG, 12. 2. 1962, zitiert nach Spitz, S. 261
402 wiedergegeben nach: Spitz, S. 262
403 *output 9*, S. 4
404 s. Spitz, S. 100/101
405 Rückblicke Film, S. 32 (Jungraithmayr)
406 Rückblicke Film, S. 64 (Reitz)
407 Rückblicke Film, S. 64 (Reitz)
408 Rückblicke Film, S. 25 (Fortner)
409 Rückblicke Film, S. 64 (Reitz)
410 Rückblicke Film, S. 107 (Mauch)
411 Rückblicke PG, S. 130 (Beltzig-Bornhausen)
412 Rückblicke VK, S. 156 (Yoshikawa)
413 Inge Fried über die Neupräsentation der Sammlung Fried im Ulmer Museum, Südwestpresse, 8. 11. 2016
414 Rückblicke PG, S. 100 (Butter)

415 Inge Fried, *Matzen mit Rübensirup*. In: Lilian Gewirtzman, Karla Nieraad (Hg.), *Nach dem Schweigen. Geschichten von Nachfahren*. Ulm 2017, S. 43 ff.

416 Aktennotiz Risler vom 16. 5. 1962, HfG-Archiv, Akte 564

417 Thorwald Risler, Beschluss des kleinen Konvents der Hochschule für Gestaltung, 23. 5. 1962, HfG-Archiv

418 s. dazu Spitz, S. 265 (Brief Risler an Aicher 12. 7. 1962, Archiv der TH Darmstadt)

419 Otl Aicher, Brief an Thorwald Risler, 11. 7. 1962. Archiv der TH Darmstadt, 71/5, Akte 17. Zitiert nach: Spitz, S. 269

420 Thorwald Risler, Brief an Max Guther, 12. 7. 1962, Archiv der TH Darmstadt, 71/5, Akte 17. Zitiert nach: Spitz, S. 269

421 Brief Schleiermacher an Thorwald Risler, 7.5.1963, HfG-Archiv, Akte Schleiermacher

422 Kalow an das Rektoratskollegium, 18. 7. 1962, HfG-Archiv

423 Rückblicke Film, S. 26 (Fortner)

424 Rückblicke Film, S. 25 (Fortner)

425 wie Anm. 310 (Bonsiepe/Modelle)

426 Aicher an Guther, 2. 11. 1962, Archiv der TH Darmstadt, 71/5, Akte 19. Zitiert nach: Spitz, S. 274

427 Otl Aicher, Entwurf vom 16. 11. 1962, HfG-Archiv, AZ 564, zitiert nach Spitz, S. 275

428 Brief von Inge Aicher-Scholl an Hellmut Becker, 12. 9. 1962, zitiert nach Spitz, S. 272

429 HfG-Archiv, Akte Aicher sowie AZ 1058-6

430 Beirat der Geschwister-Scholl-Stiftung, Übergangsbestimmungen zur Verfassung der Hochschule für Gestaltung, 11. 12. 1962, HfG-Archiv, Ai AZ 2632

431 Otl Aicher, Ansprache vor dem Kleinen Senat der Hochschule für Gestaltung, 20. 12. 1962, HfG-Archiv, Aicher Archiv

432 Kalow an Risler, 16. 12. 1962, HfG-Archiv

433 Kalow an Aicher, 6. 4. 1963, HfG-Archiv, Akte/Nachlass Kalow

434 Kalow an Pross, 8. und 19. 2. 1963, HfG-Archiv, Kal 45.7

435 Aktenvermerk: Besprechung über die weitere Mitwirkung von Herrn Christian Staub an der HfG zwischen Rektor und geschäftsführendem Vorstand der GS. am 5. März 1963, HfG-Archiv

436 Staub an Risler, 18. 3. 1963, HfG-Archiv, Akte Staub

437 *Auf dem Kuhberg*, in: *Der Spiegel*, Ausgabe vom 20. 3. 1963, S. 90 ff.

438 Aicher an Kalow, 22. 3. 1963, HfG-Archiv, Akte Kalow

439 Gert Kalow, Brief an den Vorstand der GS. Thorwald Risler vom 16.12.1962, HfG-Archiv, AZ 564.132

440 Kalow an Aicher, 6. 4. 1963, HfG-Archiv, Akte Kalow

441 Spitz, Anm. 1160: 3. Landtag von Baden-Württemberg, Beilage 3 3909, 21. 3. 1963, Parlamentsarchiv des Landes Baden-Württemberg

442 Kalow, Antwort auf den „offenen Brief", 7. 6. 1963, HfG-Archiv, Kal 39.3

443 s. dazu Hartmut Seeger, „Fragen als Mitrealität", in: Zur Wanderausstellung der Hochschule für Gestaltung Ulm, Form 22/1963, S. 44 f.

444 *Die ungestalte Hochschule für Gestaltung*, Stuttgarter Nachrichten, 11. 5. 1963, HfG-Archiv, Ai AZ. 2095

445 Herbert Lindinger und Claude Schnaidt, *offener brief an die sobenannten „opponierenden dozenten und studenten"* vom 20. Mai 1963. HfG-Archiv, Kal 39.1

446 Spitz, S. 311

447 Spitz, S. 311

448 Spitz, S. 332

449 Kalow an Aicher, 26.9.1963 sowie Kalow an Risler, 2. 10. 1963, HfG-Archiv, Kal 39.6 und 39.7

450 Deutsche Wikipedia, Stichwort „Helmar Frank", zuletzt aufgerufen am 17. 8. 2017

451 Brief Aicher an Kalow, 13. Mai 1964. HfG-Archiv

452 Daniela Sannwald, *Labor der Nachkriegsmoderne. Zur Theorie und Praxis der Filmausbildung an der Hochschule für Gestaltung Ulm 1958–1968.* Dissertation am Fachbereiche Philosophie und Sozialwissenschaften I der freien Universität Berlin, Berlin 1995, S. 74

453 Rittel an Risler, 4. 4. 1964, HfG-Archiv, Akte Rittel

454 Gerhard Curdes, Vorwort. In: IUP, S. 23 f.

455 Rückblicke VK, S. 103 ff. (Susanne Eppinger Curdes)

456 Rückblicke VK, S. 118 (Walter Müller)

457 Rundschreiben an die Referenten, zitiert nach: Horst Rittel, Gutachten zur Diplomarbeit, HfG-Archiv, PA 373

458 Horst Rittel, Gutachten zur Diplomarbeit, HfG-Archiv, PA 373<

459 Tomás Maldonado und Gui Bonsiepe, *Wissenschaft und Gestaltung*. In: *ulm 10/11*, Mai 1964, S. 10 ff.

460 Archer, L. Bruce, *Systematic Method for Designers*. In: *Design* No. 172, 174, 176, 179 (1963), zitiert nach: *ulm 10/11*, S. 20

461 s. dazu Mareis, S. 162

462 Thorwald Risler, Zur Beantwortung der Fragen des Verwaltungsrats an den Stiftungsvorstand, 18. 4. 1963, HfG-Archiv

463 s. dazu Spitz, S.252 f.

464 Aicher an Becker, 29. 5. 1963, HfG-Archiv

465 Becker an Aicher, 1. 6. 1963, Privatarchiv Hellmut Becker, zitiert nach Spitz, S. 313

466 Hellmut Becker, Telefongespräch mit Guther, 7. 6. 1963, Privatarchiv Becker, zitiert nach Spitz, S. 314

467 s. Spitz Anm. 1181: Max Bill an Otl Aicher, 29. 10. 1963 sowie Otl Aicher an Max Bill, 19.12.1963, Archiv der TH München, Weihenstephan. S. a. Bill an Aicher, 14.11.1963, handschriftlicher Entwurf, HfG-Archiv, Aicher-Archiv: Zeitpunkt für eine direkte Mitarbeit an der Schule zu früh

468 Christiane Peitz: *Die Bleikappe des Schweigens*. Interview mit Margarethe von Trotta. *Der Tagesspiegel* vom 28. April 2007. http://www.tagesspiegel.de/kultur/die-bleikappe-des-schweigens/840180.html, zuletzt aufgerufen am 29. August 2017

469 Rückblicke VK, S. 140 (Rolf Müller)

470 Herbert Lindinger, Zur Situation in Ulm, 25.6.1962, Privatarchiv Becker. Zitiert nach Spitz, S. 271

471 Rittel an Risler, 15.11.1962, HfG-Archiv, Akte Rittel
472 Otl Aicher, zitiert nach Heimbucher/Michels, S. 106
473 Rückblicke PG, S. 173 (Herzog-Loibl)
474 Rückblicke PG, S. 160 (Bartlmae)
475 Rückblicke PG, S. 176 (Neumeister)
476 Rückblicke PG, S. 100 (Butter)
477 Rückblicke PG, S. 185 (Zemp)
478 Wachsmann/Kartoffelchips, S. 101
479 Rösner an Wäger, 12.5.1965, HfG-Archiv, PA 592
480 Ulm 19/20 (August 1967), S. 73
481 Tomás Maldonado, *Anstöße gegen das Behagen in der Design-Erziehung.* in: *ulm 17/18* (Juni 1966), S. 14
482 *ulm 12/13*, S. 70, sowie Rückblicke Bauen, S. 104 (Schoemann-Daru)
483 Claude Schnaidt, *Die vorfabrizierte Hoffnung*, in: *ulm 10/11* (Mai 1964)
484 Adorno, Theodor W., *Funktionalismus heute.* Vortrag gehalten anlässlich der Werkbundtagung 1965 in Berlin
485 Rückblicke VK, S. 186 (Zimmermann)
486 Michael Koetzle, *„Etwas wie Telefonieren oder Zeichnen". Fotografie im Unterricht.* In: Wachsmann/Fotografie, S. 24
487 Rückblicke VK, S. 188 (Elstner)
488 s. dazu Helmut Müller-Kühn, Gespräch mit der Autorin am 27.4.1990, S. 5, HfG-Archiv
489 Rückblicke Bauen, S. 113 (Urban)
490 Mareis, S. 168
491 Rückblicke VK, S. 192 (de Riese)
492 HfG-Archiv, PA 643/1 (Akte Aicher)
493 Joachim Heimbucher und Peter Michels, *Bauhaus – HfG – IUP. Dokumentation von drei Bildungsinstituten im Bereich der Umweltgestaltung.* Diplomarbeit IUP, Ulm 1971, S. 126
494 Spitz, S. 345
495 Spitz, S. 348
496 Spitz, S.357 sowie Spitz Anm. 1341: Protokoll der Verhandlungen des 4. Landtags von Baden-Württemberg, 58. Pleanarsitzung, 15.3.1966, Seiten 3184–3186, 3188–3191, Parlamentsarchiv Baden-Württemberg
497 Spitz Anm. 1354: Tomás Maldonado, Johanna Rösner, Protokoll zur 32. (außerordentlichen) Sitzung des kleinen Senats am 17.5.1966, Bauhaus-Archiv, HfG-Bestand, Mappe 105
498 zu diesem Vorgang s. u.a. „Gutachten über die zivilrechtliche Haftungsfrage bei dem Heizungsumbau im Gebäudekomplex der Geschwister-Scholl-Stiftung in Ulm in den Jahren 1963–1966", HfG-Archiv, PA 849
499 Spitz, S. 363, Anm. 1369: Theodor Pfizer, Heidi Werner, Protokoll der 13. Sitzung des Stiftungsrates der Geschwister-Scholl Stiftung vom 20. Oktober 1967, Stuttgart, Kultusministerium Baden-Württemberg, Neues Schloss, großer Sitzungssaal, 9 Uhr, 15.12.1967, Bauhaus-Archiv, HfG-Bestand, Mappe 85
500 Spitz Anm. 1380: Staatsministerium Baden-Württemberg, Auszug aus der Nieder-

schrift über die Sitzung des Ministerrats am 5. 12. 1967, Hauptstaatsarchiv, EA 3/203, Büschel 66, Dokument 11

501 *output 6 + 7*

502 Spitz, S. 374

503 Spitz, S. 375

504 *Kritik an der Hochschule für Gestaltung. Die Studierenden sind mit Stiftung und pädagogischer Struktur unzufrieden.* Bericht der Stuttgarter Nachrichten am 5. 2. 1968. HfG-Archiv, AZ 709

505 Spitz Anm. 1406: Ohl an Rolf Lobeck, 12. 2. 1968, Bauhaus-Archiv, HfG-Bestand, Mappe 92. S. a. Spitz, S. 384: Kommission am 9. 2. 1958 gebildet (Neuner-Gruppe), Ausarbeitung konkreter Vorschläge zur Weiterführung

506 Spitz Anm. 1433: Joachim Heimbucher, Neunergruppe/3. Sitzung, 15. 5. 1958, Bauhaus-Archiv, HfG-Bestand, Mappe 81

507 Spitz Anm. 1382, *Verantwortliche in Berlin abberufen,* in: *Schwäbische Donauzeitung,* 7. 6. 1967, und *Kein Echo in der Bevölkerung,* in: *Schwäbische Donauzeitung,* 8. 6. 1967

508 Rückblicke VK, S. 200 ff. (Fanger)

509 Rückblicke Bauen, S. 124 (Böttcher)

510 Spitz, Anm. 1417, Wolfgang Donndorf, betr. Hochschule für Gestaltung, 21. 2. 1968. Hauptstaatsarchiv, EA 3/203, Büschel 67, Dokument 185

511 Spitz, S. 381 sowie Spitz, Anm. 1419, Hochschule für Gestaltung, *Dossier zur Vorbereitung des Endes der HfG,* undatiert, Februar 1968, Parlamentsarchiv Baden-Württemberg

512 zitiert nach: *ulm 21* (April 1968), S. 21. Englische Fassung, von der Autorin ins Deutsche übertragen

513 Anm. Spitz 1426: Herbert Ohl an Hans Zumsteg, 8. 3. 1968, Bauhaus-Archiv, HfG-Bestand, Mappe 129

514 Spitz Anm. 1428, Kultusministerium Baden-Württemberg, Presseverlautbarung, 14. 3. 1968, Hauptstaatsarchiv Stuttgart, EA 3/203, Büschel 67, Dokument 198

515 Curdes IUP, S. 178 (Baumgartner)

516 Rückblicke PG, S. 81 (Czemper)

517 Anm. Spitz 1429, Vollversammlung der Hochschule für Gestaltung Ulm, Antrag zur Vorlage bei der Sitzung des Großen Senats am 20. 3. 1968. HfG-Archiv

518 Anm. Spitz 1431, Studentenschaft der Hochschule, *Resolution der Studentenschaft vom 2. Mai 1968,* Bauhaus-Archiv, HfG-Bestand, Mappe 130 und 101

519 Eintrag „Mai 1968" in der Deutschen Wikipedia, zuletzt aufgerufen am 31. 8. 2017

520 *ulm 21* (April 1968), S. 53

521 *Sturm auf Vitrinen,* in: *Der Spiegel,* 10.6.1968, http://www.spiegel.de/spiegel/print/d-46020997.html, zuletzt aufgerufen am 31. 8. 2017

522 Spitz Anm. 1434: Herbert Ohl an Egbert-Hans Müller, 21.5.1968, Bauhaus-Archiv, Bestand HfG, Mappe 83

523 Spitz, S. 387

524 Lothar Späth: *I believe in the Young Generation – They will do it.* In: *Jahrbuch 10 – Things Beyond Control,* edited by Nadine Jäger, Jean-Baptiste Joly and Konstantin

Lom. Akademie Schloss Solitude, 2010. Zitiert nach: Deutsche Wikipedia, Eintrag Hochschule für Gestaltung Ulm, letzter Aufruf am 17. März 2018

525 Finanzausschuss des 5. Landtags von Baden-Württemberg: Auszug aus dem Protokoll Nr. 3 vom 16. 7. 1968. Hauptstaatsarchiv, EA 3/203, Büschel 67, zitiert nach Spitz, S. 391 sowie Anm. Spitz 1469: Protokoll der Verhandlungen des 5. Landtags von Baden-Württemberg, 8. Plenarsitzung, 18.7.1968, Seiten 189–201, Parlaments-Archiv Baden-Württemberg

526 o. Autor (Herbert Ohl oder Dozenten): Erklärung zur Eröffnung des Studienjahres 1968/69, zitiert nach Heimbucher/Michels, S. 140

527 Erklärung der Studenten zur Eröffnung des Studienjahres 1968/69, wie Anm. 533 (Heimbucher/Michels)

528 Anm. Spitz 1481: Dozenten und Studenten der Hochschule für Gestaltung Ulm: Hochschulinterne gemeinsame Erklärung der Dozenten und Studenten der HfG über die Durchführung der Arbeit im 1. Quartal des Studienjahres 1968/69, Bauhaus-Archiv, HfG-Bestand, Mappe 91

529 Curdes/IUP, S. 190 (Kalberer)

530 wie Anm. 529

531 *HfG-Rektor Ohl resigniert*. In: *Südwestpresse* vom 22. 11. 1968. HfG-Archiv, P 3566

532 Spitz, S. 366, Anm. 1492: Egbert-Hans Müller, Betr. Fortbestand der Hochschule für Gestaltung Ulm, 26. 11. 1968, Hauptstaatsarchiv EA 3/203, Büschel 85, Dokument 28 a

533 Spitz Anm. 1494: Egbert-Hans Müller, Betr. Fortbestand der Hochschule für Gestaltung Ulm, Hier: Nachtrag zur Kabinettsvorlage vom 26. 11. 1968, 26. 11. 1968, Hauptstaatsarchiv EA 3/203, Büschel 85, Dokument 30

534 Anm. Spitz 1496: Herbert Ohl, Erklärung des Rektors der Hochschule für Gestaltung Ulm, Herbert Ohl, zur Liquidation der Hochschule durch das Land Baden-Württemberg, 1. 12. 1968, Bauhaus-Archiv, HfG-Bestand, Mappe 95

535 s. u. a. René Spitz, *Kurze Geschichte der HfG Ulm – Das wesentliche im Überblick*. http://renespitz.de/index.php?id=54, zuletzt aufgerufen am 18. März 2018

536 Curdes/IUP, S. 186 (Bürdek)

537 Curdes/IUP, S. 184 (Böttcher)

538 Curdes/IUP, S. 186 (Bürdek)

539 Curdes/IUP, S. 163 (Kopperschmidt)

540 Curdes/IUP, S. 202

541 Curdes/IUP, S. 202

542 Curdes/IUP, S. 165 (Kopperschmidt)

543 Curdes/IUP, S. 177 (Otto)

544 Curdes/IUP, S. 166 (Kopperschmidt)

545 Universität Stuttgart, Senatskommission Planungsinstitut. Anlagen zum Bericht über das Zentrale Planungsinstitut der Universität Stuttgart. Quelle: http://www.club-off-ulm.de/category/iup/ (zuletzt aufgerufen am 7. September 2017)

546 Curdes/IUP, S. 137

547 Curdes/IUP, S. 165 (Kopperschmidt)

548 Curdes/IUP, S. 160 (Kopperschmidt)

549 Ich danke Herbert Lindinger für diesen Hinweis

550 Gert Kalow, *Erfahrungsbericht Juni 1962*, HfG-Archiv, Akte Kalow
551 Schelsky, S. 74
552 Schelsky, S. 75
553 zitiert nach: Götz Aly, *Unser Kampf 1968 – ein irritierter Blick zurück*, München 2008, S. 186
554 Arendt, S. 226

Quellen

Hier ein Überblick über die wichtigsten verwendeten Quellen:

- das Archiv der Hochschule für Gestaltung. Dort lagern unter anderem das Aktenarchiv der Hochschule, die Nachlässe von Otl Aicher und Walter Zeischegg sowie zahlreiche Leihgaben ehemaliger HfG-Angehöriger. Ein Teil der Bestände sind im Internet unter www.hfg-archiv.ulm.de aufgelistet. Ebenfalls im HfG-Archiv befinden sich eine Reihe von Interviews, die die Autorin in den 1990er Jahren mit ehemaligen Angehörigen führte.
- die *Rückblicke,* Erinnerungen ehemaliger HfG-Angehöriger, die der *club off ulm e. v.* herausgegeben hat (s. u.)
- die bisher erschienenen wissenschaftlichen Arbeiten über die Ulmer Hochschule.

Rückblicke (Erinnerungen ehemaliger HfG-Mitglieder)

Gerhard Curdes, *Die Abteilung Bauen an der hfg Ulm*. Eine Reflexion zur Entwicklung, Lehre und Programmatik. Schriftenreihe des club off ulm e. v., Ulm 2001

Gerhard Curdes (Hrsg.), *HfG Ulm: 21 Rückblicke. Bauen – Gemeinschaft – Doktrinen*. Schriftenreihe des club off ulm e. v., Ulm 2006

Gerhard Curdes, *HfG – IUP – ZPI 1969 – 1972. Gestaltung oder Planung. Zum Paradigmenstreit der 1960er und 70er Jahre am Beispiel der Hochschule für Gestaltung Ulm, des Instituts für Umweltplanung Ulm und des Planungsinstituts der Universität Stuttgart*. Aachen 2015

Karl-Achim Czemper (Hrsg.), *hfg, ulm. Die Abteilung Produktgestaltung. 39 Rückblicke*. Schriftenreihe club off ulm e. v., Ulm 2008

Barbara Stempel, Susanne Eppinger Curdes (Hrsg.), *Rückblicke. Die Abteilung Visuelle Kommunikation an der hfg Ulm 1953 – 1968*. Schriftenreihe des club off ulm e. v., Ulm 2010

Gerda Müller-Krauspe (Hrsg.), *hfg ulm. Die Grundlehre von 1953 bis 1960. 16 Rückblicke und 8 Kurzporträts*. Schriftenreihe des club off ulm e. v., Ulm 2011

Monika Maus, Peter Schubert (Hrsg.), *Rückblicke. Die Abteilung Film – Institut für Filmgestaltung an der hfg ulm 1960–1968.* Schriftenreihe des club off ulm e.v., Ulm 2011, 2. Aufl., 2015

David Oswald, Christiane Wachsmann, Petra Kellner (Hrsg.), *Rückblicke. Die Abteilung Information an der hfg ulm.* Schriftenreihe club off ulm e.v., Ulm 2015

Literatur

Otl Aicher, *Innenseiten des Krieges*, Frankfurt am Main 1985

Theodor W. Adorno, *Funktionalismus heute.* Vortrag auf der Berlin Werkbundtagung „Zum Problem des Funktionalismus heute", 1965. In: *Gestaltung denken. Grundlagentexte zu Design und Architektur,* Klaus Thomas Edelmann und Gerrit Terstiege (Hrsg.), Basel 2011, S. 147–161

Götz Aly, *Unser Kampf 1968 – ein irritierter Blick zurück*, Frankfurt am Main 2007

Hannah Arendt, *Vita activa oder Vom tätigen Leben*, München 1981

Jakob Bill, *Max Bill am Bauhaus,* Salenstein/Schweiz 2008

Max Bense, *Aesthetica*, Stuttgart 1954

Barbara Beuys, *Sophie Scholl,* München 2010

Max Bill, *Die gute Form,* Basel 1952

Thomas Buchsteiner, Otto Letze (Hrsg.). *max bill, maler, bildhauer, architekt, designer*, Ostfildern 2005

Hans Frei, *Konkrete Architektur? Über Max Bill als Architekt*, Baden/Schweiz 1991

Wolfgang Fritz Haug, *Kritik der Warenästhetik*, Frankfurt am Main 1971

Christine Hikel, *Sophies Schwester: Inge Scholl und die Weiße Rose*, München 2013

Wolfgang Hildesheimer, *Zeiten in Cornwall*, Frankfurt am Main 1971

Clara Hohrath, *Hannelore erlebt die Großstadt,* Stuttgart 1931

Robin Kinross (Hrsg.), *Anthony Frøshaug, Documents of a Life*, London 2000

Herbert Lindinger (Hrsg.), *ulm ... Die Moral der Gegenstände*, Berlin 1987

Claudia Mareis, *Theorien des Designs. Zur Einführung*, Hamburg 2014

Alexander und Margarete Mitscherlich, *Die Unfähigkeit zu trauern. Grundlagen kollektiven Verhaltens*, München 1967

Eva Moser, *Otl Aicher, Gestalter*, Ostfildern 2012

Jens Müller (Hrsg.), René Spitz, HfG Ulm. *Kurze Geschichte der Hochschule für Gestaltung*, Zürich 2014

Gerda Müller-Krauspe, *Selbstbehauptungen. Frauen an der hfg ulm*, Frankfurt am Main 2007

Harry Pross, *Jugend Eros Politik. Die Geschichte der deutschen Jugendverbände*, Wien 1964

Marcela Quijano (Hrsg.), *hfg ulm: programm wird bau. Die Gebäude der Hochschule für Gestaltung Ulm,* Stuttgart 1998

Bernd Rauschenbach, *Wenn eine Büroklammer sich derart sperrt, daß soll man merken,* Darmstadt 1990

Bernd Rübenach, *Der rechte Winkel von Ulm*. Bernd Meurer (Hrsg.), Darmstadt 1987

Helmut Schelsky, *Die skeptische Generation. Eine Soziologie der deutschen Jugend,* Düsseldorf/Köln 1957

Inge Scholl, *Die Weiße Rose,* Frankfurt am Main 1992

Barbara Schüler, *„Im Geiste der Gemordeten": Die „Weiße Rose" und ihre Wirkung in der Nachkriegszeit,* Paderborn 2008

Eva von Seckendorff, *Die Hochschule für Gestaltung in Ulm. Gründung (1949–1953) und Ära Max Bill (1953–1957)*, Marburg 1989

Nicolaus Sombart, *Rendezvous mit dem Weltgeist. Heidelberger Reminiszenzen 1945–1951,* Frankfurt am Main 2000

René Spitz, *hfg ulm. Der Blick hinter den Vordergrund. Die politische Geschichte der Hochschule für Gestaltung 1953–1968,* Stuttgart/London 2002

Ulmer Museum/HfG-Archiv. Dagmar Rinker, Marcela Quijano, Brigitte Reinhardt (Hrsg.), *Ulmer Modelle – Modelle nach Ulm. Hochschule für Gestaltung Ulm 1953–1968*, Ostfildern-Ruit 2003

Ulmer Museum/HfG-Archiv, Brigitte Reinhardt, Christiane Wachsmann (Hrsg.), *Die Augen sind hungrig, aber schon vor dem Sehen satt. Otl Aicher zum 75. Geburtstag*. Mit Beiträgen von Christiane Wachsmann, Eva von Seckendorff, Renate Kirchner, Ulm 1997

Ulmer Museum/HfG-Archiv. Christiane Wachsmann, Brigitte Reinhardt (Hrsg.) *HfG Ulm – Die frühen Jahre.* Mit Beiträgen von Sabine Hauslovsky, Thomas Vogel und Christiane Wachsmann, Ulm 1995

HfG-Archiv/Ulmer Museum. *HfG Ulm, Hochschule für Gestaltung*, Katalog zur Dauerausstellung im Ulmer Museum 2007

Christiane Wachsmann (Hrsg.), *Objekt + Objektiv = Objektivität? Fotografie an der HfG Ulm 1953–1968.* Mit Beiträgen von Thilo Koenig, Michael Koetzle und Christiane Wachsmann, Ulm 1991

Christiane Wachsmann, HfG-Archiv Ulm (Hrsg.), *Kartoffelchips im Wellflächenquadrat. Walter Zeischegg, Plastiker, Designer, Lehrer an der HfG Ulm, 1951–68.* Mit Beiträgen von Andrea Scholtz, Ulm (HfG-Archiv) 1992

Christiane Wachsmann, Stadtarchiv Ulm/HfG-Archiv (Hrsg.), *„design ist gar nicht lehrbar …". Hans Gugelot und seine Schüler. Entwicklungen und Studienarbeiten 1954–1965.* Mit Beiträgen von Andrea Scholtz, Eva von Seckendorff, Christiane Wachsmann, Ulm 1990

Hans Wichmann, *System-Design Bahnbrecher: Hans Gugelot 1920–65*, Basel-Boston 1987

Fotonachweise

HfG-Archiv 4, 7, 35, 71 Mitte, 37, 75, 83, 93, 95, 97, 102, 129, 131, 134, 140, 143, 149, 160, 164, 169, 176, 180, 194, 210, 225, 243, 244, 259, 282, 283
Archiv der Deutschen Jugendbewegung Burg Ludwigstein 17
Stadtarchiv Ulm 20, 31
Florian Aicher 39, 79
Ernst Scheidegger-Archiv 48, 55
René Spitz (Nachlass Conrad) 68, 71 links und rechts
Andrea Jungraithmayr 157
Lucien Bringolf 222
Bernhard Bürdek 226
Archiv der Südwestpresse 231
Karin Emmer 259

HfG-Produkte im Überblick

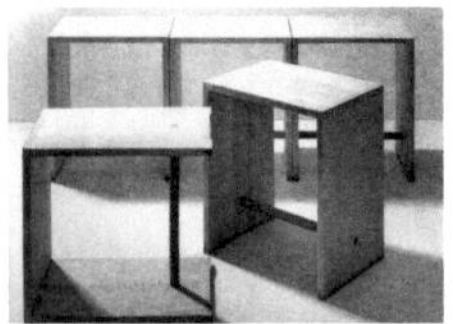
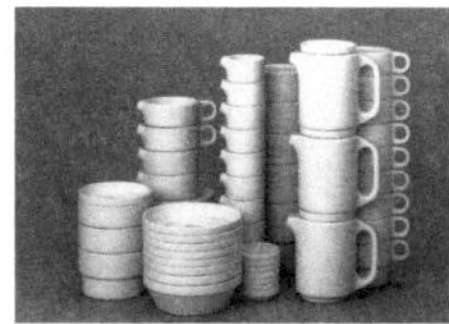
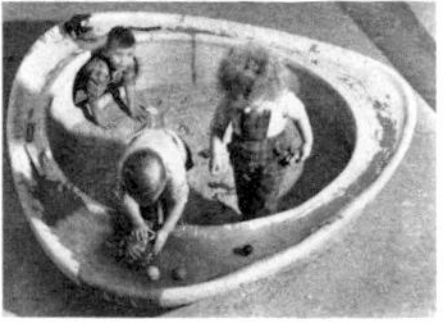

Ulmer Hocker, Stapelgeschirr TC 100, Spieltrog. Fotos: Ernst Hahn, Ernst Fesseler (Mitte)

1954 Hans Gugelot, Bett mit federndem Matratzenboden für die Fa. *Dunlop*
Max Bill und Ernst Moeckl, Türdrücker für die HfG für die Fa. *Steinbach & Vollmann*
Max Bill, Hans Gugelot und Paul Hildinger, *Ulmer Hocker* für die Hochschule für Gestaltung Ulm
Walter Zeischegg, Leuchten für die Fa. *Zwick*
Otto Schild, *Spieltrog* für die Fa. *Schwenk Zement*

1955 Hans Gugelot, Radio-Phono-Gerät *G11 Super* sowie weitere Radiogeräte für die Fa. *Braun*
Otl Aicher, Hans Gugelot, Flexibles Ausstellungssystem für den Messestand der Fa. *Braun*

1956 Hans Gugelot und Dieter Rams, *Radio SK 4*, für die Fa. *Braun*
Max Bill und Ernst Moeckl, Küchenuhr für die Fa. *Junghans*

1957 Hans Gugelot, Möbelsystem *M 125* für die Fa. *Bofinger*

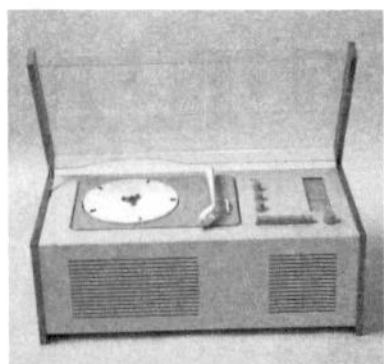
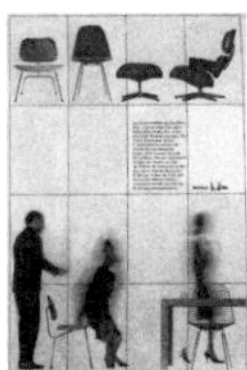
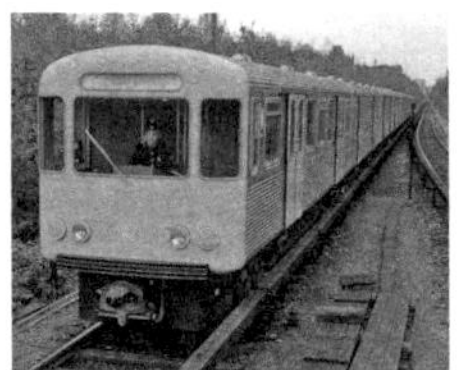
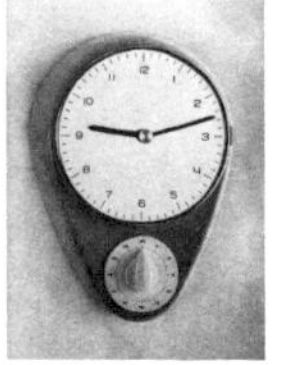

Radio-Phono-Kombination SK 4, Anzeigenserie für die Miller Collection, Hamburger Hochbahn, Küchenuhr. Fotos: Ernst Fesseler (links), Wolfgang Siol, HfG-Archiv, Ernst Hahn

1958 Besteck, Ernst Moeckl für die Fa. *Carl Mertens*
Carl-Heinz Bergmiller und Ernst Moeckl, zerlegbarer Stuhl für die Fa. *Wilde und Spieth*
Otl Aicher, Corporate Identity für die *Stuttgarter Gardinenfabrik*

1959 Wilhelm Ritz, Schichtholzstuhl für die Fa. *Wilkhahn*
Hans Roericht, Stapelgeschirr *TC 100* für die Fa. *Thomas/Rosenthal*

1960 Hans Gugelot, Herbert Lindinger, Helmut Müller-Kühn, Nähmaschine mit Koffer für die Fa. *Pfaff*
Ettore Sottsass in Zusammenarbeit mit Tomás Maldonado, Elektronische Schreibmaschine *Tekne 3* für die Fa. *Olivetti*

1961 Hans Gugelot, Rasierer Braun Sixtant, für die Fa. *Braun AG*

1962 Otl Aicher, Hans Roericht, Tomás Gonda, Friedrich Querengässer in Zusammenarbeit mit Hans G. Conrad, Erscheinungsbild für die *Deutsche Lufthansa*
Otl Aicher, Ausstellungsstand auf der Industriemesse Hannover für die *BASF*
Otl Aicher und Tomás Gonda, Anzeigenwerbung für die Herman *Miller Collection*
Hans Gugelot, Herbert Lindinger, Helmut Müller-Kühn, Wagen und Innenausstattung für *Hamburger Hochbahn AG*

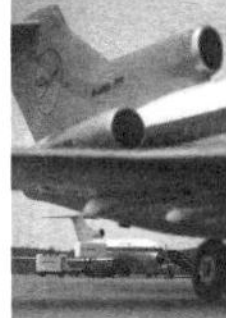

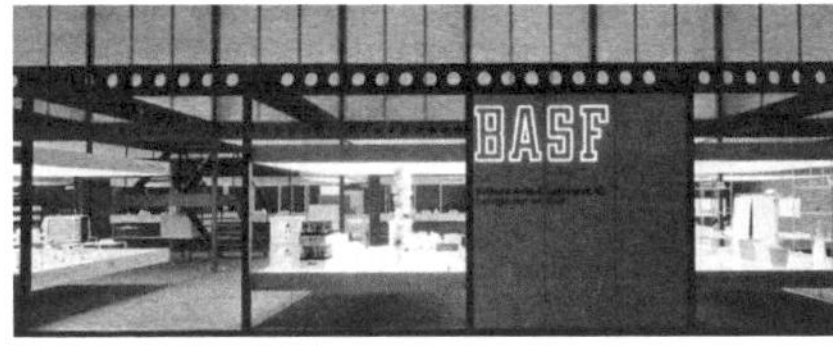

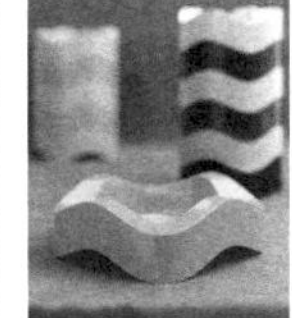

Erscheinungsbild Deutsche Lufthansa, Messestand BASF, Stapelbarer Aschenbecher. Fotos: Wolfgang Siol, HfG-Archiv

1963 Hans Gugelot, Dia-Projektor *Carousel S* für die Fa. *Kodak*

1966 Kunststoff-Schalenkoffer, Peter Raacke (Dozent), Dieter Raffler (Student), für Fa. *Hannig*

1967 Walter Zeischegg, Stapelbarer Aschenbecher für die Fa. *Helit*

Personenregister

A Abs, Josef Hermann — 56
Adenauer, Konrad — 52, 203
Adorno, Theodor W. — 73, 211, 212
Aicher, Otl — 8, 10, 11, 17, 18, 20, 21, 22, 26, 28, 29, 32, 34, 35, 36, 37, 38, 39, 40, 45, 51, 52, 55, 57, 60, 61, 63, 71, 75, 79, 83, 84, 85, 87, 88, 106, 107, 110, 113, 114, 115, 119, 122, 144, 147, 148, 156, 157, 160, 172, 175, 177, 178, 182, 183, 185, 188, 189, 190, 192, 196, 200, 201, 202, 204, 209, 212, 213, 215, 230, 239, 240, 247, 252, 282, 283, 295
Aicher-Scholl, Inge, geb. Scholl — 8, 9, 10, 15, 16, 17, 19, 20, 22, 25, 26, 27, 29, 32, 33, 34, 35, 36, 37, 38, 39, 41, 42, 43, 45, 49, 52, 53, 54, 55, 56, 57, 58, 59, 60, 61, 62, 63, 67, 68, 73, 75, 76, 77, 80, 83, 84, 85, 86, 103, 107, 108, 109, 112, 113, 120, 121, 122, 123, 128, 149, 152, 155, 176, 178, 186, 187, 230, 238, 239, 241, 247, 250, 251, 295
Aichinger, Ilse — 57, 58
Albers, Josef — 51, 64, 66, 73, 112
Alberti, Günther von — 169
Allgayer, Karlheinz — 177
Altvater, Elmar — 230
Andersch, Alfred — 36, 250
Angstmann, Kurt — 193, 194, 195
Archer, L. Bruce — 162, 163, 174, 176, 199, 214, 224, 253, 257
Arendt, Hannah — 6, 173, 246
Arnhold, Anneliese — 295

B Bader, Annemarie — 160
Banham, Reyner — 142, 143, 144
Baravalle, Hermann von Brackenburg — 100, 140
Bartlmae, Kerstin, geb. Lindberg — 205
Baumgartner, Fred — 223, 258
Beck, Peter — 170
Becker, Carl Heinrich — 250
Becker, Egon — 73
Becker, Hellmut — 57, 61, 121, 187, 201, 202, 204, 250
Beltzig-Bornhausen, Irene, geb. Bornhausen — 161, 180
Bense, Max — 70, 74, 82, 87, 88, 94, 95, 98, 104, 105, 108, 109, 110, 115, 116, 125, 126, 127, 131, 152, 161, 198, 250, 253
Bergmiller, Karl Heinz — 147, 283, 295
Bermann-Fischer, Brigitte — 39, 42, 58
Berner, Rolf — 210

Bill, Max — 10, 13, 37, 40, 41, 45, 46, 47, 48, 49, 50, 51, 52, 53, 55, 56, 62, 63, 64, 65, 67, 68, 69, 70, 71, 72, 73, 75, 76, 78, 82, 83, 84, 85, 90, 92, 93, 94, 95, 97, 98, 99, 100, 104, 106, 107, 108, 109, 110, 111, 112, 115, 116, 118, 119, 127, 134, 135, 138, 139, 152, 168, 191, 201, 202, 233, 239, 249, 250, 251, 252, 282, 295
Binder, Paul — 85, 86
Bloch, Ernst — 118
Bohnet, Armin — 67, 69, 88, 105
Böll, Heinrich — 118
Bonsiepe, Gui — 11, 14, 94, 130, 158, 164, 185, 199, 204, 239, 256
Bornhausen, Irene, verh. Beltzig-Bornhausen — 161, 180
Bosch, Robert — 149
Böttcher, Fritz-Jürgen — 220, 233, 258
Boulez, Pierre — 181
Brandt, Willy — 245
Braun, Artur — 69, 88
Braun, Erwin — 69, 88
Braun-Feldweg, Wilhelm — 94
Breker, Arno — 74
Bringolf, Lucien — 222
Britten, Benjamin — 181
Brückner, Peter — 220
Brunegger, Wolfgang — 295
Buber, Martin — 50
Buch, Monika, verh. Mulder-Buch — 96, 100, 111
Burandt, Ulrich — 134
Burckhardt, Lucius, 138 — 144
Bürdek, Bernhard — 226
Butter, Reinhart — 140, 164, 181, 206

C Castro, Professor — 151
Chaparos, Nicholas — 100, 103
Conrad, Hans G. — 63, 68, 71, 175, 283, 295
Curdes, Gerhard — 14, 167, 197, 234, 237, 256
Czemper, Karl-Achim — 97, 100, 112, 161, 162, 224, 257

D Decurtins, Edgar — 111
Decurtins-Koch-Weser, Frauke, geb. Koch-Weser — 64, 70, 76, 295
Delugan, Eleanor, geb. Hirschfeld — 295
Delugan, Ermanno — 295
Denker, Rolf — 230
Denot, Horacio — 151
Doernach, Rudolf — 167, 174, 186, 188, 195, 209

Domin, Hilde — 118
Dubcek, Alexander — 227
Dutschke, Rudi — 226

E Eames, Charles — 112
Eames, Ray — 112
Eiermann, Egon — 92, 254
Einstein, Albert — 50, 74
Eisenstein, Sergei — 152
Eliot, T. S. — 49
Elstner, Günther — 213
Emmer, Peter — 259
Ensslin, Gudrun — 203
Enzensberger, Hans Magnus — 118
Eppinger, Susanne, verh. Eppinger Curdes — 168, 176, 197, 198, 255
Erhard, Ludwig — 56, 77
Ernst, Jupp — 135
Eychmüller, Hans-Friedrich — 61, 178

F Fanger, Urs — 220
Ferrari, Olivi — 295
Fetscher, Iring — 118
Filbinger, Hans — 11, 229, 238
Finsler, Hans — 116
Fleckhaus, Willy — 213
Ford, John — 152
Fortner, Erika, verh. Kurtenbach — 165, 179, 184
Frank, Helmar — 196
Frank, Karl — 56
Franzen, Erich — 87, 98, 105, 106, 120, 121, 122, 123, 127, 131, 248
Frei, Hans — 47, 52
Fried, Erich — 118
Fried, Inge — 181
Fried, Kurt — 34, 181
Friedburg, Ludwig von — 74
Frøshaug, Anthony — 115, 129, 136, 140, 141, 146, 161, 171, 174, 252
Fuller, Richard Buckminster — 167
Fünfschilling, Leonhard — 148, 166

G Geyer, Wilhelm — 20, 41
Giesler, Paul — 24
Gillard, Dominique — 72
Goldring, Maurice — 295

Gomringer, Eugen — 65, 80, 295
Gonda, Tomás — 283
Graf, Max — 24, 295
Gropius, Walter — 46, 50, 51, 52, 74, 77, 110, 168, 215, 249
Grubrich-Simitis, Ilse, geb. Grubrich — 99, 104, 106
Grünwald, Renate, verh. Pfromm — 147
Grzimek, Günther — 178
Guardini, Romano — 32, 34
Gugelot, Hans — 69, 72, 75, 76, 77, 83, 84, 88, 89, 113, 114, 117, 119, 130, 136, 138, 139, 148, 156, 157, 160, 163, 164, 169, 174, 175, 176, 177, 178, 182, 204, 215, 252, 256, 282, 283, 295
Guirard, Wictor — 141
Guther, Max — 41, 128, 129, 178, 183, 186, 201

H Habermann, Willi — 18, 20, 22
Habermas, Jürgen — 118
Hackelsberger, Angela — 295
Haecker, Theodor — 19, 22, 27, 29
Haenle, Siegfried — 116
Hahn, Ernst — 7, 75, 83, 97, 282, 295
Hahn, Eveline — 295
Hamburger, Käte — 87, 106, 283
Hartnagel, Elisabeth, geb. Scholl — 25, 26, 29, 39
Hartnagel, Fritz — 18, 20, 26, 29, 33, 39, 182
Heisenberg, Werner — 49
Herdan-Zuckmayer, Alice — 39, 62, 77, 112
Herold, Willi — 65, 103, 295
Herzog-Loibl, Verena, geb. Loibl — 205
Heuss, Theodor — 34, 50
Hildesheimer, Wolfgang — 115
Hildinger, Paul — 71, 72, 83, 282, 295
Hirschfeld, Eleanor, verh. Delugan — 295
Hitler, Adolf — 15, 23, 24, 25, 117
Hochstrasser, Fred — 67, 83
Hoffmann, Josef — 46
Hohenemser, Herbert — 39
Hohrath, Clara — 16
Horisberger, Bruno — 116
Horkheimer, Max — 230
Hörsch, Karl — 295
Hübner, Kurt — 180
Huff, William S. — 96, 148

I Itten, Johannes — 73

J Jaspers, Karl — 33, 117, 118, 252
Jens, Walter — 147, 257
Jokisch, Winfried — 161
Jungraithmayr, Alfred — 157

K Kalberer, Marcel — 231, 259
Kalow, Gert — 117, 118, 122, 144, 153, 157, 158, 159, 168, 171, 172, 173, 174, 184, 185, 188, 190, 191, 192, 195, 196, 197, 198, 240, 252
Kapitzki, Herbert W. — 225, 228, 232
Kästner, Erich — 33
Kesting, Hanno — 122, 123, 124, 125, 127, 128, 135, 136, 137, 138, 144, 145, 147, 150, 151, 154, 155, 156, 254
Khanh, Quasar — 227
Kinski, Klaus — 180
Klar, Michael — 219
Klier, Hans von — 65, 146
Kluge, Alexander — 183
Koch, Eva-Maria — 71, 295
Koch-Weser, Elke, verh. Koch-Weser-Ammassari — 64, 102, 104, 106
Koch-Weser, Erich — 64
Koch-Weser, Frauke, verh. Koch-Weser-Decurtins — 64, 70, 76, 295
Kohl, Helmut — 126
Kopperschmidt, Josef — 233, 235, 236, 238, 257
Koselleck, Reinhardt — 118
Kotz, Fridolin — 18, 20
Krampen, Martin — 71, 105, 152, 254
Krauspe, Gerda, s. Müller-Krauspe
Krippendorff, Klaus — 103, 126, 165, 198
Krumrey, Immo — 103, 295
Kurtenbach, Erika, geb. Fortner — 165, 179, 184
Kurtenbach, Hatto — 184

L Lafrenz, Traute — 24
Le Corbusier — 46, 91, 141, 249
Leger, Fernand — 116
Lehr, Albert Maria — 216
Leowald, Georg — 128, 162
Lhote, André — 116
Lindberg, Kerstin, verh. Bartlmae — 205
Lindinger, Herbert — 14, 117, 158, 160, 193, 204, 205, 209, 228, 232, 256, 283, 295

Lindström, Irm — 39, 42
Lindström, Sven Anker — 39
Loewy, Raymond — 136
Loibl, Verena, verh. Herzog-Loibl — 205
Loos, Adolf — 211

M Maldonado, Tomás — 71, 73, 83, 84, 88, 98, 99, 103, 108, 109, 110, 112, 113, 114, 115, 116, 119, 121, 122, 125, 134, 135, 137, 138, 139, 142, 143, 144, 145, 146, 147, 148, 153, 154, 155, 156, 157, 158, 161, 162, 163, 164, 174, 175, 182, 185, 188, 190, 199, 208, 209, 215, 233, 245, 253, 283, 295
Mareis, Claudia — 99
Marsenger, Margaret — 295
Marx, Karl — 48
Mauch, Thomas — 179
Mavignier, Almir da Silva — 95, 295
May, Ernst — 91
McCarthy, Joseph — 60
McCloy, John Jay — 42, 43, 45, 51, 54, 57, 61, 62, 77, 112
Melnikov, Konstantin — 46
Menck, Clara — 109, 110
Meyer, Hannes — 46
Michel, Ernst — 33
Mitscherlich, Alexander — 118, 147, 211
Mitscherlich, Margarete — 211
Mizutani, Takehiko — 46
Moeckl, Ernst — 282, 283, 295
Moholy-Nagy, Lázló — 51, 59
Moles, Abraham A. — 185
Morris, Charles W. — 138
Morris, William — 47
Mukai, Shutaro — 156
Mulder, Bertus — 10, 111
Mulder-Buch, Monika, geb. Buch — 96, 100, 111
Müller, Anneliese — 160
Müller, Lieschen — 136
Müller, Rolf — 203
Müller, Walter — 197
Müller-Krauspe, Gerda, geb. Krauspe — 141, 143, 148, 149, 150, 162, 163, 164, 257
Müller-Kühn, Helmut — 117, 136, 160, 214, 283
Mundel, Josef — 160
Muth, Carl — 19, 22, 23, 27, 28

N Nansen, Odd — 49
Naske, Christoph — 64, 67, 95, 104, 295
Neumeister, Alexander — 205
Nonné-Schmidt, Helene — 83, 95, 99, 100, 103, 295

O Ohl, Herbert — 92, 138, 139, 154, 166, 182, 188, 209, 216, 223, 225, 228, 231, 232, 254
Onck, Andries van — 90, 101, 146
Orff, Carl — 49
Oswald, David — 13, 94
Otto, Frei — 147
Otto, Gudrun — 188, 191

P Palitzsch, Peter — 181
Papanek, Victor J. — 210
Patalas, Enno — 152
Pée, Herbert — 180
Peirce, Charles S. — 99, 138
Perrine, Mervyn W. — 135, 138, 165, 170, 171, 191
Peterhans, Walter — 66, 71
Pfeil, Fritz — 83, 201, 295
Pfizer, Theodor — 38, 41, 57, 109, 128, 181, 217, 249
Pfleiderer, Otto — 56, 123
Pfromm, Klaus — 81, 166, 177
Pfromm, Renate, geb. Grünwald — 147
Philippi, Irmgard, verh. Zeischegg — 295
Poelzig, Hans — 249
Porsche, Ferdinand — 82
Probst, Christoph — 21, 24
Pross, Harry — 147, 190
Pross, Helge — 74
Pudowkin, Wsewolod — 152

Q Querengässer, Friedrich — 283, 295

R Raacke, Peter — 283
Raffler, Dieter — 283
Rams, Dieter — 282
Rau, Friedrich — 215, 216, 239
Rau, Richard — 64, 67, 104
Read, Herbert — 50, 112
Reitz, Edgar — 179, 183, 256
Richter, Hans Werner — 36, 37, 41, 45, 50, 52, 69, 70, 249, 250

Rieck, Erika — 19, 33
Rieck, Josef — 19, 33
Riese, Karsten de — 214
Riester, Albert — 60, 62
Risler, Thorwald — 121, 128, 129, 137, 154, 155, 156, 158, 159, 168, 169, 170, 171, 175, 177, 178, 182, 183, 186, 190, 191, 192, 195, 197, 200, 201, 202, 215, 251
Rittel, Horst — 125, 126, 127, 128, 138, 140, 144, 145, 146, 148, 153, 154, 155, 156, 157, 158, 160, 161, 162, 163, 166, 168, 172, 175, 177, 178, 182, 185, 188, 190, 193, 195, 196, 197, 198, 204, 237, 255, 257
Ritz, Wilhelm — 283
Roericht, Hans — 71, 130, 158, 283
Roosevelt, Eleanor — 112
Rosenberg, Annelise — 35
Rosenberg, Hannes — 35
Rösner, Johanna — 57, 58, 61, 65, 208, 250
Rübenach, Bernhard — 110, 130, 131, 132, 133, 179
Rufer, Erich — 184

S Schaer, Walter — 108, 110
Scheidegger, Ernst — 48, 55
Schenkel, Gotthilf — 56
Schild, Otto — 69, 83, 282, 295
Schlecker, Josef — 63, 295
Schleiermacher, Detten — 152, 183
Schlensag, Günther — 65, 72, 73, 83, 85, 90, 106, 107, 108, 295
Schmid, Carlo — 34, 50
Schmidt, Arno — 82, 83, 87, 115, 116, 121, 125, 230
Schmitt, Carl — 123, 124
Schmitz, Andrea — 56, 68, 83, 142, 295
Schmitz, Guido — 68
Schmoll, Sophie — 243
Schmorell, Alexander — 21, 23, 24, 25
Schnaidt, Claude — 104, 105, 148, 158, 193, 204, 209, 210, 211, 255, 295
Schoeller, Peter — 207
Schoemann-Daru, Myriam, geb. Schoemann — 210, 258
Scholl, Elisabeth, verh. Hartnagel — 25, 26, 29, 39
Scholl, Hans — 9, 15, 16, 17, 20, 21, 22, 23, 24, 25, 26, 27, 30, 49, 73, 159, 193, 221, 243, 251
Scholl, Inge, s. Aicher-Scholl
Scholl, Magdalena — 15, 25, 26
Scholl, Robert — 15, 25, 26, 29, 30, 31, 37, 38

Scholl, Sophie — 9, 15, 18, 20, 21, 24, 25, 26, 27, 30, 49, 73, 159, 193, 221, 251
Scholl, Werner — 15, 17, 21, 25, 29
Schön, Johannes — 116
Schröter, Rolf — 295
Schüler, Barbara — 13, 19
Schweigkofler, Günther — 202
Schweinitz-Maldonado, Sigrid von — 4, 71, 295
Seyfang, Eva — 295
Siemens, Ernst von — 50
Silone, Ignazio — 50
Siol, Wolfgang — 93, 102, 129, 169, 282, 283
Sombart, Nicolaus — 124, 147, 151
Sottsass, Ettore — 283
Späth, Lothar — 229
Spieker, Minister — 59
Spitz, René — 13, 56, 77, 80, 85, 194, 200, 222, 232
Staber, Margit — 77, 126, 295
Staub, Christian — 115, 116, 128, 151, 152, 153, 167, 178, 179, 183, 184, 186, 188, 190, 191, 195
Stauffenberg, Claus Schenk Graf von — 61, 249
Steinbach, Rudolf — 118
Sternberg, Fritz — 147
Stone, Shepard — 42, 51, 112, 113
Strauß, Franz Josef — 203
Streckfuß, Adolf — 72, 97, 295
Sukopp, Hans — 160
Sulzer, Friedrich — 295

T Thehos, Hans Osar — 177
Thienhaus, Florian — 295
Thun, Roderich Graf — 128
Torgersen, Arne — 41
Trotta, Margarete von — 203

U Uittenhout, Cornelius — 83, 295
Urban, Rupert — 166, 214

V Vantangerloo, Georges — 47
Velde, Henry van de — 50
Vordemberge, Ilse, geb. Leda — 150, 295
Vordemberge-Gildewart, Friedrich — 70, 71, 83, 84, 95, 121, 122, 150, 157, 158, 172, 177, 178, 182, 188, 248, 295

W Wachsmann, Christiane — 239
Wachsmann, Konrad — 74, 75, 91, 92, 114, 115, 131, 248, 254, 295
Wagenfeld, Wilhelm — 50
Wäger, Heinz — 164
Walther, Elisabeth — 74, 82, 83, 95, 98, 105, 125, 126, 253
Weber, Alfred — 117, 123, 252
Wedel, Barbara von — 148
Weiß, Franz — 17, 18, 19
Weizsäcker, Ernst von — 250
Wenzel, Ursula — 14
Wiegandt, Helga — 39
Wiegandt, Herbert — 33, 35, 39, 40
Wille, Claus — 131, 143, 164, 176, 180
Wollner, Alexandre — 147
Wotruba, Fritz — 251
Wurster, Carl — 183

Y Yoshikawa, Shizuko — 156, 180

Z Zeischegg, Irmgard, geb Philippi — 295
Zeischegg, Walter — 11, 57, 58, 59, 63, 69, 83, 89, 90, 114, 119, 139, 142, 157, 164, 165, 178, 188, 201, 206, 207, 212, 228, 251, 282, 283
Zemp, Werner — 207
Zillmann, Dolf — 142
Zimmermann, Gerd — 212
Zuckmayer, Carl — 39, 49, 50, 62, 77, 112
Zumsteg, Hans — 223
Zwicky, Fritz — 93

Coverfoto

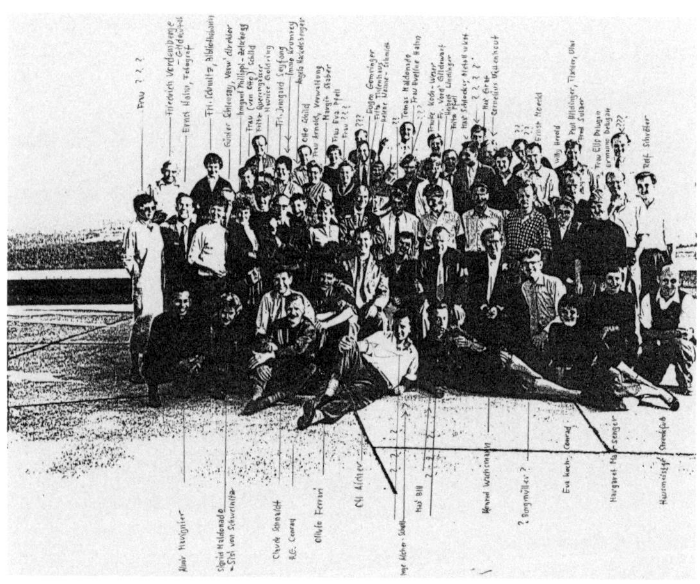

Fototermin auf der HfG-Terrasse, 12. August 1955. Foto: Ernst Hahn/Hans Gugelot. Beschriftung der Kopie: Ernst Hahn.

Auf dieser Kopie unseres Coverfotos hat Ernst Hahn die Namen der Personen aufgezeichnet, an die er sich noch erinnerte. Die Personen im einzelnen, in der Reihenfolge der Beschriftung:

Obere Reihe: unbekannt, Friedrich Vordemberge-Gildewart, Ernst Hahn (Fotograf), Andrea Schmitz (Bibliothekarin), Günther Schlensag (Verwaltungsdirektor), Irmgard Zeischegg, Frau Schild, Friedrich Querengässer (Mitarbeiter von Aicher), Maurice Goldring, Eva Seyfang, Immo Krumrey, Angela Hackelsberger, Otto Schild (Gipswerkstatt), Anneliese Arnhold, Margit Staber, Eva Pfeil, unbekannt, Wolfgang Brunecker, Eugen Gomringer (Sekretär von Max Bill), Florian Thienhaus (Architekt), Helene Nonné-Schmidt, unbekannt, Tomás Maldonado, Eveline Hahn, unbekannt, Frauke Koch-Weser, Ilse Leda-Vordemberge, Herbert Lindinger, Fritz Pfeil, Joseph Schlecker (Metallwerkstatt), Karl Hörsch (Heizer), Max Graf, Cornelius Uittenhout (Metallwerkstatt), unbekannt, unbekannt, Ernst Moeckl, Willy Herold, Paul Hildinger (Holzwerkstatt), Friedrich Sulzer, Ello Delugan, Ermanno Delugan, unbekannt, Rolf Schröter

Untere Reihe: Almir Mavignier, Sigrid von Schweinitz-Maldonado, Claude Schnaidt, Hans G. Conrad, Olivio Ferrari, Otl Aicher, unbekannt, Inge Aicher-Scholl, Max Bill, Christoph Naske, Konrad Wachsmann, Karl Heinz Bergmiller, Eva Koch-Conrad, Margaret Marsenger, Adolf Streckfuß (Hausmeister)

Autorin

Christiane Wachsmann ist Journalistin, Architektin und Kulturwissenschaftlerin. Nach einer Tischlerlehre studierte sie Architektur und Design an der Staatlichen Akademie der Bildenden Künste in Stuttgart, von 1989 bis 1997 übernahm sie Aufbau und Leitung des Archivs der Hochschule für Gestaltung Ulm. Heute ist sie dort als Kuratorin tätig und publiziert regelmäßig über die HfG und unsere von der Industrialisierung geprägte Alltagskultur.

Redaktionelle Hinweise/Impressum

In einigen Fällen haben wir auf geschlechtsspezifische Begriffe verzichtet, um das Lesen zu vereinfachen. Falls wir die männliche Form von personenbezogenen Hauptwörtern gewählt haben, ist damit keine Herabwürdigung und/oder Diskriminierung weiblicher Personen beabsichtigt.

Wir hoffen, dass es uns gelungen ist, alle Rechte an Abbildungen zu klären und entsprechend zu vermerken. Falls dennoch eine Lücke entstanden ist, bitten wir das zu entschuldigen und freuen uns über eine Rückmeldung an hfg-archiv@ulm.de.

Herausgeberin/Text: Christiane Wachsmann,
in Zusammenarbeit mit dem HfG-Archiv Ulm
Lektorat: Kim Bachmann, Petra Kiedaisch, Bettina Klett
Cover, Layout: Tina Agard Grafik & Buchdesign
Satz: Kösel Media GmbH, Krugzell
Druck: Kösel GmbH & Co. KG, Krugzell

avedition GmbH
Verlag für Architektur und Design
Senefelderstr. 109
70176 Stuttgart
www.avedition.de

Printed in Germany
978-3-89986-286-7

Die Deutsche Bibliothek verzeichnet diese Publikation in der Deutschen Nationalbibliografie, detaillierte bibliografische Daten sind im Internet über http://dnb.dnb.de abrufbar.